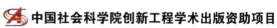 **中国社会科学院创新工程学术出版资助项目**

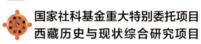 国家社科基金重大特别委托项目
西藏历史与现状综合研究项目

中国社会科学院创新工程学术出版资助项目

国家社科基金重大特别委托项目
西藏历史与现状综合研究项目

茶马古道各民族商号及其互动关系

李旭 著

社会科学文献出版社
SOCIAL SCIENCES ACADEMIC PRESS (CHINA)

总　序

郝时远

　　中国的西藏自治区，是青藏高原的主体部分，是一个自然地理、人文社会极具特色的地区。雪域高原、藏传佛教彰显了这种特色的基本格调。西藏地区平均海拔 4000 米，是人类生活距离太阳最近的地方；藏传佛教集中体现了西藏地域文化的历史特点，宗教典籍中所包含的历史、语言、天文、数理、哲学、医学、建筑、绘画、工艺等知识体系之丰富，超过了任何其他宗教的知识积累，对社会生活的渗透和影响十分广泛。因此，具有国际性的藏学研究离不开西藏地区的历史和现实，中国理所当然是藏学研究的故乡。

　　藏学研究的历史通常被推溯到 17 世纪西方传教士对西藏地区的记载，其实这是一种误解。事实上，从公元 7 世纪藏文的创制，并以藏文追溯世代口传的历史、翻译佛教典籍、记载社会生活的现实，就是藏学研究的开端。同一时代汉文典籍有关吐蕃的历史、政治、经济、文化、社会生活及其与中原王朝互动关系的记录，就是中国藏学研究的本土基础。现代学术研究体系中的藏学，如同汉学、东方学、蒙古学等国际性的学问一样，曾深受西学理论和方法的影响。但是，西学对中国的研究也只能建立在中国历史资料和学术资源基础之上，因为这些历史资料、学术资源中所蕴含的不仅是史实，而且包括了古代记录者、撰著者所依据的资料、分析、解读和观念。因此，中国现代藏学研究的发展，不仅需要参考、借鉴和吸收西学的成就,而且必须立足本土的传统,光大中国藏学研究的中国特色。

作为一门学问,藏学是一个综合性的学术研究领域,"西藏历史与现状综合研究项目"即是立足藏学研究综合性特点的国家社会科学基金重大特别委托项目。自 2009 年"西藏历史与现状综合研究项目"启动以来,中国社会科学院建立了项目领导小组,组成了专家委员会,制定了《"西藏历史与现状综合研究项目"管理办法》,采取发布年度课题指南和委托的方式,面向全国进行招标申报。几年来,根据年度发布的项目指南,通过专家初审、专家委员会评审的工作机制,逐年批准了一百多项课题,约占申报量的十分之一。这些项目的成果形式主要为学术专著、档案整理、文献翻译、研究报告、学术论文等类型。

承担这些课题的主持人,既包括长期从事藏学研究的知名学者,也包括致力于从事这方面研究的后生晚辈,他们的学科背景十分多样,包括历史学、政治学、经济学、民族学、人类学、宗教学、社会学、法学、语言学、生态学、心理学、医学、教育学、农学、地理学和国际关系研究等诸多学科,分布于全国 23 个省、自治区、直辖市的各类科学研究机构、高等院校。专家委员会在坚持以选题、论证等质量入选原则的基础上,对西藏自治区、青海、四川、甘肃、云南这些藏族聚居地区的学者和研究机构,给予了一定程度的支持。这些地区的科学研究机构、高等院校大都具有藏学研究的实体、团队,是研究西藏历史与现实的重要力量。

"西藏历史与现状综合研究项目"具有时空跨度大、内容覆盖广的特点。在历史研究方面,以断代、区域、专题为主,其中包括一些历史档案的整理,突出了古代西藏与中原地区的政治、经济和文化交流关系;在宗教研究方面,以藏传佛教的政教合一制度及其影响、寺规戒律与寺庙管理、僧人行止和社会责任为重点,突出了藏传佛教与构建和谐社会的关系;在现实研究方面,则涉及政治、经济、文化、社会和生态环境等诸多领域，突出了跨越式发展和长治久安的主题。

在平均海拔 4000 米的雪域高原，实现现代化的发展，是中国改革开放以来推进经济社会发展的重大难题之一，也是没有国际经验可资借鉴的中国实践，其开创性自不待言。同时，以西藏自治区现代化为主题的经济社会发展，不仅面对地理、气候、环境、经济基础、文化特点、社会结构等特殊性，而且面对境外达赖集团和西方一些所谓"援藏"势力制造的"西藏问题"。因此，这一项目的实施也必然包括针对这方面的研究选题。

所谓"西藏问题"是近代大英帝国侵略中国、图谋将西藏地区纳入其殖民统治而制造的一个历史伪案，流毒甚广。虽然在一个世纪之后，英国官方承认以往对中国西藏的政策是"时代错误"，但是西方国家纵容十四世达赖喇嘛四处游说这种"时代错误"的国际环境并未改变。作为"时代错误"的核心内容，即英国殖民势力图谋独占西藏地区，伪造了一个具有"现代国家"特征的"香格里拉"神话，使旧西藏的"人间天堂"印象在西方社会大行其道，并且作为历史参照物来指责 1959 年西藏地区的民主改革、诋毁新西藏日新月异的现实发展。以致从 17 世纪到 20 世纪上半叶，众多西方人（包括英国人）对旧西藏黑暗、愚昧、肮脏、落后、残酷的大量实地记录，在今天的西方社会舆论中变成讳莫如深的话题，进而造成广泛的"集体失忆"现象。

这种外部环境，始终是十四世达赖喇嘛及其集团势力炒作"西藏问题"和分裂中国的动力。自 20 世纪 80 年代末以来，随着苏联国家裂变的进程，达赖集团在西方势力的支持下展开了持续不断、无孔不入的分裂活动。达赖喇嘛以其政教合一的身份，一方面在国际社会中扮演"非暴力"的"和平使者"，另一方面则挑起中国西藏等地区的社会骚乱、街头暴力等分裂活动。2008年，达赖集团针对中国举办奥运会而组织的大规模破坏活动，在境外形成了抢夺奥运火炬、冲击中国大使馆的恶劣暴行，在境内制造了打、砸、烧、杀的严重罪行，其目的就是要使所谓"西藏问题"弄假成真。而一些西方国家对此视而不见，则大都出于"乐观其成"的"西化""分化"中国的战略意图。其根本原因在于，中国的经济社会发展蒸蒸日上，西藏自治区的现代化进程不断加快，正在彰显中国特色社会主义制度的优越性，而西方世界不能接受中国特色社会主义取得成功，达赖喇嘛不能接受西藏地区彻底铲除政教合一封建农奴制度残存的历史影响。

在美国等西方国家的政治和社会舆论中，有关中国的议题不少，其中所谓"西藏问题"是重点之一。一些西方首脑和政要时不时以会见达赖喇嘛等方式，来表达他们对"西藏问题"的关注，显示其捍卫"人权"的高尚道义。其实，当"西藏问题"成为这些国家政党竞争、舆论炒作的工具性议题后，通过会见达赖喇嘛来向中国施加压力，已经成为西方政治作茧自缚的梦魇。实践证明，只要在事实上固守"时代错误"，所谓"西藏问题"的国际化只能导致搬石砸脚的后果。对中国而言，内因是变化的依据，外因是变化的条件这一哲学原理没有改变，推进"中国特色、西藏特点"现代化建设的时间表是由中国确定的，中国具备抵御任何外部势力破坏国家统一、民族团结、社会稳定的能力。从这个意义上说，本项目的实施不仅关注了国际事务中的涉藏斗争问题，而且尤其重视西藏经济社会跨越式发展和长治久安的议题。

在"西藏历史与现状综合研究项目"的实施进程中，贯彻中央第五次西藏工作座谈会的精神，落实国家和西藏自治区"十二五"规划的发展要求，是课题立项的重要指向。"中国特色、西藏特点"的发展战略，无论在理论上还是在实践中，都是一个现在进行时的过程。如何把西藏地区建设成为中国"重要的国家安全屏障、重要的生态安全屏障、重要的战略资源储备基地、重要的高原特色农产品基地、重要的中华民族特色文化保护地、重要的世界旅游目的地"，不仅需要脚踏实地地践行发展，而且需要科学研究的智力支持。在这方面，本项目设立了一系列相关的研究课题，诸如西藏跨越式发展目标评估，西藏民生改善的目标与政策，西藏基本公共服务及其管理能力，西藏特色经济发展与发展潜力，西藏交通运输业的发展与国内外贸易，西藏小城镇建设与发展，西藏人口较少民族及其跨越式发展等研究方向，分解出诸多的专题性研究课题。

注重和鼓励调查研究，是实施"西藏历史与现状综合研究项目"的基本原则。对西藏等地区经济社会发展的研究，涉面甚广，特别是涉及农村、牧区、城镇社区的研究，都需要开展深入的实地调查，课题指南强调实证、课题设计要求具体，也成为这类课题立项的基本条件。在这方面，我们设计了回访性的调查研究项目，即在 20 世纪五六十年代开展的藏区调查基础上，进行经济社会发展变迁的回访性调查，以展现半个多世纪以来这些微观社区的变化。这些现实性的课题，广泛地关注了经济社会的各个领域，其中包括人口、妇女、教育、就业、医疗、社会保障等民生改善问题，宗教信仰、语言文字、传统技艺、风俗习惯等文化传承问题，基础设施、资源开发、农牧业、旅游业、城镇化等经济发展问题，自然保护、退耕还林、退牧还草、生态移民等生态保护问题，等等。我们期望这些陆续付梓的成果，能够从不同侧面反映西藏等地区经济社会发展的面貌，反映藏族人民生活水平不断提高的现实，体现科学研究服务于实践需求的智力支持。

如前所述，藏学研究是中国学术领域的重要组成部分，也是中华民族伟大复兴在学术事业方面的重要支点之一。"西藏历史与现状综合研究项目"的实施涉及的学科众多，它虽然以西藏等藏族聚居地区为主要研究对象，但是从学科视野方面进一步扩展了藏学研究的空间，也扩大了从事藏学研究的学术力量。但是，这一项目的实施及其推出的学术成果，只是当代中国藏学研究发展的一个加油站，它在一定程度上反映了中国藏学研究综合发展的态势，进一步加强了藏学研究服务于"中国特色、西藏特点"

的发展要求。但是，我们也必须看到，在全面建成小康社会和全面深化改革的进程中，西藏实现跨越式发展和长治久安，无论是理论预期还是实际过程，都面对着诸多具有长期性、复杂性、艰巨性特点的现实问题，其中包括来自国际层面和境外达赖集团的干扰。继续深化这些问题的研究，可谓任重道远。

在"西藏历史与现状综合研究项目"进入结项和出版阶段之际，我代表"西藏历史与现状综合研究项目"专家委员会，对全国哲学社会科学规划办公室、中国社会科学院及其项目领导小组几年来给予的关心、支持和指导致以崇高的敬意！对"西藏历史与现状综合研究项目"办公室在组织实施、协调联络、监督检查、鉴定验收等方面付出的努力表示衷心的感谢！同时，承担"西藏历史与现状综合研究项目"成果出版事务的社会科学文献出版社，在课题鉴定环节即介入了这项工作，为这套研究成果的出版付出了令人感佩的努力，向他们表示诚挚的谢意！

2013 年 12 月北京

目录

前　言

　　似乎仅在转眼之间，我已从事与茶马古道相关的考察研究 30 余年。20 世纪 80 年代中期，我在一无所知的情况下，被当时任职的大学派遣到滇西北的迪庆藏区支教一年。在那儿，我的人生发生了根本性改变，从此与藏区结缘，至今依然。在那儿，我不仅全身心领略到了雪域高原的神奇壮丽、纯净超逸，还听到了许许多多非常精彩有趣的故事，尤其是一些当地朋友所讲的他们祖先赶着马帮走西藏的雪山草地做生意的故事深深吸引了我。在我看来，那完全是一部只属于过去时代的传奇般的史诗，一部各民族跨越高山河谷、密切交往的史诗。于是，纯粹出于兴趣，我在 30 年里，以各种不同的交通方式，包括赶马帮、徒步、骑单车、自驾车等，马不停蹄地往返于西藏与内地之间，寻觅着先人们的足迹，访谈了许多当年走过茶马古道的老人，踏勘了茶马古道的几乎每条线路和重要站点，持续不断地在藏区行走考察，出版了多本图文并茂的书。

　　随着岁月的逝去，大量资料沉积下来，许多感受和思考自然而然地聚焦于行走茶马古道的主体——那些赶马人、马锅头和商号商人。他们传奇般的经历和事迹，在经济全球化、文化大融合的今天，在国际国内形势起伏变化的现在，显示出种种难能可贵的内涵和意义。描述性的写作，已然不能将之很好地传达和表述。

　　大约自 2005 年起，我开始集中关注茶马古道上的商号、商帮。这些由纳西族、白族、藏族、回族和汉族等各民族组成的商号、商帮，经由各条茶马古道，活跃在交通险恶且商品经济相对不发达的青藏高原及其相邻地区。他们为了生存发展，为了获利，以极富冒险性的精神，以合作共赢的

1

方式方法，以超常的智慧、心力和勇气，频繁往来于内地和西藏地区之间，建立起密切的经贸关系，并构筑起两地间血脉相通相连的关系。这种关系，早在藏区广泛流传的《格萨尔王传》里，在相关各地各民族的歌谣里，就得到了淋漓尽致的传颂和讴歌。当然，从学术上对之进行梳理和研究，也属势在必行，且价值意义非常。的确也有一些学者在这一领域做出了极为重要的努力。我在此所做的，应该说只是一个开始。

导　论

长期研究中国社会经济史的学者唐力行先生指出："中国幅员辽阔，物产、气候、地理环境，千差万别，各地需要物资流通与交换。商人的经营活动促进着各地区、各民族之间的经济联系；同时，商品作为一种特定的文化载体，也加强着各地区、各民族之间的文化联系，从而有力地推动着大一统局面的出现。"[①] 在包括西藏在内的中国广袤的西南地区，各民族商号商人所进行的这种经济联系显得格外醒目，也格外特殊。相应的各民族间的文化联系及各种互动关系，更分外突出而重要。然而，由于种种原因，这种关系未得到必要的重视，相关的研究也显得零散而薄弱。在此，笔者将尽力做一些初步的探索。

一　问题的提出、研究的途径及研究范围

本书主要涉及以下三个方面的问题。

第一，本书主要探讨近代活跃在藏区的各民族商号的起源、发展和经营等相关问题，这些各民族商号出现的历史背景、社会条件怎样；它们经历了怎样的发生、变迁和发展过程；它们的出现，对藏区的社会经济产生了怎样的影响；它们的出现，形成了怎样的各民族共存互动关系，这些互动关系有着怎样的必然性和重要性；这种互动关系能否说明，藏区与内地有着历史和空间的持久联系，它们的经济、文化和历史早已相

---

① 唐力行：《商人与中国近世社会》，商务印书馆，2003，第 13 页。

互作用、相互依存,形成网络,紧密地联系在一起,并促使相关地区日益整合为一个不可分割的区域,最后自然而然地融入多元一体的中华文明。

第二,本书力求通过对各民族商号在藏区的运作及其互动关系的分析,尽力探讨其所关涉的经济意义、政治意义和文化意义乃至精神意义。各民族商号在何种程度上活跃了汉藏之间各民族的经济;它们怎样促进了地区间的资源互补、物资交流和金融流通;这些商号是否刺激了相应的手工业、工业和商业发展;它们对相关的群体和社会产生了什么影响和作用;在经历了长期的运作之后,它们是否形成了灵活的机制,以适应时代的变化及各民族的往来和交融;它们是否产生了共同的文化特征和精神特征;它们对国家的统一、民族的团结与融合产生了怎样的效果。

第三,本书试图通过对藏区各民族商号具体的历史互动关系的梳理和总结,去展现并理解一种自发自生的社会力量在怎样的经济、政治、文化乃至情感基础上形成,并努力分析和寻求把握其转化的相应机制与理性途径。

针对上述问题,本书试图经由以下途径和方法,力求达至这样一些研究目标。

第一,从经济基础上看,商业贸易是各地间相互学习、相互联系的重要方式,是一个社会必不可少的联系方式,更是一个区域形成的最主要因素之一。正是在商品贸易中,不仅各地间形成了稳定而牢固的物质资源互补关系,存在相互间的密切往来,而且促使中国内地,尤其是西南的横断山脉地区与西藏地区,形成一个相互依存、不可分割、不可分离的区域,进而使得文化上的民族、地方色彩和共同色彩具有了同时出现的背景和场域,这也就成为中华民族"多元一体"的一个重要先决条件。在汉藏间,历史上尤其是近现代,与西藏地区紧邻的云南、四川等省区,出现了大大小小的各民族商号,纷纷进入高寒险峻的雪域高原,直接从事藏区的贸易,由此而形成了种种密切的互动关系,它们在这些互动关系中所起的作用,直接或间接地制约和影响着汉藏关系。本书将以运作于滇藏间的各民族商号的活动为主线索来梳理并揭示其间的因素和关系。这是一种全新的尝试。这对认识西藏与祖国大家庭的关系,对藏区的稳定和发展,对维护边疆的稳定和国家的统一,具有一定的理论意义和实践价值。通过这一研究，可以确凿有力地说明，藏区与内地有着历史和空间的持久联系，它们的经济、文化和历史早已相互作用、相互依赖，形成网络，紧密地联系在一起，并自然而然地融入了多元一体的中华文明。

第二，各民族商号及其互动关系一般来说包括经济、政治、文化及其传播、流通等几方面，而这些又离不开运作这些商号的人，他们不仅通过自己的谋生手段形成相应的职业群体、社会网络与人际关系，而且通过一定的经济组织形成密切关系，还直接或间接地影响了相关产业的发生和发展。本书由此入手，无疑是剖析共处于这一关系网络中的各民族互动关系的极佳入口，进而可以发现其互动关系怎样进行，在哪些层面上展开和深化，并找出其中的特色和规律，从中发现并挖掘其作为民族文化交流互动的多样性内涵，作为人类学、社会学等多学科研究的重要线索和基础，对中国边疆开发的意义，对中华民族多元一体格局的意义。笔者在始终坚持田野考察的基础上，从充分尊重历史和人文关怀的角度，以大量第一手田野调查资料和相关文献资料完成了本书的撰写，不失理论创新的可能。

第三，本书力图在上述基础上探讨一定区域内各民族互动关系的基本和长远的机制与自然和理性的途径，于我们认识和理解近代汉藏之间跨文化民间贸易在情感沟通、文化交融、信仰整合、意识认同等方面，有重要的理论价值和现实意义。

在此基础上，本书将研究范围界定在以下几个方面。

笔者想界定一下这里所谓"近代"的历史时限。日本中国史学大家内藤湖南曾据中国宋代即出现完备的民法体系并有市场经济的发展和商业城市的出现，提出"中国近代从宋始"说。这固然有一定道理，但实际上站不住脚。宋、元、明、清基本是中国自秦开始的中央集权的古老帝国的延续，根本上、实质上并没有出现"近代"的因素。我们在这里所取的近代概念，还是以大多数史家认定的，以1840年鸦片战争为中国进入近代的标志。从那时起，中国面临数千年未有之变局，这才是近代中国的肇始。所以，本书将描述自清代晚期至中华人民共和国成立前后这一百多年间，中国藏区尤其是滇藏间各民族商号的活动，并梳理其间的互动关系。

不难看到,就在这一时期,在古老而拥有众多传统的西藏地区,传统的半农半牧的自然经济有了一定的改变,严格意义上的自给自足已然难以为继,商品经济有了明显的发生。而且国际国内都出现了极其复杂的状况,在帝国主义经济大国的殖民扩张和强力冲击下,中国国门洞开,商业和进出口贸易日益发展,资金和资本得以在一定程度上麇集和动用,商业移民的流动趋于频繁。在西藏地区的拉萨、日喀则、江孜、亚东、昌都等古老和新兴的商业城市里,汇聚了来自西藏内外各地各民族的商人群体和商号,他们相互之间,遂产生了过去少有的商业经济及文化等方面的互动和融合现象。

对此,本书将就所涉及的学术历史和叙述的历史背景与社会条件进行简要的概述和回顾,并从整体上展示对历史资料的把握。在上篇中,笔者将对近代以来活跃在藏区的各民族商号,尤其是滇藏一线有代表性的各民族商号,进行一次较全面而深入的探索和描述,包括各商号的兴起、运作的事迹及主要人物的经历,各自经营的范围和特点,以期对近代藏区各民族商号,主要是滇藏间各民族商号的生成、经营的特点和性质,经营的路线和范围,有一个较为准确客观的认识。在下篇中,笔者将在对各民族商号的经营历程和经营内容认识的基础上,对它们之间形成的各种互动关系,包括商业经济关系、手工艺及技术关系、人口及婚姻关系、习俗关系、宗教关系,以及其他文化及观念等互动关系,进行力所能及的分析梳理和铺陈研究,并对诸种互动关系的作用和机制,乃至这些互动关系的困境,进行较为深入的探讨。

本书试图说明,藏区各民族商号的出现及其互动关系,包含着一些我们今天都可借鉴的自然的、理性的和机制性的因素,大大有助于西藏地区与内地的经济联系和交流,有助于各民族的相互了解和文化交融,有助于一个不可分割的区域的形成,有助于中华民族多元一体格局的形成。

二 互动的历史背景

2013 年,考古学家霍巍先生发表了他的论文《从考古发现看西藏史前的交通与贸易》,文中以大量考古实据证明:"大约在距今数万年前的旧石器时代晚期,西藏高原已经有了最早的人类活动,这些远古人类进入到西藏高原之后，其活动的范围远远超乎今人的想象，他们所创造的旧石器文化很可能与华北平原、甘青高原、西南山地均有着密切的联系。到了新石器时代和早期金属器时代，西藏与周边地区的交往与联系得到进一步的拓展，有更为丰富的考古材料可以直接或者间接地提供可靠的证据。"霍巍先生进而得出结论："一系列考古新发现揭示，西藏高原史前人类与外界曾发生过密切的文化交流，并且在长期的生产实践和交通贸易中形成了一定的交易物资种类和较为固定的交通线路。事实证明，早在距今约5000年左右，西藏高原居民便已经和中原及黄河上游、喜马拉雅山周边地带的原始文化之间有着相互交往和影响，宝贝的南下，玉石的西传，麦类作物的东渐，早期金属器的传播，都在高原留下了重要的考古学文化遗存。这些史前文化的成就，奠定了后来吐蕃王朝统一高原的物质文化与精神文化基础，也为我国西部边疆多民族文化交流融合、最终形成中华民族'多元一体'格局开辟了最初的交流渠道。"[①] 为什么会出现这种早期的交通和贸易？霍巍先生也进行了精辟的分析："总体而言，西藏史前交通的发生与发展，首先是基于高原内部史前各族群之间随着生产力的发展、人口数量的增加、生存环境与资源压力等各方面条件之下产生的自我需求。随着早期金属器、骑马术、车辆等事物的产生，高原各族群对周边先进的文化因素和生产技术的吸收能力也在不断加强，借以发展自身的经济文化水平，也进一步促进了这种交流的密度与幅度。其次，随着高原大小部族之间的兼并融合过程的加速，尤其是以山南雅隆河谷地带为中心的雅隆悉野部对高原其他部族的征服，高原内部各族群之间的交往更加密切，很可能在这种频繁的交往中已经确定了较大规模人力、物力远距离通达的较为固定成熟的线路，从而基本上奠定了高原各部族内部交通的格局。再次，考古材料还反映出，西藏高原史前各族群还通过不同的渠道和途径积极参与了远程的'国际性'贸易与交流，这种内外结合的文化交流不仅仅局限于人口或文化传统的迁移与变迁，还包括了人们的生活资料、生产工具、各类商品（其中尤其是金银、丝绸、香料等奢侈品）甚至各种牲畜等通过一定的转运方式往返于不同地区。这种远距离的转运和迁移，使人们在广袤的高原地理环境之中寻找和确认了最省时、省力，也相对安全的理想交通路

---

① 　霍巍：《从考古发现看西藏史前的交通与贸易》，《中国藏学》2013年第2期。

线，并随之出现了道路、桥梁等交通设施，经过不同历史时期不断的改造和优化，最终形成西藏高原内外古代交通的基本格局。"①

进入有文字记载的历史时期后，藏区的交通和贸易无疑在史前的基础上得到了很大提高，其中最为突出的当属汉藏之间的交往，并以源远流长的"茶马互市"为主要内容。正如马金先生所言："汉藏民族间的友好关系，有着悠久的历史，远在唐代，两族关系就很密切；唐朝'与吐蕃代为舅甥，……有同一家'。在长期的历史发展中，汉族与藏族在政治、经济、文化等方面结成了血肉联系，两族间的茶马互市，正是这种密切联系和传统友谊的一个重要方面。""汉藏民族间的茶马互市始于唐代，而宋、明两代最为兴盛。清代以后，两族间的贸易已扩大至茶马之外，无论贸易的规模或交换的种类，都已发展到更为广泛的程度。"② 在此，笔者想对近代以来更为广泛的汉藏等各民族间的商业贸易交往，进行一定的梳理和研究。

毋庸置疑，汉藏等民族之间的交流真正可谓源远流长。早在中华人民共和国成立初期，曾在西藏生活工作多年的藏学前辈李有义先生就撰文指出："和汉族接触最早的藏族部落是羌族，……羌族的南移把原住在西康的一部分部落民族就压迫到云南去了，如今日的彝族、拿喜族（即么些族）（今纳西族——引者注）、傈僳族，大部分都是从西康移到云南的。这时住在雅鲁藏布江流域的博族（即藏族——引者注）还没有和汉族发生直接的关系，但通过羌族间接的来往一定已经发生了，特别是贸易，汉族的货物经过羌族而转运到西藏去。在当时的西南边境，民间的来往也在频繁地进行，像四川和西康之间的贸易是很早就在进行了，这条通过西藏高原的古道很早就把中国和印度以及中亚细亚的古代国家联系起来。这条康藏古道甚至比汉代所开辟的玉门古道（即德国地理学家李希霍芬于 19 世纪晚期所命名的丝绸之路——引者注）还要早，……我们在西藏也听到了不少古代汉藏交通的传说。印度是文化发达较早的一个国家，西藏毗连印度，当然很早就和印度发生了关系。西藏和内地也很早就有了来往，这样四川的货物通过西藏而销到印度去是

---

① 霍巍：《从考古发现看西藏史前的交通与贸易》，《中国藏学》2013 年第 2 期。
② 马金：《略论历史上汉藏民族间的茶马互市》，西藏社会科学院民族历史研究所编《西藏史研究论文选》，西藏人民出版社，1984。

很自然的。古代的西藏民族在他们还没有和汉族直接接触以前就作了东西交通的媒介了，同时我们也可相信一部分汉族的文化随着贸易也很早就传到西藏来了。"古代西藏民族一边吸收印度的文化，一边吸收汉族以及其他民族的文化，直接所处的地理环境又不易为他族所攻入，慢慢就强大起来。他首先把西藏高原上的一些独立的部落征服了，又逐渐向外发展，到公元第五世纪时他已在西康边境和汉族直接发生接触了。藏族的统一对东西交通又有所增进，汉族的茶、丝织品、金属制品源源的输入西藏，一部分转销到印度和中亚细亚，西方的物产也同样的输到中国来。"①

唐会昌二年（842），崇奉苯教的吐蕃末代赞普朗达玛被佛教徒刺杀，号称"大吐蕃国"的吐蕃王朝从此分崩离析，本土及属部四分五裂，形成贵族领主割据称雄、没有大君长的局面。"吐蕃本土历经彼此火并内讧，日趋支离破碎，于是境内各处每每分割为二，诸如大政权与小政权，众多部与微弱部，金枝与玉叶，肉食者与谷食者，各自为政，不相统属。"② 汉史也有类似记载："唐末，瓜、沙之地复为所隔，然而其国亦自衰弱，种族分散，大者数千家，小者百十家，无复统一矣。"③ 这种小割据的形势，势必导致各地间贸易的发生，因为在较小的割据范围内，是很难做到自给自足的，尤其对于半农半牧的高原地区来说更是如此。此后，随着农牧产品的增多，各地的贸易交换也有所发展，有的教派领袖和寺院上层就是通过经商致富，从而取得了地方的权势。④ 西藏地区这种经商贸易的传统，一直延续到近现代。

元朝时，藏族与周边的汉族及其他民族产生了更为密切的联系，交通驿道更为发达，商业贸易也更为频繁。藏族与汉族互市的场所集中在甘肃，陕西的河州（今甘肃临夏）、洮州（今甘肃临潭）和四川的雅州（今四川雅安）、黎州（今四川汉源县清溪镇）、碉门（今四川天全）等地。元

---

① 李有义：《一千五百年来的藏汉民族关系》，西藏社会科学院民族历史研究所编《西藏史研究论文选》，西藏人民出版社，1984。
② 《贤者喜筵》第七品，第140页。
③ 《宋史·吐蕃传》。
④ 参见管译师宣奴贝《青史》、桑结坚赞《米拉热巴传》等，转引自《藏族简史》编写组《藏族简史》，西藏人民出版社，1985，第119页。

至元年间，废除了宋代所设官营专卖茶叶（榷茶）的方法，茶商纳课，自由交易。因为元朝统治者来自畜牧业发达的民族，占有广大牧区，根本不缺战马驮畜，因而对互市的管理远比宋代宽松，对互市的物资不再设限。"秦蜀之茶，自碉门、黎、雅抵朵甘、乌斯藏五千余里皆用之，其地之人，不可一日无此。"至元十四年（1277）"置榷场于碉门、黎州，与吐蕃贸易"。① "黎州、雅州地区藏、汉、彝等民族的互市贸易日益兴旺。在朵甘思的者思刚地方已出现专务贸贩的商人，以贩卖碉门乌茶、四川细布，交易藏区土产为生。"② "元代也有内地人民深入藏区采药、经商、垦殖。如大批陕西人到打箭炉（今四川康定）一带经商，积年累代，从客旅到定居。在元明时期形成了'陕西街'。"③

从唐、吐蕃到元这一时期，还未见云南商人与藏族进行贸易的更多记载，只有唐人樊绰的《云南志》中曾记载："大羊多从西羌、铁桥接吐蕃界三千二千口将来博易。"以数千口的羊只交易量来看，当时的滇藏贸易已有一定的规模，而且已经存在一些交易的渠道。《云南志》卷二记载，除西羌、铁桥外，尚在大雪山一带，"往往有吐蕃至赕货易，云此山有路，去赞普牙帐不远"④。从滇西北藏族与纳西族、彝族、汉族等频繁而密切的互动关系看，一定规模的经商贸易想必是存在的。

甚至西至阿里，在吐蕃王室后裔所建立的古格王国时期，其著名的壁画里，就有汉族商人的身影。意大利学者托斯卡诺就在与图齐讨论古格壁画时表示："我们不可能希望有一部更好的文献，再现那一时代活灵活现的生活。……最后一排画的是手持捐献物的商人，他们甚至有的抱着献给寺庙的建筑材料；他们中有牵着驴马的汉人，有克什米尔商人，还有肩上抬着筐的加瓦尔人，他们形象逼真。……绘画都是现实主义的，……此外，这些绘画还基本上如实记载了各种杂货摊、商队以及操着各种语言的人们会聚在一起交换商品、交流思想和文化

---

① 《元史·世祖纪》。
② 吴慧主编《中国商业通史》第3卷，中国财政经济出版社，2005，第364～365页。
③ 吴慧主编《中国商业通史》第3卷，中国财政经济出版社，2005，第365页。
④ （唐）樊绰：《云南志》，方国瑜主编《云南史料丛刊》第2卷，云南大学出版社，1998。

的情况。"①

　　然而，汉藏等各民族间密切而不可阻挡的交往，并非一帆风顺，而是充满波折和风浪，有起有伏。吐蕃与唐 200 余年时战时和的历史，不仅在广袤的西北大地不时上演，即使在相对僻远的西南，战争与和平也交替呈现。这从盛传于藏区的史诗《格萨尔王传》中就可窥见一斑。独立成篇、主要流传于云南藏区及康区的《姜岭大战》，脱出了《格萨尔王传》主要描写征战的内容格局，叙述的是格萨尔与其他民族和其他地区的另一种交往——格萨尔应加地（汉地）公主的邀请，赴加地焚毁加地皇帝妃子的妖尸，与加地君臣百姓结下深情厚谊。加地皇帝的妖妃在临死前曾向皇帝要求，等她死后要"把太阳关进金库，把月亮关进银库，把星宿关进螺库；天上的鸟不准飞翔，空中的风不许吹动，水中的鱼不能游荡；要使加地的货物不得运往藏地，藏地的货物不得运往加地，要把沟通加、岭之间的黄金桥砍断，要在加地颁布严峻的法令，使加地到处密布黑森森的法网"。格萨尔从木雅地方及罗刹阿赛手里取得了各种法物，焚毁了妖尸，使加地重归光明太平。之后格萨尔经过云南丽江姜地和德钦戎地，与姜地王子和戎王结下了深厚友谊，姜地王子将善于开山辟路的宝物——石马送给格萨尔，格萨尔以其开辟了又一条加、岭友好往来的通道，胜利返回岭国。② 作为史诗传说，虽不足为真实历史依据，但这一传奇无疑也是现实的反映，它艺术性地表现了汉藏两地间各民族的交往，从人民的心理诉求上表达了两地间民众对友好往来的期盼和重视，以及两地间交往道路的开辟和存在。

　　明代，封闭内敛的明朝和宋朝一样缺少战马和驮马，于是西部地区的茶马互市有了空前的发展。佟柱臣先生就明确指出，明朝吐蕃与内地在经济上有着密切联系，"明王朝更从雅州到乌斯藏修筑了驿路，使内地到乌斯藏直接有了交通往来"。③ 明人王廷相进一步发挥了宋人对茶叶在边疆民族地区的重要作用的认识："蜀中有至细之物而寓莫大之用、君子不可以轻视之者，茶是也。五谷饔飧非不美也，食牛羊乳酪者则不以为急；布帛

① 〔意〕G.M. 托斯卡诺：《魂牵雪域》，伍昆明、区易柄译，中国藏学出版社，1998，第 131 ~ 133 页。

② 《格萨尔王传·姜岭大战》，徐国琼、王晓松译，中国藏学出版社，1991。

③ 佟柱臣：《中国边疆民族物质文化史》，巴蜀书社，1991，第 207 页。

帷帐非不丽也，御穹庐毡裘者则不以为重。茶之为物，西戎、吐蕃自古皆仰给之。以其腥肉之食，非茶不消；青稞之热，非茶不解，故不能不赖于此。是则山林草木之叶而关系国家政理之大，经国君子固不可不以为重而议处之也。"① 明代四川巡抚严清就清楚地认识到："腹地有茶，汉人或可无茶；边地无茶，番人或不可无茶。先此议茶法者曰：'茶乃番人之命。'"马政都御使杨一清说得更直接："以马为科差，以茶为酬价，使之远夷皆臣民，不敢背叛。如不得茶，则病且死，以是羁縻，实贤于数万甲兵。"②

　　明太祖朱元璋就特别关注"西番"（指自陕西及四川、云南西徼外各民族）驯养的马匹，因为他"起江右，所急唯马，因设茶马司，与吐蕃互市，所以马到的也就多了"③。马是国家军事力量的重要资源："以西番产马，与之互市，马至渐多。"但西番"其所用之货与中国异，自更钞法后，马至者少"，明太祖"患之"，于是"八年五月命中官赵成赍罗绮、绫绢并巴茶往河州市之，马稍集，率厚其值以偿。成又宣谕德意，番人感悦，相率诣阙谢恩。山后归德等州西番诸部落皆以马来市"。"且多置茶课司，番人得以马易茶。而部族之长，亦许其岁时朝贡，自通名号于天子。彼势既分，又动于利，不敢为恶。即小有蠢动，边将以偏师制之，靡不应时底定。"④ 另据《明史·食货志》记载，茶马互市，"其通道有二：一出河州，一出碉门。运茶五千万余斤，获马万三千八百匹"。⑤ 河州在今甘肃临夏，碉门在今四川天全，一北一南。其实有明一朝，自明初的洪武年间至明后期的万历年间，官府设的茶马司有增无减，从最初设于洮州（甘肃临潭）、秦州（甘肃天水）、河州（甘肃临夏），到西宁、甘州、岷州、庄浪，加上四川的雅州（雅安）、碉门（天全），已有近十处，跟宋代的市舶司可有一比，尽管其行政级别要低一些。

　　这种密切而频繁的朝贡互市，已然奠定了两地间的亲密关系。时人方逢时便奏称："互市者，和亲别名也，然贤于和亲，贤于数十万甲师矣。"⑥

① 王廷相：《王氏家藏文集》，《皇明经世文编》卷149。

② 《明史·食货志》，中华书局，1974。

③ 佟柱臣：《中国边疆民族物质文化史》，巴蜀书社，1991，第207页。

④ 潘光旦编著《中国民族史料汇编——〈明史〉之部》下卷，天津古籍出版社，2007，第920～927页。

⑤ 《明史·食货志》，中华书局，1974。

⑥ 《明名臣奏议·方逢时论贡市之便疏》。

由于安多、康区的地理环境适宜产马，而且与内地汉族地区地域相连，自古便是汉藏茶马互市的走廊地带。这一区域的茶马贸易在整个明代的汉藏贸易中占据重要的地位和优势。①

而在滇藏之间，明代的商业贸易进入了一个新的历史发展阶段——丽江木氏土司大力学习并汲取内地汉族文化，包括先进的农耕和手工业技术，势力强盛，不断向藏东南、川西南藏区扩张。在这一地区，木氏土司采取了一系列政治经济措施，诸如使纳西族渡过金沙江屯垦、在藏区开水渠种水稻，并致力于矿藏开采、冶炼等，特别是在其控制区内大力推广藏传佛教，为滇藏民间贸易创造了新的发展条件。丽江木氏土司实际上成为滇藏间贸易的中介人，促使这一带的商业交易规模、交易数量较以前有了新的发展，密切了滇藏间历史上业已形成的商贸联系。在这一系列措施的基础上，"木氏统治时期，还使这一地区的市场和商品流向形成一个传统的经济区域，滇商每年从丽江、中甸运来茶、糖、铜器、铁器、粮食等到康南及江卡、盐井地区销售，并从当地运出羊毛、皮革、药材等商品"。② 同样，也有西藏商人进入滇西北地区进行贸易。

明末，云南各民族进行了长达 17 年的抗清斗争。因战乱，对藏族的茶叶供应少了。后来一俟清兵入滇，西藏上层立刻要求恢复茶马贸易。于是，在平西王吴三桂的主持下，大规模的茶马互市就此展开。刘健《庭闻录》记载："（顺治十七年）三月朔，北胜边外达赖喇嘛、干都台吉，以云南平定，遣使邓几墨、勒根赟方物及西番蒙古译文四通入贺。求于北胜州互市茶马。"③《清史稿》也记载："顺治初元，定茶马事例。……十八年，从达赖喇嘛及根都台吉请，于云南北胜州以马易茶。康熙四年，遂裁陕西苑马各监，开茶马市于北胜州。"④ 北胜州即今云南丽江永胜。可见藏族对茶叶的需求是多么迫切，更可见经济的市场交换网络不能长期断裂，资源

① 伊伟先：《明代藏族史研究》，民族出版社，2000，第 170 页。
② 陈汛舟、陈一石：《滇藏贸易历史初探》，《西藏研究》1988 年第 4 期。
③ （清）刘健：《庭闻录》，方国瑜主编《云南史料丛刊》第 8 卷，云南大学出版社，2001。
④ 《清史稿·食货志·茶法》，方国瑜主编《云南史料丛刊》第 7 卷，云南大学出版社，2001。

的转输是由供求关系决定的。

从各种史料记载来看，在整个明代，明中央政府与西藏各部落、各教派法王之间建立了长期的朝贡贸易关系。既然连官方的所谓朝贡贸易都有利可图，民间的私下贸易当也相当兴盛。如由成都西经过荥经、大相岭和汉源清溪的飞越岭古道（俗称大路），由名山、天全翻越二郎山的古道（俗称小路），历经宋元王朝，一直到明初，依然是私贩成风的茶马贸易通道。正如咸丰八年《天全州志》所记载："其后私茶混行，马价逐高。即委官巡禁，而日久生玩，弊从禁出。以致商旅满关，茶船遍河。"①

清朝时期，兴起于东北边地的统治者深知边疆治理的重要，逐步加强了对西藏的控制，于雍正二年（1724）设置驻藏大臣，在川藏、滇藏沿线，均设粮台等军事机构。藏区与内地的商业贸易也已超出以往茶马互市的范畴，无论是交易的货物种类，还是货物的流通量，都达至历史上最为鼎盛的时期。

1717～1720 年，一度统治藏区的蒙古准噶尔部在西藏叛乱。康熙五十九年（1720）庚子，云南都统五哥、副都统吴纳哈奉命率领满兵 2000 名，鹤丽镇总兵赵坤、永北镇总兵马会伯率领绿旗兵 1500 名及丽江么些兵 500 名，向北渡过金沙江，会同川兵进藏平乱。这一次川滇大军会同进藏，遇水搭桥，逢山开道，进一步打通了滇藏间的通道，并重新扫清了道路上、安全上的障碍，甚至在昌都的澜沧江支流昂曲上构建了被称为"云南桥"的铁索吊桥（在昌都澜沧江的另一支流扎曲上则建有"四川桥"）。从那以后，滇藏间建立在政治、军事基础上的塘汛制度的设置，更有益于保证商旅的安全和补给，大大促进了清代中期以后滇藏贸易的活跃，为近代各民族商号的互动进行了很好的铺垫。

上述汉藏经济、文化联系，吴健礼先生在其精心编著的《古代汉藏文化联系》一书中，进行了全面、权威的梳理，并针对一些重大的文化联系专题，如宗教文化、天文历算文化、医药文化、丧葬文化、茶文化、酒文化、陶瓷文化、冶铁文化、造纸文化、语言文化等，进行了总结性的归纳论述。②

---

① （咸丰）《天全州志·茶政》。
② 参见吴健礼编著《古代汉藏文化联系》，西藏人民出版社，2009。

　　进入近代以来，庞大而虚弱的中国命途多舛，世界列强纷纷将贫弱的中国作为觊觎和掠夺的对象。尤其是来自北方的俄国与来自喜马拉雅山以南的英国殖民者，为了其殖民野心和商业利益，在西藏地区展开了迅猛的扩张和激烈的争夺。这无疑引起了清王朝的极度担忧和关注，西藏地区的精英人士，也认识到西藏面临的挑战和危机。面对外来的冲击，他们都不约而同地采取了一定的应对措施，这里当然也包括对西藏地区与内地经贸关系的整合和加强。各民族的一些商帮、商号以及个体商人，在这一背景下应运而生、顺势而为，成为近代西藏地区的一道亮眼的景色。

　　在本书中，笔者将集中分析论述以茶马互市为主要内容的商业经济互动关系，以及与之密切相关的其他互动关系。

　　自清代康熙、雍正、乾隆后至民国年间，茶马互市已逐渐名存实亡——因为清中央政府已经完全底定北方各游牧民族，解除了自古以来来自北方草原的军事威胁，并控制了西北的主要产马区，在东北建了大规模的养马场，而且随着近代火器的使用和现代运输工具的出现，马匹在战争中的重要性日益降低。但没有丝毫改变的是藏族对茶叶的需求，以及迅速增长的人口对各种药材和日用土杂等产品的需求。茶叶入藏仍在大规模进行，而且随着清政府对藏区控制的加强而增强。在"修其教不易其俗，齐其政不易其宜"的民族政策指导下，直接建设并控制大一统的西藏边区，设兵站粮台，驻扎军队，改土归流……同时茶禁大开，鼓励商人按规定贩卖，从而使边茶贸易大兴。无论在四川还是云南方面，还有川西北经陕西、甘肃到青海藏区，连接藏区与内地的茶马古道仍在继续运行，甚至达到前所未有的高峰时期。

　　清朝前期和中期（1662～1870年）是云南普洱茶产销的极盛时期，仅西双版纳攸乐、革登、易武、倚邦、曼撒、曼砖六大茶山最高年产量就达8万担，以致"西双版纳几乎家家种茶、户户卖茶，马帮塞途，商旅充斥。这一时期每年约有马帮五万匹于春秋二季来回于滇西、滇南及缅、越、老等地运输茶叶"。[①]"清代乾隆、嘉庆年间，云南的普洱茶、猛库茶、凤庆茶年产量为十至十二万担，这些茶叶除少量供当地饮用外，百

----

　　①　杨毓才：《云南各民族经济发展史》，云南民族出版社，1989，第303页。

分之八十作为主要商品运输省内外各县和四川、西藏,其中部分远销缅、越、老诸国。"① 清政府于雍正七年(1729)在滇南设普洱府,并在普洱开设茶局,普洱茶也因此得名。同时,普洱府还负责督办贡茶厂,以向朝廷提供数额巨大的贡茶。这些贡茶的一部分又由清政府赐予达赖、班禅以及藏区的活佛高僧。于是,普洱茶以另一种方式进入藏区,成为清政府联络藏区、保持边疆稳定的重要战略物资。乾隆元年(1736),清政府将云南攸乐同知迁至思茅(今普洱市),改称为思茅同知,从此思茅成为西双版纳六大茶山的茶叶集散地,思茅城也因"普茶远销"而迅速由一荒僻之地繁荣起来。从道光年间至光绪初年(1821~1876),思茅城商旅辐辏、市场兴盛,据《普洱府志》载:"年有千余藏族商人到此,印度商旅驮运茶、胶者络绎于途,滇南马道已成为一条茶叶商道。"② 另据记载,仅康熙五年(1666),云南销西藏茶叶就达 3 万担。在滇西北的丽江贸易市场,每年农历九月到次年春天,都有藏族商人赶着骡马队络绎不绝地来到这里,领取茶引(经营贩运茶叶的执照)后,赶赴普洱、思茅贩茶。从丽江经下关、巍山、南涧、景东到思茅一带,马帮队伍络绎不绝,每年茶叶一项的贸易额即达到 500 万斤之多,汉族、白族、纳西族、回族、彝族和藏族商人等,还经常参加一年一度的大理"三月三"贸易活动和丽江盛大的"骡马会",各族人民互通有无,已经形成相当繁盛的产购运销市场和机制。

进入民国时期后,云南茶销藏也继续保持上升的势头。据谭方之《滇茶藏销》统计,民国年间,滇茶入藏一年至少有 1 万担:"滇茶为藏所好,以积沿成习,故每年于春冬两季,藏族古宗商人,跋涉河山,露宿旷野,为滇茶不远万里而来。是以紧茶一物,不仅为一种商品……抑且涉有政治联系意义。概藏人之于茶也,非如内地之为一种嗜品成为逸兴物,而为日常生活上所必需,大有'一日无茶则滞,……三日无茶则病'之慨。自拉萨而阿墩子(今云南德钦——引者注),以至滇西北转思茅,越重山,过万水,历数月络绎不断于途中者,即此故也。"③ 王图瑞先生在论及云南西

---

① 杨毓才:《云南各民族经济发展史》,云南民族出版社,1989,第 306 页。
② 《普洱府志》卷十七。
③ 云南省立昆华民众教育馆编印《云南边地问题研究》上册,1933。

北边地状况时也说:"云南于康藏一带的贸易,出口货以茶叶为最大。康藏人民的茶叶消耗能力,可算是世界第一。他们每日三餐,一刻不能没有茶叶,所以云南的十万驮粗茶叶,三分之二以上都往康藏一带销售。普思边沿的产茶区域,常见康藏及中甸、阿墩子的商人往来如梭,每年贸易总额不下数百万之巨。"①

在同一时期,随着云南的开放和经济的活跃,滇西的几大商帮接踵崛起,其中与藏区贸易密切的为大理鹤庆帮、喜洲帮和保山腾冲帮。云南大理喜洲商帮的崛起,就与藏区的茶叶贸易有关。喜洲帮自诞生起,主要经营生丝、茶叶、大烟和矿产,但后两者的经营状况很不稳定,贯穿始终的是生丝和茶叶。曾富甲云南的喜洲帮"永昌祥"商号,先赴滇南采购茶叶,后来就在大理凤庆、临沧猛库等地自行开辟茶场,生产"永昌祥"牌普洱茶,而且多以自创的"下关沱茶"形式面世,而销往西藏的沱茶叫"藏庄茶",用制四川沱茶剩下的茶秆和茶面做成,颜色格外浓,味道苦涩,更有助于消化,并且热量高、营养丰富,正是藏族打酥油茶的上好茶。据永昌祥第二代股东杨克成先生在20世纪60年代记述:"最值得注意的是沱茶在西藏的销场特别巩固,藏族喜欢云南沱茶远甚于四川的毛茶,甚至占世界茶叶市场优势的印度和锡兰茶在西藏都没有销路。"② 虽然云南茶运程遥远、运费昂贵,藏族同胞也宁愿吃云南茶。沱茶经揉制结成如锅底的中空的半圆块形状,既便于长途运输,也易于透气陈化,防止霉坏,每个重约10两。20世纪"20年代以后,下关成为云南沱茶制造业的中心。除了永昌祥外,先后做沱茶的有复春和、复顺和、炳春记、茂恒、成昌及川帮宝元通等,形成自由竞争的状态,对沱茶品质的提高有很大的作用"。③

而在近现代滇藏茶马古道兴盛的早期,大约从清代中叶始,至20世纪30年代以前,云南迪庆(汉人过去称之为"古宗")和丽江的地主兼商人就以村寨为单位组成逗凑马帮,每年形成几千匹骡马的运力,自行前往滇南的茶山采购茶叶,运回丽江重新包装以后,再以马帮贩运到西康和西

---

① 云南省立昆华民众教育馆编印《云南边地问题研究》上册,1933。
② 杨克成:《永昌祥简史》,中国人民政治协商会议云南省委员会文史资料委员会编《云南文史资料选辑》第9辑,云南人民出版社,1989。
③ 杨克成:《永昌祥简史》,中国人民政治协商会议云南省委员会文史资料委员会编《云南文史资料选辑》第9辑,云南人民出版社,1989。

藏。当时他们把这种生意称为"走茶山"或"赶茶山"。后来，腾冲帮的"茂恒""洪盛祥""元春茂"，喜洲帮的"永昌祥""鸿兴源"等大商帮在大理下关等地开垦茶园，自行制茶并自办运输，垄断了茶叶的货源，丽江商人才不再走茶山，但古宗商人仍在一定时段前往滇南贩运茶叶。前一段茶马古道的生意断了，但他们并没有停下生意不做，而是像跑接力赛一样，就近在丽江采购别的商号和马帮运来的茶叶，大规模地走进西藏，将它们运销到更遥远的别人难以到达的藏区。①

历史上如此这般源远流长、无法割断的关联，资源互补交换的必需，正是藏区近现代各民族商号间互动关系的背景和必然的社会条件。

三　互动的社会条件

历史上，西藏地区由于地理位置特殊，山高水急，道路险峻无比，交通和通讯十分闭塞，商业贸易及与内地的联系只有靠屈指可数的几条人马驿道。从西藏地区的政治经济中心拉萨到内地，畜力和徒步单程往往就需要三四个月时间，一年内往往只能完成一次往返。因而，这样的长程远途贸易，需要大量且长期的资本投入，需要相互间信用关系的建立和巩固，极有能力的商业实体或集团方能从事和运作。

到近现代，在西藏地区和与之邻近的陕、甘、青、川、滇地区，由于人口的激增、社会经济的发展、社会条件的成熟，颇具实力的商帮、商号纷纷出现，于是，西藏地区的商业贸易进入了一个新的历史时期，形成了三大商贸群体：一是西藏的以官家、贵族、寺院上层三大领主主持并掌控的商业集团（由其专门设置的商业管家"聪本"负责具体操作）；二是西藏以外省区进入西藏从事长途贩运的商帮、商号；三是外国商人，如尼泊尔、印度商人。他们之间，尤其是西藏三大领主的商业集团与外省区的商帮、商号之间，形成了活跃的、密切的商业往来以及其他联系，不仅省区外的商帮、商号大量进入西藏地区进行茶叶、丝绸、

---

① 李汉才主编《玉龙毓秀》，云南民族出版社，1995；夫巴主编《丽江与茶马古道》，云南大学出版社，2004；杨卓然：《"喜洲帮"的形成和发展》，中国人民政治协商会议云南省委员会文史资料研究委员会编《云南文史资料选辑》第16辑，云南人民出版社，1982。

瓷器、皮毛、山货等的贩运贸易，建立起相互信任的信托关系和金融汇兑通道，西藏地区有实力的商号，如邦达昌、桑多昌、热振昌等，也纷纷在内地的西宁、成都、重庆乃至上海等地设立分号，相互间的往来交易达至新的层面和规模。

其中最突出的是云南商帮、商号。与此同时甚或更早一些，在与西藏相邻的云南，随着经济的发展，商品生产和商业贸易也迅速崛起，加之英、法等国的殖民挤迫竞争，另外，由于"康乾盛世"后人口数量的急剧增加，生存环境和资源需求的压力不断加大，人们也开始寻求更多发展路径和空间，于是，地广人稀并有着独特资源和特别需求的西藏地区，成为云南各民族商号和商人的首选。藏区无数的酥油茶筒，有着向上的引力，吸引着各民族的商人走向那广袤的高原。

一切似乎已是命中注定。在滇西北，人与土地的紧张关系在乾隆年间就已有端倪。丽江及其附近坝子里的人口在不停地增加，每个家庭都在膨胀，土地却不会像孩子一样生下来，再不停地长大；而且光靠那点有限的土地，即使饿不死，也不可能使生活产生更好的改变。生存和发展问题，其实在"康乾盛世"之时及之后，就已然摆在眼前。

早在1999年，笔者在研究丽江地区赴藏做生意的马帮商人的专著《藏客——茶马古道马帮生涯》一书里，就对滇西北人民进藏经商的缘由进行了调查，发现并指出：由于地域相邻，世世代代生息于滇西北的各民族，要取得较好的生存条件，要发展经济，就只有进入西北方的西藏地区，用交换来进行资源互补，用贸易利润来补贴家用，并以此来扩展生存的空间，来拓展致富的途径和提高生活的质量。他们很难到山下，进入内地寻求融入他们的市场。因为，生性耿直、质朴而又为人老实的少数民族，很难跟内地那些精明的汉族商人打交道，甚至连语言都很难沟通。他们在内地赚不到钱，赔本贴钱的风险反而要大许多。所以，在历史上，滇西北各民族的生意大多往西北的藏区发展，那里才是他们驰骋的天地，那里才是他们如鱼得水的市场。用过去走西藏做生意的"藏客"的老话来说，这叫"熟门熟路，找钱更易"，或者说"一样的水养一样的鱼"。①

---

① 参见李旭《藏客——茶马古道马帮生涯》，云南大学出版社，2000，第47~54页。

笔者还指出："自古以来，滇西北以丽江为中心的纳西族生息地区，东北部居住有彝族，西北部毗邻藏族，南部与白族和汉族的势力范围相接，丽江就正好处于汉、藏、白、彝四大民族经济势力圈的交错地带，其间还杂有傈僳、普米、回等民族，这是对夹缝中的纳西族生存能力的考验，也为纳西族提供了极其有利的经商贸易条件。

"分居各地的各民族从各自的需求出发，自然而然要做各地间农作物和土特产以及其他各种生产生活用品的交换交易，尤其是生活在高原特殊地域里的半游牧半农耕的藏族，特别需要与内地的交易活动，仅他们每日必需的茶叶一项，就完全靠内地输入。于是，在这一地区的大山大川之间，各民族的商号商人赶着马帮翻山越岭、过河渡江，来往西藏和内地两地的商业交易活动应运而生，并日益发达起来。

"与此同时，也有西藏的商号和马帮来往于云南丽江、大理地区，但一般情况下，西藏的商号马帮来到丽江，就再不可能继续前行，自己到山下的内地去。那些地方对他们来说是完全陌生的。他们语言不通，生活不习惯，更适应不了山下那燠热的气候。他们只能走到丽江为止。而内地的商人也难以进入西藏，他们面临的正好也是藏族面临的问题：语言不通，生活习俗迥然两样，高原的寒冷缺氧、山高水急让他们望而却步。所以他们也只能走到丽江就打住。于是，处于内地与藏族地区交界地带的丽江成了西藏与内地之间交易的中间地带，成了这一带各民族中转交易的集镇。生活于这一带的纳西族、白族等民族，一方面了解熟悉内地的情况和文化，也熟悉西藏草地的语言、气候、风土人情和生活习惯，于是，在汉藏、白藏、纳藏等民族贸易交往中，各民族的商号马帮就起到了独特的作用。"①

另外，滇西北一带频繁的战乱和社会动荡，也成为影响各民族互动的重要因素。明末清初改朝换代的社会巨变，清咸丰、同治年间的回族杜文秀反清活动，也使得相对僻远而安全稳定的藏区，成为商人们避乱趋利的地方。

清末，清政府任命强悍有为的赵尔丰为川滇边务大臣。在任上的几年时间里，赵尔丰推行了在川滇边设流官、练边军、屯垦、开矿、贸易通

---

① 参见李旭《藏客——茶马古道马帮生涯》，云南大学出版社，2000，第47~54页。

商、建立学校等措施，大刀阔斧、雷厉风行地经营川滇边事务，号称"新政时代"。其中最为突出的一项，就是大力扶植川滇边的地方商业，积极拓展滇康、川康和康藏间的商业贸易交流通道，甚至派出护商队保护往来于康藏地区的各地各民族商队，因此吸引了大批滇籍各民族商人前往西藏地区经营，使近代滇藏间的商贸交流达至一个新的局面。

其实，在滇藏之间的高山深谷地带，也存在人文地理学者唐晓峰在谈到长城地带时所说的"过渡性"："在长城地带，人文地理与自然地理一样具有过渡性，它是一个渗透着农业和草原势力的世界，一个两种势力接触并汇合于此，而不能被任何一方永远统治的世界。……在'过渡'社会中，因'正常'社会的统治者无心认真经营'过渡'政治，这里的政治永远是消极的。但'过渡'却是进行贸易的绝好地方，在这里，贸易永远是积极的。……过渡地区的人们有机会较多地受到自己利益的支配。……徭役租税的疏漏，人口的疏散，造成更灵活自由的集市经济，官府更易于同商人勾结，向来严谨的军事活动，在这里，也充满商机。"① 这些精辟的论述，同样适用于滇藏间的过渡地带经济。

1933 年，十三世达赖喇嘛在拉萨突然圆寂，国民政府在南京举行了隆重的追悼大会，追赠十三世达赖为"护国弘化普慈圆觉大师"，并决定派遣以参谋本部次长黄慕松为团长的致祭代表团由内地入藏。派员入藏之前，国民政府行政院召集蒙藏委员会、内政部、外交部、参谋部人员合拟《大员入藏训条》，分为外交、政治、军事和其他四个部分，其中就有一条："汉藏各族人民通商、旅行，应准绝对自由。"② "绝对自由"的政治、经济条件的设立，在中国历史上实为罕见。这种政治条件和经济环境的自由宽松，无疑也为滇藏贸易铺平了道路。

更何况，一次巨大的商业际遇突然降临到滇西北和西藏地区——由于抗日战争的爆发及其延续，中国各出海口及海上通道全被封锁，更由于日军侵占了东南亚尤其是缅甸，中国唯一一条通往盟国的道路滇缅公路于抗日战争中后期被截断，一时间，从滇西重镇大理、丽江和西康雅安、康

---

① 唐晓峰:《人文地理随笔》，生活·读书·新知三联书店，2005，第 284～285 页。
② 参见李光文、杨松、格勒主编《西藏昌都——历史·传统·现代化》，重庆出版社，2000，第 154 页。

定，经由西藏拉萨转道至印度噶伦堡、加尔各答的茶马古道，成为抗日战争期间大西南后方主要的也是唯一的国际商业通道。尽管这条道路遥远险峻，耗时数月的行程千辛万苦，但由于能赚到很大的商业利润，许多商家和各民族民众便无所畏惧，纷纷涌上这条道路寻求机遇，在滇西北商业史上掀起了"拉萨热"，有能力的人们大多踏上了这条吉凶难卜的道路，进入西藏地区经商贸易。

这样看来，天时、地利、人和，这几种中国人眼中的成功的条件，都降临到了云南各民族商号的商人头上。

《纳西族简史》精要记载了这一历史："二十世纪三十年代，抗日战争爆发后，滇、藏贸易十分活跃，维西、宁蒗等纳西族地区，成了重要的商道和过往马帮们的歇足地。各种货物由内地经过这里远销西藏和印度，这就使纳西族中原来从事季节性赶马活动的人，逐渐转入以赶马经商为主要职业。由于赶马经商获利甚厚，引起了人们的羡慕和向往。不仅大多数家庭抽出男子从事赶马运输，就是那些缺乏骡马的人户，也有人通过押出土地来购买骡马，以便从赶马经商中谋利。'汉人发财靠买田地，摩梭发财靠买骡马。'这一当地民谚，生动地反映了纳西族对赶马运输业的重视。连永宁土司和总管也派有家奴和佣工，组成马帮商队，常年从事商业活动。据1956年的统计，在宁蒗的永宁和维西的永兴等地，约有三分之一以上的家庭主要成员兼营赶马运输业。赶马运输业的兴起和繁荣，给纳西族社会和家庭带来了深刻的影响。"① 由于同样的原因，即使没有走过这条经商贸易路线的其他商号和商家，也不得不转而走上这条艰难无比的商路。他们要想生存和发展，就别无选择。

周智生曾撰文指出："藏区地形复杂、气候多变，滇藏印间路途遥远，而且沿途'高坡峻岭，鸟道羊肠，几非人迹所能到'，不仅交通条件极差，生存条件也很恶劣，加上藏区特殊的民族文化环境，所以内地商人一般很难适应，也因此使得这条线路的运输成本和困难程度都奇高。依凭自古以来滇藏之间商贸交流积累下的地缘优势和各种商贸交流渠道，以丽江商人为主体的滇西北等地商人群体就成为滇藏印国际贸易运输贩运中的重要角

---

① 《纳西族简史》编写组：《纳西族简史》，云南人民出版社，1984，第79页。

色。抗日战争时期，也因此而成为历史上云南商人从事滇藏印陆上国际转输贸易的高峰。其中与藏区藏族有着密切文化渊源关系的以纳西族为主体的'丽江商人便成为天之骄子'，与其他藏、汉、回、普米等民族商人一起，为缓和大西南后方物资紧缺做出了积极的贡献。"①

其实，在这场"拉萨热"之前很久，滇西北各民族的祖先早就在这条古道上走动了。

那时，滇西北的大部分人家都是这样安排一大家人的生活的：种地的种地，进入藏区经商的经商，里外配合，构成了当时滇西北各民族的基本生活格局和经济发展形态。在那一时期，他们不可能还有别的生活方式。

正是基于上述这些社会条件，西藏地区，尤其是滇藏间的各民族商号贸易和互动，具有顽强的自然生命力和持续不断的动力，有着商业选择的理性，而且具有某些机制性的因素。

四　相关研究概述

关于近代藏区各民族商号及其互动关系的研究，在国内外几乎还是一片空白，迄今仍很少从经济方面的商号贸易这一角度，对其间的民族互动关系进行研究的。相关的同类课题有一些，如关于"藏彝走廊"、西南丝绸之路和茶马古道的考察研究。

在以往，方国瑜、任乃强、冯汉骥、吴丰培等前辈学者已经对此进行过一些研究和十分重要的、不可或缺的资料辑选，云南大学的李埏、尤中等进行的民族经济史研究也涉及这一课题。之后，云南大学的林超民教授在其研究中对中国西南一带的交通、经济往来以及人口流动等民族关系进行了深入探讨；董孟雄先生在其《云南地方经济史研究》、杨毓才先生在其《云南各民族经济发展史》、况浩林先生在其《中国近代少数民族经济史稿》、李珪先生在其主编的《云南近代经济史》等学术著作中，对云南近代地方经济史、民族经济发展史进行了一系列卓有成效的研究；王恒杰先生、陈汜舟先生、陈一石先生、马金先生等，在其著述中对滇藏、川藏

---

① 周智生：《抗日战争时期的云南商人与对外民间商贸》，《抗日战争研究》2009 年第 2 期。

间的商业贸易关系进行了切实的陈述和分析；再后来，四川大学的石硕教授对西藏文明东向发展和"藏彝走廊"的研究，台湾历史人类学者王明珂对华夏边缘和汉藏之间的羌族研究，中国藏学研究中心的格勒的博士学位论文《论西藏文化的起源形成与周边民族的关系》及之后对西藏和四川甘孜藏族自治州的历史和经济、文化的考察研究，云南大学人文学院的木霁弘教授对茶马古道上民族文化的考察研究（主要内容局限于云南省境内的部分，对西藏地区的民族关系涉及不多），王铭铭和他的学生对"藏彝走廊"的考察研究，中央民族大学的苏发祥教授及其学生对清代和民国时期西藏地方的社会与经济研究，都对本课题的许多相关问题有精彩的探讨和论述。另外，北京大学中文系的陈保亚教授、中山大学文化传播学院的邓启耀教授、四川藏学研究所的任新建研究员等在这方面都有研究成果。美国著名人类学家、藏学家梅·戈尔斯坦的《西藏现代史（1913～1951）——喇嘛王国的覆灭》，涉及我们所称的西藏近代的商业经济状况。台北故宫博物院冯明珠女士的《中英西藏交涉与川藏边情1774～1925》，也涉及西藏近代的商业经济状况。只是，这些考察研究都不是专门针对藏区的各民族商号及其互动关系，有的还停留在资料汇辑和初期考察描述阶段。

需要特别指出的是，云南社会科学院研究员杨福泉在其博士学位论文《纳西族与藏族历史关系研究》中，从藏族、纳西族两民族的源流、政治关系、宗教关系、历史上的纳藏贸易，以及文学、艺术和两个民族相互融合等方面，对汉藏边缘上的纳西族、藏族的历史关系进行了详尽深入的梳理和研究，资料丰实，条理清晰，较多地涉及这一区域的民族互动关系，但未专门针对各民族商号及其互动关系进行研究，而且关注点仅限于藏族和纳西族两个民族之间的关系，商业贸易关系只是其关注范围的一部分。

同样需要特别指出的是，云南师范大学周智生著有《商人与近代西南边疆社会——以滇西北为中心》（2006年出版），另有一系列丰富的相关论文，集中考察研究了滇西北地区商人的商业运作与当地社会的变迁及互动关系，观点鲜明，不乏新意，使用的资料也相当翔实。滇西北地区的商人在近现代大量而频繁地涉足藏区，因而其成果对于研究藏区各民族商号及其互动关系具有重要意义，对笔者的考察研究有非常大的启示和帮助。

但显然，其着力点并不是云南各民族商号与藏区的互动关系，而是对云南当地社会变迁的影响。

四川师范大学历史文化学院王川教授目前在主持国家社科基金项目"中国西藏地区汉人社会生活研究（1959 年前）"。从其初步成果看，涉及西藏地区的汉族商人的活动，但不以各族商号及其互动关系作为研究的主要问题。其于 2006 年出版的专著《西藏昌都近代社会研究》，部分涉及西藏昌都地区的经济与城市变迁，以及外来移民问题，还涉及其间的文化与宗教关系，对于研究这一地区的经济及其互动关系有一定参考价值。

西藏大学的美朗宗贞在国家社科基金重点项目"西藏近代商人阶层的形成对社会转型的影响"以及相关论文里，关注和研究的主旨与周智生的著作有异曲同工之妙，从其初步成果看，研究范围亦为西藏区内商人与社会的关系，同样未将藏区的汉、回、纳西、藏等各民族商号及其互动关系作为主要研究标的。

另外，还有一些硕士研究生、博士研究生，如四川大学博士研究生张忠、云南大学博士研究生凌文峰等，对相关的问题进行了研究探讨。

笔者 20 多年来对茶马古道进行了坚持不懈的考察研究，难免经常涉及藏区的各民族商号和商人，并已注意到他们之间的各种互动关系，有的关系十分密切而必要。他们本来就是茶马古道运行的主体和中坚力量，而茶马古道正是他们互动的通道。在已完成并结项出版的国家社科基金项目成果《茶马古道——横断山脉、喜马拉雅文化带民族走廊研究》里，笔者也曾运用多学科方法，对相关问题进行了一定探讨。本书可以说是对该书的发展延伸和细化研究。

相当长时期以来，美国、英国、法国、德国、瑞士等欧美国家的学者，以及印度、日本、韩国等亚洲国家的学者和政要，都对西藏问题表现出了浓厚的兴趣，这种关注和兴趣甚至见于一些普通人。

对藏区各民族商号及其互动关系进行深入而详尽的研究，对于探讨其间的各种互动关系，尤其是汉藏间源远流长的血脉关系，对于研究不同文明、文化的起源和发展以及相互交流融合过程，对于西南各民族尤其是藏族与祖国大家庭关系的认识，都有着重大的历史意义和现实意义。通过这一研究，可以确凿有力地说明，藏区与内地有着历史和空间的持久联系，它们的经济、文化和历史早已相互作用、相互依赖，形成网络，紧密地联系在一起，并自然而然地融入了多元一体的中华文明。

五　资料来源

自 1986 年起，笔者就进入藏区，开始了对滇藏间各民族关系的考察研究，后来更着力于茶马古道各条线路及其相关文化的考察研究。很幸运，在 20 世纪八九十年代，一些亲历滇藏间商贸往来和马帮运输的老人还在世，像云南鹤庆帮恒盛公商号的张乃骞先生及其家人、张治波先生等，丽江达记的马锅头赵鹤年先生，丽江仁和昌商号的经理黄钟杰先生，丽江束河王润家商号的小伙计王茂本先生，裕春和商号的马锅头杨克刚先生、袁基宏先生等，西藏邦达昌的后人邦达旺青先生，以及在西藏走过茶马古道的边多先生、格桑旺堆先生、丹增旺堆先生，原籍云南现居西藏亚东的噶玛丹增先生等，在四川制茶、背茶走过茶马古道的姜琳先生、李攀祥先生等，笔者对他们进行了持续不断而深入的访谈，有大量录音资料和现场笔记，还有一些影像资料。这些珍贵的第一手资料，来自笔者艰辛而漫长的田野考察，同时也成为笔者研究的起点和强有力的资料支撑，是笔者进行本项目研究的坚实基础。自那时起，笔者也发表和出版了多种关于茶马古道以及西藏及其相邻地区各民族商帮、商号的文章和著作，其中一些观点和材料，也成为本书的坚实基础。

在那些"藏客"老人之前或之后，有一些政府官员、军人、僧侣、探险家、学者等盘桓于汉藏两地，像刘曼卿女士、洛桑珍珠（邢肃芝）格西等，还有黄慕松、吴忠信、朱少逸等，他们用各种各样的方式撰写的精彩记录文献，更展现出汉藏两地间各民族商号来来往往的沧桑岁月和深厚内蕴。

在相关研究过程中，笔者也检索、查阅了云南省图书馆、云南大学图书馆和云南省社会科学院图书馆、西藏自治区社会科学院图书馆、西藏自治区图书馆、西藏自治区档案馆几乎所有涉及藏区经济史、近代史、民族关系史，以及各民族商号、商帮的形成、运作及其特点的著作和论文。这些资料包括相当多的原始记录。与此同时，在多次前往藏区和北京查阅资料的时候，笔者也尽量购买了一切能搜罗到的图书杂志和其他文献，并重新阅读了自己有关藏学的数百册藏书。这些资料虽然零散，但可谓丰富，不仅拓宽了笔者的研究视野，也使笔者获得了许多启示，甚至得到了相关的理论支持。

特别是，在相关研究过程中，有关地区的地方志、文史资料、社会历史调查资料和其他资料，为笔者的研究工作提供了相当可观、不可或缺的参考文献。

上篇　滇藏间各民族商号的崛起和运作

英人阿拉斯太尔·兰姆指出："西藏商业的最大部分是与中国内地进行的。"[①]　其实这早已是不争的事实。据黄万伦先生研究："在英国侵入西藏以前，这里需要的大部分商品是由我国内地各省运去的。其中占首要地位的是茶叶，其次是棉织品，再次是丝织品。据英国驻成都领事霍集的估计，自19世纪末到20世纪初，由我国内地运往西藏的货物总值每年达白银1053491两，又据英人李顿估计，西藏运往我国内地各省的货物总值约为935000两。据估计，西藏与内地商品交易总额比通过中印边界西藏地区内的全部交易额高出4倍以上。因此，我国西藏地区同我国内地经济往来所占比重是很大的，它和内地的经济联系也是十分密切的。"[②]　当然，在近代的100余年里，主要由于汉藏之间的政治关系起起伏伏，西藏地区与内地的经贸也有相应的起伏，但从未间断。直到1948年初，噶厦派夏格巴、邦达养壁等人组成商务代表团到内地、欧美和印度进行活动，最终其政治目的没有达到，经济问题也没能得到解决。他们先到南京，希望中央政府解决美元结汇购汇等问题。在谈到商业贸易时，夏格巴就说："藏印贸易数额极为有限，印度虽供给西藏所需要之铁皮及布匹，但西藏输出印度之大宗货物，如羊毛、皮革、药材大多系转口运往英美及内地，尤以茶叶、绸缎、瓷器为最，此外并有少数食品由内地供给。贸易路线计有四条：（1）水路经印度；（2）经云南；（3）经康定；（4）经青海。目前各路均

---

① 〔英〕阿拉斯太尔·兰姆：《印度与西藏的贸易》，伍昆明译，《国外藏学研究译文集》第16辑，西藏人民出版社，2002，第170页。
② 黄万伦：《英俄对西藏经济侵略的历史考察》，《西藏研究》1982年第3期。

畅通无阻，唯数额尚无统计。"① 可见，直到近代末期，西藏的货物还是以内地为主要贸易区。以文明发展的长远眼光观之，以人文地理的观点论之，从古代到近现代，西藏文明主要向东发展，② 而内地的经济拓展和移民，却是步步向西进行的。③ 也就是说，不仅西藏文明有向东发展的趋势和必然性，华夏文明也有向南和向西发展的自然进程。这样两相交汇，西藏的文明，当然包括西藏地区的商业贸易，自然呈现出浓重的内地色彩，双方之间的互动关系，自古以来就密切频繁、盘根错节。

　　近代进入藏区经商贸易的内地商号、商人里，当以具有天时、地利、人和之优势的陕西人、四川人和云南各民族商人为重。例如，明代曾号称川西第一大土司的木坪土司，于乾隆四十八年（1783），在其所辖的宝兴县城隍庙铸造了一口大钟，上面有捐资的陕西、山西、江西、湖广、四川等10余省近50家商号的名字，足见早在清初及清中叶，川边藏区已经有大量汉族、回族等民族的商人进行贸易。据1933年的统计，在西康的商人总数约为1.2万，其中陕籍7000人、川籍3000人、藏人2000人。这些外地的商人，一开始多系随军的驿卒、营屯士兵及随军小军吏等落籍经商者。④ 自云南进入西藏经商的商号、商人情况也大致与此相同，不同的是，他们更多是出于生存发展的需要，也由于自古就有的宗教及其他文化传统，再加上资源互补的便利，自发地逐步进入藏区经商的。当然，滇军在藏区的多次军事行动，也为进一步拓展这条商路起到了积极的作用。所以说，由滇西北前往藏区经商的传统可谓源远流长，在近现代尤为兴盛。而且，在近现代，"西藏地区的藏商也结成商队入滇，从事药材、皮毛、茶叶、布匹等项贸易。他们甚至亲自到思茅采购茶叶，有时一个商队的驮马竟达数百匹。西藏商人的经营活动，调剂了滇省与藏区间商品的互补流通"。⑤ 据普洱茶六大茶山的核心易武镇老镇长张毅先生讲述，当年常有藏族商人到易武驮茶，一次来很多人马，将老茶全部收走。他们付的是半开

① 西藏商务代表团由香港飞抵上海时，夏格巴答《中央日报》记者问，《中央日报》1948年1月29日。

② 参见石硕《西藏文明东向发展史》，四川人民出版社，1994。

③ 参见李旭《茶马古道——横断山脉、喜马拉雅文化带民族走廊研究》，中国社会科学出版社，2012。

④ 游时敏：《四川近代贸易史料》，四川大学出版社，1990，第40~43页。

⑤ 罗群：《近代云南商人与商人资本》，云南大学出版社，2004，第93页。

银圆，堆满桌子，要一垛一垛地计算才算得清。那银圆压得桌子吱吱响。这是张毅先生少年时亲眼所见的情景。①

清中叶直至民国时期，在西南地区，发展迅速的贸易运输线路首推滇、川、藏、印线。这条路线即"茶马古道"。就云南而言，最初是以滇藏间的贸易为主，"明代以后滇茶开始进入西藏市场，至清代滇茶藏销贸易十分兴盛，滇藏间的交通运输得到发展。清代中叶以后，云南的许多商帮，如鹤庆、丽江、腾冲、喜洲帮的很多商人都经营滇藏贸易，他们将云南的茶、糖、铜器运入西藏，换回药材、皮毛等物。滇藏贸易的运输全靠马帮驮运"。②

在更靠北的四川、陕西、甘肃等省区，其商号、商人也是进入藏区经商贸易的主体，限于本项目的条件，笔者在此仅以滇藏间由云南方面进入藏区经商的纳西族、白族等商号、商人为主要研究对象，同时涉及几家由西藏往返云南的藏族商家，余皆暂时按下不表。而笔者在这里所说的"藏区"，是个广义的概念，正如有学者指出的："滇藏贸易，泛指和滇西、滇西北接壤的四川省西部藏族地区的得荣、乡城、稻城、巴塘、理塘、甘孜、德格、道孚、康定；西藏自治区的盐井、宁静、芒康、察隅、察雅、左贡、昌都、林芝、太昭、丁青、黑河、拉萨和远至青海省南部的囊谦、玉树等藏族地区之间的贸易。"③ 下面笔者就选取近代以来活跃在其间的有代表性的几家各民族商号，对其兴起过程及其在藏区的经营，进行简单的梳理和叙述，以便分析藏区各民族商号间的互动关系。

一 丽江纳西族杨家"永聚兴"和"丽丰号"等

从地理位置上看，云南的丽江地区正好位于滇、藏、川的交接点，"踞全滇之上游，通巴蜀之要塞"，"外控蕃藏，内敝滇西"，"自内地入藏，必以丽江为正路"，④ 所以，云南丽江历来是这一区域经济文化交流走廊的重要站点和关口。历史上，滇、藏、川区域的商业贸易，以及宗教、民族

---

① 据笔者 2004 年清明节时对张毅先生的访谈笔记。
② 陆韧：《云南对外交通史》，云南民族出版社，1997，第 417～418 页。
③ 郭正秉、郭大烈、刘尚铎主编《惊险的跳跃》，云南大学出版社，1991，第 197 页。
④ （乾隆八年）《丽江府志略》，丽江县县志编委会办公室 1991 年翻印。

文化等互动交流都在这里交汇集散。早在唐、宋时期，丽江与西藏吐蕃及南诏、大理国的交往已很频繁。《云南志》中有博易三千二百口大羊的记载。[①] 在被誉为纳西族百科全书的古老《东巴经》里，也有"'聪本'（藏商老板）马帮九兄弟，赶着九十九个驮子来"的记述。到了元、明和清初，丽江已形成较大规模的市场，市场上充斥着从各地来的马帮以及本地做生意的"古劳本欣"和赶马帮走四方的"阮当吨欣"。[②] 1253 年，忽必烈等率领蒙古骑兵，从川西分三路插入云南，经丽江而灭绵延达 500 多年的大理国，进而征服南宋，事实上进一步打通了丽江通往各地的道路。而元朝与西藏特殊且密切的关系，无疑大大加强了川、滇地区与藏区的联系。明代统治者尽心尽力地经营川、滇、黔地区，在丽江设传袭二十几代的纳西族木氏土司。历代木氏土司开放进取，积极汲取汉文化，大力发展经济，曾经兴盛一时。势力强盛的木氏土司携带着先进的生产力，不停地向西北藏区扩张，同时进行一定规模的移民，进一步加深了两地间的密切联系——其势力向北拓展到四川西昌、甘孜南部及西藏东南部地区，使之成为一个相对完整的区域。所以说，无论是唐宋时代还是元明时代，直到清代和民国时期，丽江都是内地沟通藏区的茶马古道的码头站点。

尤其是从清初开始，经济逐渐发达起来的丽江纳西族地区与藏区的物资贸易十分兴盛。清嘉庆年间（1796～1820），丽江纳西族中的"藏客"崛起，开始大规模前往藏区经商。从那以后，丽江人自己和其他人就把那些赶着马帮前往藏区做生意的人们，还有那些赶着马帮从藏区到丽江驮运货物的人们，称为"藏客"。[③] 丽江古城大研镇人李萌孙就将商号设在了拉萨，在拉萨坚守信誉，并资助清廷驻藏大臣，同时对各大喇嘛寺举行布施，数额庞大，远近闻名，被藏族人尊称为"聪本余"（生意官、大老板之意）。此后，纳西族商人到藏区经商者前赴后继，越来越多，运销内地的商品以茶叶、丝绸、铜器为主，返程时贩运的是西藏的鹿茸、麝香、虫草、熊胆、毛皮等山货特产。丽江仁和昌的第二代掌门人赖敬庵及其拉萨分号经理杨超然两位先生曾回忆："（往西藏）运货

① （唐）樊绰：《云南志》，方国瑜主编《云南史料丛刊》第 2 卷，云南大学出版社，1998。
② 李汉才主编《玉龙毓秀》，云南民族出版社，1995。
③ 参见李旭《藏客——茶马古道马帮生涯》，云南大学出版社，2000。

货物为茶、糖,其次是布匹、铜铁器、酒,以至一针一线,皆仰给于纳西族商人。"① 这种说法虽不免夸大,但也足见丽江纳西族商人在藏区的经营规模和重要性。他们不仅遍布西藏各地,而且进入了尼泊尔、缅甸、印度等地。比较大的商号有李永兴、李达三父子的"永兴号"和"达记"、赖家的"仁和昌"、王少萱家的"聚兴祥"、牛家的"裕春和"、周家的"德广通"和"恒德和"、赵紫垣的"恒和号"、杨家的"永聚兴"和"丽丰号"等,后来,具相当规模的商号更是发展到三十多家。

对近代纳西族商人大批进藏经商贸易的起因,周智生博士专门进行了研究,他提出:"以藏传佛教传播扩散为纽带,推动着纳西族、藏族等民族的信仰者南来北往,汇成了一股股礼佛朝圣的人际洪流,在宗教信仰虔诚之心的驱动下,来自不同区域的人们冲破了雪域高原和横断山谷的重重阻隔,跋山涉水,忍饥挨饿,向着心目中的圣地挺进,从而将川、滇、藏、青等藏传佛教的传播浸润区域联结成一个个朝圣礼佛网络,为朝圣者的长距离流动铺就了共同文化信仰的温床,创就了长距离活动中不同族群信仰者间彼此认同的心理纽带。""藏客的出现时间之所以与藏传佛教在丽江等纳西族聚居区传播兴盛时间相对应,关键在于长距离朝圣活动的拓展,为在交通条件极端恶劣、商队消费物资供给极端贫乏的藏区作长距离的商贸团队流动,铺就了语言文化交流、跨族际活动的文化心理认同等长距离商业活动所必需的人文环境基础。""族群之间交换关系的建构与拓展,并不单纯取决于物资补给的需求程度,而是物资需求与文化联系之间多重选择的结果。纳西族藏客的孕育与成长,得益于纳藏宗教文化传播交流基础之上所推动的族际交换圈域边界的拓展,得益于藏客们契合进入了藏民族的族群内交换的社会性规范之中。"②

与此同时,西藏及各地的商家也纷纷到丽江设店开号。大批西藏的商号和马帮将丽江作为进入内地进行贸易的中转站,而云南各地的商号和马帮也将丽江作为进入西藏、印度的中转站,像大理喜洲帮的"永昌祥""鸿兴源",保山、腾冲腾越帮的"洪盛祥""茂恒",鹤庆帮的"恒盛

---

① 赖敬庵、杨超然:《丽江工商业资料》,丽江县政协文史组编《丽江文史资料》第 3 辑。

② 周智生:《茶马古道上的纳西族"藏客"起源探析》,《西藏研究》2009 年第 5 期。

公",迪庆中甸帮的"铸记""玉记"等,都在丽江开设有分号,并布局藏区的经营。

到清末民初,基于与藏区的大规模贸易,丽江早已是滇西北商业交通重镇,其商业贸易之繁盛,从今日尚存的世界文化遗产丽江古城的规模及格局上即可见一斑。[①] 杨毓才先生也指出:"从公元19世纪到20世纪初,由于生产力获得进一步发展,丽江地区与大理、昆明、西藏、印度贸易往来的频繁,商品经济进一步发展,出现了具有资本主义性质的工商业和一些商业资本家,其发展程度虽不如大理白族,但在云南各民族中仍处于领先地位。"[②] 其实早在清代中期,丽江纳西族李悦、杨永蟹、李鸿旭、杨恺(开)、王树桐、李继斋、赖耀彩、李鸿芬、赵紫垣、和瑛、周景汤、杨子祥、李达三、杨崇兴等人的商号和马帮就已经形成规模,资本都在云南半开银圆万元以上,有的多达五六十万元之巨。抗日战争前后,先是由于康藏战事,尤其是后来由于抗日战争的影响,丽江一度成为滇、川、藏商业贸易中心。在这一时期,丽江诞生了一大批大小商号,据《纳西族简史》统计,到抗日战争时期,丽江在贯穿藏区直至印度的滇藏印茶马古道上做生意的大小商户竟有1200家之多,马帮商队不绝于途。[③] 到1945年8月抗日战争胜利时,丽江纳西族已形成李达三、王润、赖敬庵、王少萱等几大商业资本家,各家资本金大约有云南半开银圆五六十万元,另外还有赵紫垣、牛仑伯、曾绍三、周石奇、杨守其、和万华等六大商业资本家,各家拥有的资本都在云南半开银圆30万元以上。资金在20万元以下的商家还有30多家。这众多大小商家,大多经营滇、川、藏之间的贸易,有的还将商号开设至下关、昆明、中甸、德钦、康定、成都、昌都、拉萨、帕里、亚东等地,以及缅甸、新加坡、尼泊尔、印度和印度尼西亚各地,其中集中在西藏拉萨的就有三四十家。

在滇藏贸易繁盛的时期,许多滇西北的纳西族、白族等马锅头和"小伙计"(过去对商号的学徒帮工的称谓)以穿藏装和会说藏话为荣。像丽江"达记"的老板李达三(1895~1973),更是靠祖辈走西藏、融入西藏、

① 参见李旭《茶马古道——横断山脉、喜马拉雅文化带民族走廊研究》,中国社会科学出版社,2012,第75~84页。

② 杨毓才:《云南各民族经济发展史》,云南民族出版社,1989,第471页。

③ 《纳西族简史》编写组:《纳西族简史》,云南人民出版社,1984,第79页。

变得比藏族还像藏族，这才逐渐兴旺发达起来。李达三的父亲李永兴先在
丽江开设"永兴"商号，并在云南德钦、四川巴塘、西藏昌都和察隅设立
分号，一直做藏区与内地间的山货药材生意。李达三于1923年任德钦分号
经理，1930年分家后，自己另设"达记"商号。由于李达三长期往返藏区
做生意，能讲一口流利的藏语，十分通晓藏族人的习俗和心理，他的名字
在藏区闻名遐迩，生意做得风生水起。也由于他豪爽、豁达、讲信用，每
次跟藏族人士接触，都要按其礼仪向其敬献哈达、赠送礼品，藏商来到丽
江时，他更是殷勤接待，甚至可将几十万元的资本、物资交由藏商经营，
故而在藏商中有很高的威信，藏商都愿意与他交往和做生意，也经常将来
往的货物交给他全权经营。1947年，民国政府交通部想抢在英国之前勘测
中国境内的路况，受到西藏地方政府的阻挠，正是在李达三的积极协助
下，利用其在藏区的关系和影响，政府勘测人员才得以顺利进入察隅等边
境地区进行勘测。为此，丽江专员呈请上司，授予他少将副专员之衔，并
赠予"邦家之光"的锦幛。

据大理喜洲帮永昌祥第二代股东杨克成先生记述："西藏是推销沱茶
的尾闾。中甸、维西的藏族每年按季节来大理赶三月街，带来了毛毡、酥
油，带回去的就是茶叶、食盐和棉织品。商人到中甸、维西去运购药材，
也把茶叶送上藏族同胞的大门。沱茶由此进入西藏。当然，不等价交换的
剥削性质是很严重的。抗日战争期间，滇缅公路断了，云南商人从印度把
外国商品经西藏运到丽江，就是用茶叶转换藏银支付运费的。在这时以
前，丽江和拉萨之间，直接经营茶叶生意的也有一些商号，例如丽江帮李
达三，就是很大的一家。"①

20世纪90年代，笔者曾追踪访谈"达记"马锅头赵应仙老人多年，
他曾为"达记"工作，很有代表性。赵应仙是土生土长的丽江纳西族，但
在成年后就进入藏区，在"达记"开设于德钦的纳西族商号一干就是三四
年。他在那儿学会了一口流利而标准的藏话，学会了怎样辨别山货的货
色，见了一些世面，学会了怎样讨价还价，尽管那经常没有用，因为茶马
古道上的商人都很讲信用，说一不二，直来直去，大家做生意都很守规

---

① 杨克成：《永昌祥简史》，中国人民政治协商会议云南省委员会文史资料委员会编《云南文史资料选辑》第9辑，云南人民出版社，1989。

矩。抗日战争时期，茶马古道上的商贸活动进入高峰期，赵应仙多次作为马锅头率领马帮队伍往返西藏，并曾在西藏邦达草原几户藏族"主人家"驻扎两年，负责往来转运业务。那段时光，成为他一生中最为灿烂而艰辛的记忆。他记得："每个走西藏的藏客不仅穿的是藏装，而且大多讲得一口流利而道地的藏话。赵应仙至今还能讲一口流利的藏话，一讲到西藏，一串串的藏话就进了出来，尽管他已经 50 年没再进过藏区，没跟藏族打过交道。赵应仙还识得一些藏文，如今还能像我们熟读汉语拼音一样，能将藏文的所有字母唱念出来，'噶咔噶哪，扎查扎哪，沙萨阿雅……'正因为有这种语言及生活习俗方面的便利，纳西族马帮才得以在藏区通行无阻，就像在自己的家乡一样。"①

　　曾任中甸县商会会长的丽江纳西族人周秉奇，更是个藏族通。周家的祖上于清末就到中甸从事缝纫业，进而开设"德广通"商号，在中甸、德钦、拉萨一线经商。1921 年"德广通"倒闭后，周秉奇的父亲继而创办了"恒德和"商号，并将号事传给子侄 5 人，让他们分管丽江、中甸、拉萨各地的分号。他们重信誉、轻财物，极力处理好与各民族商家的关系，同时也使得生意获利并发展。周家在迪庆藏区经常扶危济贫、打井修路，被当地藏族视为恩人。他们不仅尊重藏区的民族习俗和宗教信仰，重视与藏区有声望的喇嘛和头人的友好往来，与各寺庙保持密切联系，甚至让在丽江的子侄们取藏族名字，拜藏区的上层人物为干爹。周秉奇、周石奇兄弟不仅全力在藏区与藏族开展贸易，还在丽江古城忠义村自家住宅旁边建起专供藏族居住的旅马店，分为不同层次的头人住所、马脚子房、牲口养歇处和结账房等，对来往的藏族客商周到接待，有些来丽江读书的藏族中上层头人的子女也常住在周家。此举既方便了藏族同胞，也给周家的商业带来了好处。据亲历者赵净修先生回忆，周家"恒德和"商号开设的旅马店是丽江档次最高、规模最大的一家，西藏的"邦达昌""热振昌"等商号就长住开号在他家。而当时最大的一笔生意是西藏的邦达昌卖给丽江商号的一批呢绒绸缎，总价值 70 万卢比，由于数额巨大，一家商号吃不起，就由丽江的达记、恒德和，还有白族喜洲帮的鸿兴源以及春和祥四家商号共同经营。据说这批货物卖到昆明之后，每家分到净利润三万多银圆。这笔

　　①　李旭：《藏客——茶马古道马帮生涯》，云南大学出版社，2000，第 31 页。

70万卢比的大单生意，就是在恒德和号里成交的。[①]

事实上，藏族与纳西族的关系，应该比茶马古道的历史更为源远流长，甚至更为深远。从民族学的方法看，这两个民族应该都属于氐羌族群，他们的人种和体格几乎完全一致，身体里面流着相同的血液，语言也有相同的成分。他们的祖先同为游牧民族，都生活在高原上。他们还有着共同的藏传佛教信仰。

不少丽江人就这样在这条路上找到了衣食之源，有的人还从此兴旺发达起来。有名的仁和昌号的创始人赖耀彩就是大家都看得见的样板。赖家祖籍福建汀州府，其始祖云丽公于清乾隆初年经商至丽江，见丽江山清水秀，人情质朴，就定居下来。后来子孙繁衍，至赖耀彩为七代孙。由于家族人多，负担重，迫于生计，赖耀彩从10岁起就弃学跟随父亲到中甸从事小商经营，待父亲奉养回家，13岁的赖耀彩就开始主持业务。他兢兢业业，勤俭朴实，虚心学习，逐渐信誉卓著，到民国建立时，已具有相当资本实力，分号设至四川木里、康定，业务蒸蒸日上。1930年传至其子赖敬庵（1903～1991）手上时，又恰逢抗日战争带来的商业机遇，古老的滇藏商道焕发了生机。赖敬庵抓住机遇，将赖家的仁和昌分号布局扩展至大理、昆明、昌都、拉萨，直至印度的加尔各答。通过苦心经营，他成为"拥有巨万，富甲一县"的大资本家。根据1943年的盘存，其商号仅流动资金一项就有滇银币60万元，骡马近200匹，成为滇西著名的富商之一，西藏人更称之为"赖家昌"，也就是大资本家的意思。在整个西藏地区，私人商号称"昌"的寥寥无几。

在此必须提到的是，1947年，赖敬庵为谋求仁和昌更大的发展，决定与两世达赖手下的红人、西藏大贵族擦绒·达桑占堆合股经营生意。仁和昌请德钦奔子栏的土官本登驮去最后一批银子，共计83驮，每驮2000两，共计166000两，除在康定购买了700驮砖茶外，把银子全交给了擦绒作为股本经营。没想到两三年之后，时局急遽变化，解放军进军西藏，西藏一下子处于全新局势中，生意便停顿下来。1951年，赖敬庵被逮捕判刑，家产被全部没收，沦落到社会最底层；擦绒·达桑占堆因参与1959年西藏叛

① 赵净修：《茶马古道与丽江商贸的繁荣》，夫巴主编《丽江与茶马古道》，云南大学出版社，2004。

乱，在山南被俘，病死狱中。

在近代时期，赖家的成功无疑是丽江许多贫寒人家的梦想。他们都这么发达起来了，自己为什么不能试一试呢？况且也没有更好的出路。于是，走西藏、走茶马古道就成了丽江人的生存发展之道。用丽江赵银棠女士的话说，丽江多藏客，是因为"丽江之农产不足自给，手工业改进困难，知识界亦多寒士。"①

这也正如笔者多年前所指出的那样："有些纳西族就干脆在西藏娶妻生子，安家落户，虽然他们仍被人们视为'藏客'，但已经名不副实。距丽江古城大研镇仅四五公里处束河一带的皮匠手艺人，就以走西藏草地并在那儿成家立业而著名。束河是出皮匠的地方，这里的纳西人往往从'一张皮''一颗针'开始创业，散布到藏区各地谋生。当地有一句俗话：'只要乌鸦飞，必有龙泉人'。他们靠加工皮革、贩卖皮革制品致富后，有的就购买骡马，开始组建自己的马帮商队从事在藏区的商业贸易活动，成立有规模的商号，成为茶马古道上各民族互动的主力。"②

在滇藏印一带著名的杨家的后人现仍住在云南丽江古城大研镇五一街下段（见图1-1），杨家祖祖辈辈在藏区经商的故事就像一部传奇。

图1-1　印度华侨杨守其家族在丽江古城的老宅

① 赵银棠：《玉龙旧话》，云南人民出版社，1984，第77页。

② 李旭：《藏客——茶马古道马帮生涯》，云南大学出版社，2000，第172~173页。

杨家世代都前往西藏草地赶马帮做生意，从杨泗芹在西藏山南地区娶藏族妻子始，每一代杨家人都有两个家——一个在丽江，一个在藏区。在藏区娶的当然是藏族妻子，在丽江娶的自然是纳西族老婆。到了杨训知、杨以知两兄弟这一代，这一传统在杨以知那里有了一些变化。

　　说起丽江纳西族杨家在藏区发家的历史，那就得上溯到很久以前。早在光绪年间，丽江大研镇光义街杨姓的杨永蘲为避乱，循着丽江藏客的足迹进藏，带着两匹骡马，辗转到了西藏山南的泽当。那是吐蕃王朝的发祥地，松赞干布的祖先最早就是在那里的雅砻河谷里进入比较先进的农耕文明，发展势力，从而最终统一了全藏。杨永蘲到那里的时候，发现当地还没有水磨，他就在那里建起了一排水磨坊开展经营，由此就发达起来。杨永蘲的侄子杨钟杰（字聚贤）于道光年间出生在丽江，不幸 13 岁时父母双亡，他就跟随进藏的马帮，到西藏泽当投靠他的二叔杨永蘲。杨聚贤没再开设水磨坊，而是像其他藏客一样在泽当做起了药材生意。后来他到了拉萨，开设了一家很大的主营药材的商号，那就是"永聚兴"，来往于茶马古道各条线路。据说杨聚贤是个奇人，精明而有耐心，不几年生意大旺，转而做皮毛生意，几乎垄断了从青海到拉萨一线的皮毛生意，并在拉萨最热闹的地段盖起了很大的房子开店，房子是西式洋房，由英国人修建，还在拉萨首次用上了马赛克。后来西藏人把杨聚贤的"永聚兴"称为"吓罗"，意思是南方。杨聚贤的生意越做越大。杨聚贤在拉萨经商时，与当时的驻藏大臣李有泰和十三世达赖喇嘛都保持着密切关系，并给予经济上的资助，缓急相应，交往日密，从而得到了二人的赏识与信任，所以杨家在西藏一直很有势力。1904 年，在反击英帝国主义侵藏战争中，驻藏清军补给困难，因路途遥远，交通不便，清政府一时难以接济，于是杨聚贤慷慨借资垫支，支持三月之久。① 光绪三十二年（1906），新任驻藏大臣联豫在拉萨推行新政，拟开办学堂、医馆等，于是杨聚贤又以各种形式先后捐助了白银 7000 余两，帮助联豫开办起了藏文说习所、中文读习所各一所，初级小学堂两所，白话报馆一所，施医馆一所，商品陈列所一所。② 杨聚贤为各民族的友好互动做出了积极贡献。

　　在达赖喇嘛和驻藏大臣李徽典之间的政治关系上，杨聚贤也能起到协

①　赖敬庵、杨超然：《丽江工商业资料》，丽江县政协文史组编《丽江文史资料》第 3 辑。
②　吴丰培主编《联豫驻藏奏稿》，西藏人民出版社，1979，第 39 页。

调作用，从而得到了双方的信任和支持。于是，他的营业范围大为扩展，设分号于印度加尔各答，经营进出口业务；他命小儿子到新加坡开号，可惜其子早早病逝在那里；他派四川人李某驻广州，杨蕴民驻上海，陈少清驻北京，往来于西安采购绿松石；他派外甥李建民设分号于康定、雅安、成都，采办四川砖茶、丝和土杂，走川藏茶马古道大北路，利用西藏贵族特权所拥有的乌拉差役，在康区收购山货药材，运销成都、广州、上海、香港和新加坡等地。杨聚贤本人往来于滇、藏、印之间，筹划指挥。到清末民初，其家产已有百万两白银，据说他家的马帮队伍头骡到了丽江大研镇的家里，尾骡还在城外的黄山哨。不幸的是，正当永聚兴生意极盛之时，杨聚贤在拉萨去世，其继承者能力不及，做砸了几桩大生意，又正碰上康巴人的邦达昌兴起，排挤打击永聚兴，杨家的生意很快衰落下去。

像许多藏客一样，杨聚贤回丽江老家娶了鲍氏之女，她从未生育，就一直生活在丽江，直到去世。此外，杨聚贤在拉萨还娶了一个藏族姑娘，生了三个儿子，长子杨愉忠厚老实，小儿子20来岁就死在新加坡，二儿子杨恢曾被李徽典奏封为五品蓝翎，据说还能列席西藏地方政府噶厦的会议。杨恢在丽江娶了一个纳西族妻子，也没有生育，又在拉萨娶了藏族妻子，生了一个儿子，取名杨之瑚，因为珊瑚是藏族所爱的饰物。杨家生意衰落后，西藏地方政府的噶伦们落井下石，查封了永聚兴的商号。据说是十三世达赖喇嘛把杨恢夫妇及其儿子接到罗布林卡住下，并在杨家门口贴了说明，说在一个月之内由他解决杨家的事，一月之后噶伦们才能碰这事。在此期间，达赖喇嘛派人给了杨恢一些盘缠和几匹马，并派了一个叫尼玛的仆人随行，送他们回丽江。不幸的是，杨恢死在返乡的路上，只有杨之瑚母子回到丽江。几年后，杨之瑚那出身于拉萨藏香制造商之家的藏族母亲去世，杨之瑚靠他的纳西族妈妈煮酒、养猪及收一些地租生活，学会了纳西话，后来历尽坎坷，终于得在丽江古城里安享晚年。

"吓罗"的杨家还有一个儿子，在西藏山南地区的一个贵族家做女婿，有几个孩子，其中一个成为十三世达赖喇嘛的大厨师，全权负责达赖喇嘛的饮食，直到十三世达赖喇嘛圆寂。这是一个很有影响的位置，属于达赖喇嘛最宠幸的人物。由于有进入西藏贵族家庭和服务上层的履历，杨家在西藏更是声名显赫，而且在山南有数量相当可观的田产和房产。[1] 中华人

---

① 据笔者对张乃骞先生访谈录音和笔记。

民共和国成立后，杨守其的哥哥杨训知和侄子杨象禹急急忙忙由丽江赶回西藏，也跟这些田产、房产有一定关系。

杨训知、杨以知两兄弟的父亲杨萃吉，很早就生活在西藏，担任丽江杨氏在拉萨的"永聚兴"号的分号主管。杨萃吉当然也有藏族和纳西族两个太太、西藏和丽江两个家。杨萃吉与他的藏族妻子在拉萨生下了大儿子杨训知和一个女儿，与丽江的纳西族妻子生下了次子杨以知和一个女儿。

杨以知，字守其，生于1892年，丽江人都惯于叫他守其，他的名字杨以知反而没几个人知道。杨守其的名字在滇西商人和行走茶马古道的马帮里无人不晓，在藏区和印度的知名度也相当高。他以他的传奇经历和高尚的为人，在滇藏印茶马古道一线赢得了很高的声誉。

杨守其本人的生活更是可歌可泣。他19岁时先在丽江结了婚，妻子纳西族姑娘牛彦喜是丽江大研镇著名的牛家的千金，但婚后才一个月，杨守其就随父亲的马帮匆匆去了西藏，在拉萨的"永聚兴"商号当学徒。由于辛亥革命后的变局，他不得不很快去了印度。没想到这一走就是整整30年，等他在1939年回家探亲，再见到丽江的纳西族妻子牛彦喜时，已经过了近30年。因此，他在丽江没有一儿半女。

当时，19岁的杨守其去了拉萨，想在杨家的"永聚兴"商号做学徒，到了那里后才知道父亲杨萃吉已经去了成都。而且在那时，杨家的"永聚兴"已经败落。虽然杨家是丽江最早在藏区做生意的商家之一，并得到了西藏上层的支持，但因为有一大批羊毛在印度无法及时出手，导致羊毛霉坏，结果吃了大亏，从此生意每况愈下，最后完全垮了。杨守其到拉萨时，他的父亲已离开拉萨。当时落后的通信使他根本无法知道其他人的情况，哪怕是自己的父亲。杨守其孤身一人在拉萨，很难立足，只有辗转到印度投靠他的三叔杨乾吉。不巧的是，杨乾吉按家族习惯回丽江娶亲，已经离开了印度。更不幸的是，杨乾吉到了云南腾冲，感染瘴气病死。进退两难的杨守其不得已就在印度噶伦堡和加尔各答落了脚，接手杨家的事情，并且创办了丽丰商号，主要经营西藏的山货药材，往来于缅甸仰光，跟新加坡的胡文虎、胡文豹两兄弟合伙做生意，为其提供制药原料。胡氏兄弟祖籍闽南永定县，为客家人，是著名的华侨商人、报人和慈善家。胡文虎（1882～1954）出生于缅甸仰光，其先辈不知何时到东南亚创业。胡文虎从继承父亲在仰光的一家中药店开始，后来在制药方面崭露头角，并在南洋立住了脚，生产著名的"虎标"万金油等，因此而致富，号称"万金油大王"。笔者到过胡文虎的老家福建永定，那里就是世界文化遗产福建客家土楼最为集中之地，建有胡文虎的纪念馆，还有塑像。

在长期侨居印度做生意的那些年里，杨守其没像家族中的其他男性一样娶藏族妻子，而是娶了一个缅甸妻子（见图1-2）。其实那位女子也是华裔云南人的后代，她祖父姓黄，是云南腾冲洞山人氏。黄老曾是缅甸最后一位国王锡波手下一个很亲密的重臣，而他的女儿又是缅甸末代王室的妃子之一。锡波国王曾率领军队与英国殖民军作战，抵抗英国殖民者的侵略，不幸被英国人俘虏，押送到印度的孟买监禁。黄老从那场失败的战事中逃脱出来，带着他的缅甸妻子和女儿逃到了印度的阿萨姆，但在那里也不好立足，最后一家人就到了当时的英印首府加尔各答。那时杨守其已经从拉萨到了加尔各答，负责那里的生意，正是青春勃发、年轻力壮的时候。黄老到了加尔各答后，很快就认识了在那里做生意的杨守其。据说两人虽有年岁差距，但因为都是云南老乡，相处十分投机。黄老十分赏识杨守其的为人，就决定将自己15岁的孙女黄云泰（缅甸名玛银泰）嫁给杨守其。杨守其告诉黄老他在丽江家中已有纳西族妻子牛氏，但仍无法拒绝这命中注定的又一次姻缘。黄老完全把他当成自己的亲人，并把自己的后事都托付给了杨守其。

图1-2 杨守其和其缅甸太太以及长女杨丹桂，
20世纪20年代摄于印度

因黄老在缅甸生活多年，十分熟悉那里的情况，所以就指点杨守其将产于滇南西双版纳勐海一带的云南普洱茶，由陆路经过缅甸，再由海路经印度洋运到印度加尔各答，最后由陆路向北翻过喜马拉雅山脉运销到西藏。从那以后，杨守其在其太岳父黄老的指点和带领下，直接到普洱茶原产地之一的勐海，与当地官员兼茶商李拂一合作，制造并贩运藏销茶。翁孙婿俩就这样合作起来，探察这条线路。但当时这一带边境地区很乱，路根本走不通，他们只好又返回加尔各答。后来，滇、缅、印边境一带情况好转，相对比较安定，杨守其就联合大理鹤庆张家的恒盛公、中甸马铸材家的铸记，一起在滇、缅、印这条线上做起了茶叶生意，开辟了由西双版纳勐海经缅甸并跨过印度洋到印度再进入西藏的新茶路，于是杨守其就成了茶马古道上滇、缅、印、藏一线云南商帮的开山祖师。这条路其实就是历史上著名的西南丝绸之路，并与海上丝绸之路相连。它在宋代后已经萧条落寞。20世纪20年代，在杨守其这些商人们的努力下，这条古老的道路再次焕发了生机。

有些记述表明，杨守其心胸宽广，心肠极好，与人为善，随时为别人着想，而且知识也很丰富，话语也不多，大家有什么事都愿意找他。李拂一先生撰文强调："沿途千数百里，赖以生活者众，守其先生倡导之新茶路，开创了一条运送普洱茶至西藏的新道路，对十二版纳茶叶之发展，与滇西南边内外之繁荣，贡献殊巨，功不可没。"①"铸记"的创始人马铸材先生的长子马家骙也说："守其先生为数十万的藏民做出了极大贡献。藏民们会永远怀念他的功绩。"恒盛公的后人张乃骞说："我这一生见的人算多的了，但像杨守其这样的好人还没有见过"，"杨守其人很好，是个菩萨"②。

张乃骞先生认为，在全世界所有的华侨中，印度的华侨是最穷、最惨的。湖北人只管镶牙补牙，还有做纸花；广东梅县人做皮匠；山东人挎着个包包大街小巷地游窜着卖布。其他省的人都有个会馆，像广东人就有好几个会馆，梅县的会馆就叫嘉应会馆。云南人没有同乡会，也没有会馆，大家有事就去找杨守其。1942年滇缅道路被日军封锁后，大量的云南茶仍

---

① 和永、张春艳编著《纳西文化知识读本》，云南美术出版社，2006，第95页。

② 李旭：《遥远的地平线》，云南人民出版社，1999，第474页。

由大理、丽江、中甸的茶马古道老路进入西藏。不管走哪条路，杨家在印度的商号都是云南各民族商号的根据地和代理商，像李达三的"达记"、赖家的"仁和昌"、牛家的"裕春和"，都附设在杨家的商号里。据说每年经常往来的就有数百人之众。杨守其在印度的家就成了云南人的会馆了。①

杨守其自己大部分时间就住在印度噶伦堡和加尔各答，经营藏区的来往生意，抗战时期曾回丽江老家住了一两年。

杨守其于 20 世纪 50 年代中期在印度加尔各答购置了一幢洋楼，不想被欺骗，1956 年在忧愤之中逝世。他的缅甸妻子黄云泰早在 1943 年就不幸死于难产。杨守其与小他 15 岁的缅甸妻子黄云泰共同生活了 22 年，他们养育有 4 个子女：长女杨丹桂、长子杨象文、次子杨象康、次女杨桂兰。20 世纪 60 年代，中印关系破裂，他们的儿女皆被赶出印度，如今散落在世界各地——杨丹桂、杨象文在美国，杨象康在英国，杨桂兰在加拿大。

杨守其的大女儿杨丹桂 1922 年出生于印度加尔各答，在国外受的教育，懂多国语言文字，还通藏语、纳西话、粤语和上海话。1939 年，她第一次随父亲回到老家丽江，从那以后一直将自己当作纳西族女儿。结婚后，她一直在香港、美国等地做生意。中国改革开放后，她数度回云南丽江老家。1991 年，她将杨守其的骨灰从印度噶伦堡带回丽江祖茔安葬。年老以后，她也不时由国外回到丽江老家，积极支持纳西族文化事业，直到 90 岁高龄难以长途旅行。杨丹桂还在云南设立了纳西学子奖学金，每年资助 30 名纳西族学子上学。现在由她的女儿娄连竺继续管理其助学事业。

杨守其的哥哥杨训知（字秉臣）则按照杨家的传统行事。杨训知本来就出生在西藏拉萨，生母是藏族人。但他长大成人后，仍照杨家规矩，千里迢迢回到丽江老家，娶了一个纳西族妻子。返回西藏后，他又在雅鲁藏布江南岸的贡嘎县（现拉萨机场所在地）金顶区娶了一位富有的藏族媳妇，名叫伍堆，与藏族妻子生养了许多孩子。其中老大叫江巴江增，出家为僧，后为山南借地旭村督木却寺堪布，1959 年民主改革时被捕，在泽当受管

_____

① 据笔者对张乃骞先生访谈录音和笔记。

制学习，后来不知所终。三儿子叫江巴饶吉，在布达拉宫当喇嘛，1959年平叛时下落不明。四儿子杨象汤在印度噶伦堡马铸材等人创办的中华小学任职。他们的大女儿出嫁到山南的扎晋村，二女儿招婿在家，三女儿诺晋也在家务农。1959年西藏民主改革后，杨家的家庭成分被划为富裕农奴。

笔者在此要着重讲的是杨训知的二子杨象禹的事情。

早在1980年，杨象禹在丽江的儿子杨庚福就历经艰难进入西藏寻找他几乎未曾谋面的父亲。杨庚福生于1947年11月22日，是杨象禹与纳西族妻子生育的三女一男中唯一的儿子。在拉萨，杨庚福到了他父亲曾经工作过的拉萨市农牧局，找到了他父亲于1961年撰写的一份长达万言的"自述"。那是杨象禹写了呈交给拉萨市东城区人民政府农牧部的，里面或清晰或含糊地记述了其坎坷曲折的一生历程。①

杨训知与藏族妻子伍堆于1924年在山南生了第二个儿子，名叫杨象禹，字甸川，别名八三，藏名次仁措品。杨象禹从小就在西藏山南放羊，10岁时（1934年），跟随丽江的客商，被送回丽江祖父处接受汉式教育。由于家庭条件较好，杨象禹在丽江念完小学、初中和高中后，在大研镇兴仁小学当了一年的小学教师，即听从父母之命（当然主要是其纳西族妈妈的安排，她是牛家的姑娘），在19岁那年，即1943年，与自己的表妹牛海燕结了婚。婚后仅约两个月，杨象禹接到叔父杨守其的来信，要他到印度学商。于是，杨象禹也踏着杨家前辈的足迹，跟从云南腾冲巨商协树昌做小伙计，从滇藏茶马古道走向了西藏高原。杨象禹进入西藏，在拉萨作短暂停留后，就径直到印度，投奔叔父杨守其。杨象禹在叔父杨守其的商号里一边学习经商，一边学习英语，一待就是4年。1946年抗战结束后，生意有些清闲，杨象禹才返回拉萨，回到自己的父亲杨训知家里。1947年，杨象禹在叔父杨守其的劝说下，送父亲杨训知回丽江养老。而当时，他已经离开丽江、离开他的纳西族妻儿5年了。

杨训知、杨象禹父子长途跋涉回到丽江后，于1947年着手在大研镇杨家巷（现五一街）建成了一幢壮观的宅院。这座宅院占地近440平方米，建筑面积600多平方米，有大小3个天井及河边的东花园，共23间房，另有卫生间、储物室和厨房（见图1-3）。建房的费用是杨守其从缅甸寄回

---

① 据杨庚福先生抄写并提供给笔者的杨象禹自述。

的印度卢比，兑换成中国的银圆后，约合30万大洋。另外，还花费了6根金条从印度购置了玻璃装窗子，这在当时的丽江恐怕是第一家。房子建成后，还没来得及刷油漆，全家就在新宅正房前照了张合影，时间是1949年2月12日。为维持生计，杨家还开了个商店，做杂货生意，同时经营滇藏茶马古道上的茶、糖、粉丝、洋烟等，并往返于丽江、昆明和下关之间。

图1-3　丽江杨家经过几代人的努力，终于发家致富，在老家
兴建起豪宅。此为杨家在宅院刚建好时的合影

1949年，杨象禹参加了当地的抗击土匪活动，并当了中共地下党的民兵小队长，参加了地方上的各种事务。一年后，解放军42师进驻丽江，积极准备进军西藏。杨氏父子和其他曾在西藏经商的人被请去协助解放军学习藏语，介绍沿途站口、藏族风土人情等，并在地图上指示昌都地区及边境国防线的情况。1951年下半年，杨象禹还被军队情报部门转送到昆明西南军区学习了约10个月。1952年2月，上级领导要求杨象禹以商人身份由西藏察隅地区进入印度，建立工作点。杨象禹随即由丽江到德钦，直至西藏察隅边防地区，却因其特殊身份而屡遭挫折，最后被当地公安局以逃跑地主（杨家在土改中被划为地主成分）的罪名逮捕并遣返丽江，经过一番申诉，才终于脱身。时至1952年底1953年初，领导又征求杨象禹的意见，要调他到西藏工作。杨象禹父子也许还记挂着他们在西藏的房产和田庄，当然，还有他们的藏族妻子和家。1953年，父子俩又以经商的名义，

回到了拉萨。进藏后，杨象禹先后从事过多种工作，甚至脱离政府工作经商打工。在争取回内地工作未果后，1956年进入拉萨中学工作，后参加平叛，最后落脚在后来划归拉萨市农牧局的农业试验场，也称农科所和种子推广站。从那以后，杨象禹和他的藏族妻子拉央就生活在拉萨八廓街附近的吉日巷，再没有回过丽江。杨象禹在美国的堂妹——杨守其的大女儿杨丹桂，在1982年回国期间，到拉萨看望过他。

杨象禹19岁第一次到印度噶伦堡的时候，就认识了拉央。拉央是昌都地区芒康县的藏族姑娘，一说是四川巴塘的藏族姑娘，年轻时为了虔诚的信仰到拉萨朝圣，后来又越过喜马拉雅山，前往印度的佛教圣地朝拜，她甚至到过释迦牟尼成佛的圣地"夺金迪"——菩提迦耶。杨象禹遇到她的时候，这位奇特而能干的藏族姑娘正在噶伦堡的街头摆摊做小本生意。两人可以说是一见钟情，很快就结婚，又成了一个家。也许是和平解放西藏的工作需要，还有这位叫拉央的藏族姑娘和他们在西藏的家，使杨象禹再次由云南丽江回到雪域西藏，并且再也没有离开。

最后，杨象禹的父亲和杨象禹都在西藏拉萨过世。杨训知逝世于1961年1月13日。杨训知的藏族妻子伍堆在1958年7月去世。杨象禹大约逝世于1986年，他的藏族妻子拉央则一直生活在拉萨，他们没有生育子女。

就这样，杨家有不少人就埋骨藏区。"永聚兴"曾在西藏红火多年，很受十三世达赖喇嘛看重。"永聚兴"的老板杨聚贤的继承人杨恢，在生意被邦达昌挤垮后，在回家的路上，经过梅里雪山时，心力交瘁，把自己的灵魂永远留在了茶马古道上，连十三世达赖喇嘛送给他的乘骑也死在雪山上。[1]

1996年，笔者在丽江大研镇采访时，完全在无意之中摸到了五一街一幢白壁青瓦、宽敞漂亮的纳西族三坊一照壁院落，并为那座宅院少见的壮观气势而惊讶。那就是杨守其和杨训知、杨象禹父子在丽江的家。堂屋里恭敬地挂着杨守其和他的缅甸妻子的照片。当时杨象禹已经76岁的纳西族妻子牛海燕还生活在那座大宅院里。也许由于流泪太多，牛海燕的双眼红红的，几乎完全失明了。丽江还有杨象禹的3女1男，以及一大群孙儿女。那宅院经历了1996年2月3日的大地震，又缺乏必要的维修，显得有些破

---

① 据笔者对张乃骞先生访谈录音和笔记。

败。看着说起往事就老泪纵横的牛海燕老太太，看着那一群杨象禹从未见过的后辈，笔者不知说什么好。其间有着怎样的悲欢离合，有着怎样的酸甜苦辣，或许只有当事人才能面对和隐忍。①

2000 年后，经过海内外杨家人的热心张罗，杨家大院经过精心修葺，又焕然一新，矗立在丽江古城五一街下段 27 号，并挂牌为"印度华侨杨守其故居"。杨守其虽为印度华侨，其实杨家的生意，大多是藏区与内地茶叶、麝香等山货药材的贸易，印度无非是他们的一个落脚点而已。他们做的是经过印度往来于藏区的过境生意，他们的血脉，还在内地与西藏之间。

杨象禹在丽江的儿子杨庚福退休后就住在那所大院里，打理着有关事宜。每次到丽江，笔者都要去找杨庚福大哥坐坐，聊聊他家过去和现在的事情。现在终于有了一个机会，来专门写写杨守其、杨象禹这样的"藏客"的故事。

二　大理鹤庆帮汉族张家"恒盛公"等

笔者以前在茶马古道上奔波考察 20 余年，竟未留心在云南鹤庆县驻足研考。近些年，笔者进而关注中国商帮尤其是云南商帮的运作，仅稍稍一瞥，就被滇西北的鹤庆商帮吓了一跳。在迤西路上，他们不仅是最早的开拓者，而且在几个时期，执滇西乃至云南三迤商贸之牛耳，叱咤风云。其兴起不仅带有传奇色彩，也带有几分血腥之气，其运作坎坷起伏，其衰落更是可悲可叹，令人心曲纠结。

近代以来，云南通过迤东、迤西、迤南三条交通要道与内地和国外连接，故也将云南称为三迤。说起来，迤西的大理地区本来就历史悠久、文化灿烂，向来既十分适宜人类生存发展，更是地灵人杰、藏龙卧虎之地。到近现代，竟也出了位极似洪秀全的失意秀才杜文秀，率众反清，占据云南大半壁天地，自称"总统兵马大元帅"，帅府就设在今大理古城南门街上。而且他坚持抗清近 20 年之久，在洪秀全领导的太平天国覆灭后，仍坚持了多年。杜文秀政权何以能够维持那么多年？这跟他们重视对外贸易有

---

① 李旭：《遥远的地平线》，云南人民出版社，1999，第 477 页。

关。他们曾在缅甸旧都瓦城（今缅甸北部重镇曼德勒）建立"元兴""元发"商号，将川滇的黄丝、茶叶、石璜等土特产品销往缅甸，换取棉花、棉纱等，运销川滇；同时，积极奖励民间商人与缅甸通商，从而保有生存呼吸的"气眼"和发展的通道。而这样的商贸路线，正是迤西商人世世代代从事的事业。由众多考古发现可知，早在古滇国时期和南诏、大理国时期，甚或更早期，这种交通贸易已成为这一地区的命脉。

后来，经过元、明的拓展，到了清康熙、乾隆年间，一些云南鹤庆白族商人和手工业者已经辗转到丽江、中甸、昌都、拉萨、巴塘、西昌、雅安、康定、成都等地经营商业和手工业，从此，鹤庆商帮成为滇西白族地区最早形成的一个商业集团，其中延续到1956年的张家恒盛公商号，始终与藏区的经济贸易保持着密切的联系。

到清朝末期，以兴盛和、福春恒为首的鹤庆商帮开始崛起，他们开辟了多条经商线路，其中很重要的一条，就是由下关、鹤庆北上丽江、石鼓、维西、中甸、阿墩子（德钦）到拉萨，运去茶叶、糖、纸、瓷器、铜铁器、绸缎、布匹等藏区需要的物资，运出沙金、药材（藏红花、贝母等）、山货（麝香、鹿茸、虫草等）、毛皮、氆氇等藏区土特产品。

据鹤庆学子舒自益先生梳理："茶是藏族人民的生活必需品和进口商品，尤以滇茶为佳。宋代即推行'以茶治边'的方法。宋神宗熙宁七年（1074）在永北（永宁）设'茶马司'，用茶叶与藏民交换马匹。清朝历来在滇西多处（包括鹤庆松桂）设茶马互市。久远以来的茶马贸易，不仅大大促进了云南与藏区的双向社会经济繁荣，而且带动了藏族与周边各族各类商品的贸易和物质文化交流，促进了人口流动和迁徙，不同民族通婚化俗，在经济上形成了互通有无、互为依赖、互为支持的整体。在清王朝'咸同之乱'时期，'茶马古道'上的商贸交易仍十分活跃，吸引着众多鹤商沿线经商。以和、以敬、以宽、以绪（字应甲）等数十户移居丽江、巨甸、金江、中甸、维西，坐地收购山货药材、土特产品如麝香、鹿茸、藏红花、虫草、黄连、贝母、皮毛、酥油、竹叶菜、木耳、核桃等，同时批销茶叶、鹤庆大米、红糖、火腿、白酒、纸张、铁件、棉帛、土陶等手工产品和日杂用品，日久形成了一条由鹤庆经丽江、石鼓、中心、金壮河、巨甸（巨津），过金沙江达中甸上江、福库、小中甸、大中甸（县城）约十五站的马道。货至中甸即交换贸易。余货翻晒整理后再经阿墩子（德钦）运入西藏芒康、昌都、拉萨。当时的中甸松赞林寺下的贸易场，称为'鹤庆汉人街'（小街子），是进藏货物之集散地。这里水草丰富，地势平坦，便于马帮活动放牧。鹤商在此建房、置铺，营业储货近百间，可见鹤商之众了。"①

在杜文秀举事前的道光三十年（1850），大理地区最北端的鹤庆坝子甸南，就出了一位名叫李恒春，也叫李大山，后来有"李百万"之称的白族商人。他不知怎的就从鹤庆走了出去闯世界，发达起来，创建了"同兴德"商号，总号先设在下关，后来相继在鹤庆、西康、成都、重庆、汉口、上海等地开设分号，经营以大黄、麝香等名贵药材为主的药材生意。他家的每个麝香上都印有"德"字火印，以"德字香"闻名武汉市场。他们从康藏、丽江等地收购大黄、麝香、鹿茸等山货和土杂，运往武汉、上海、香港等地销售，一部分销往缅甸，并在香港、缅甸间贩运金银，每年仅大黄外运量就在千驮（每驮约60公斤）以上，回头货则多为国外的丝绸、日用百货以及宝石等。因李恒春的生意起步早，经营有方，发展较快，当时即拥有资银十万余两，享誉乡里，乡人便称之为"李百万"。李恒春是鹤庆商界的先驱，对鹤庆商帮的兴起和发展，起到了奠基作用，被人们视为鹤庆商帮的鼻祖。到了1880年，同兴德商号便因几个分号各怀异心而倒闭。民国初年，李恒春之长孙李鸿康东山再起，借助地方军、政界的财力，使同兴德商号再度兴盛，发展至省城，李鸿康自己也荣任昆明商会会长一职。

在鹤庆县甸南金墩乡金翅河村，李家及其亲戚当年兴建的一座座大宅院，仍默默静卧，透露着昔日的兴盛和繁华（见图2-1）。也许因为偏僻，竟躲过了历次劫难，较完好地保存了下来。李鸿康的后人，有的还居住在李家的大院里，说起祖先的辉煌，虽有几分拘谨，但也充满骄傲。不过，大部分宅院在土改后分给贫下中农们居住，他们在那些已显破旧的豪宅里，仍过着跟以前差别不大的传统农耕生活。

紧随着同兴德的步履，迅速崛起并一跃冲天的，是舒家的兴盛和商

---

① 舒自益：《清末民初鹤庆商帮商贸活动及对社会的影响和贡献》，鹤阳学子昆明同学会编《鹤阳学子》第2集，中国文联出版社，2013。

图 2 - 1　鹤庆李恒春家遗存的大院

号。在迤西三大商帮之一的鹤庆商帮中，早期最有势力及名望的，就是以舒金和为代表的兴盛和商号，谓之鹤庆商帮的旗舰商号，实至名归。之后，鹤庆的许多商号都愿意背靠兴盛和这棵大树，在其荫庇下发展：有的就在兴盛和商号的资助下成立，有的成为兴盛和的代购、代销机构，有的还委托兴盛和代办汇兑业务。因此，在这些商号的招牌名号里，一般都有"兴盛和"这三字中的一个字，恒盛公便是其中的一家，后来成为鹤庆商帮中最有实力的一家，使鹤庆商帮得以维系一个多世纪。其实，鹤庆商帮的几大家族商号之间向有姻亲联络和生意及金融往来。据舒家骅先生调查，兴盛和"舒氏与恒盛公张氏祖辈有结义之盟，孙辈又有婚姻之约，也长期相互依赖。张泽万从缅甸到印度，由加尔各答到噶伦堡进入西藏打通滇缅印、滇藏印商路是一次有为之举，然而在经济上支持张前往的却是兴盛和……"①

　　兴盛和商号创建于光绪年间（约1875年），创建人舒金和家境贫寒，但很有经济才能。舒金和早年举家移居中甸（今香格里拉市）金江吾竹经商，得久居吾竹的岳父孙瑗支贷，来往于炉城（打箭炉，今四川康定）、中甸之间贩烟土、药材、布匹，获利甚丰，后得族兄程远、族侄裕后参资，在康定设立"兴盛和"，后又改设为"同兴茶山"分庄，从康定进川

　　① 舒家骅：《鹤庆商帮奠基人舒金和发家始末》，云南编辑组：《白族社会历史调查》（3），云南人民出版社，1991。

茶、陕布，销药材和藏区特产。从大理进的滇茶，在鹤庆、丽江、巨甸重新包装后，沿茶马古道入藏区销售，又从拉萨等藏区运回药材、印度毛料、毡帽等产品销售，往返一次要一年时间。舒家发家致富后，他的几个儿子或读书应试，或出钱捐官，都有出息。舒金和一直任兴盛和的总掌柜，人称"舒老太爷"，累受皇帝、省府表彰，准予为他建坊树碑。他高龄去世时，云南督军兼省主席唐继尧、前清经济特科状元袁嘉谷、教育家陈荣昌等名流为他写"像赞"，纪念他的功绩（见图2－2）。兴盛和总号原设在鹤庆县城，后随着经营规模的扩大，总号迁至下关。后来在四川西昌、宜宾、乐山、雅安、成都、会理、康定均设有分号，主要经营棉纱、丝绸、布匹、茶叶、药材和各地土特产

图2－2　兴盛和创始人舒金和

品，以及从国外来的生活用品和部分工业用品。其中，兴盛和做得最大的要数生丝生意，曾在缅甸曼得勒开设兴盛和商号，开辟了生丝入缅专道。同时，在云南省内茶马古道上的一些主要站点——丽江、维西、中甸、德钦、永宁等地，设立了"专口"，专门用于茶叶转运和药材收购。同时，在下关增设了很有创意的，集商贸、仓储、食宿为一体的"兴盛花店"——类似于四川康定的"锅庄"，使得生意趋于多样化且十分兴旺。

从咸丰末年至1926年，舒氏已拥有28家商号，遍及昆明、上海、重庆、武汉、香港等几十个大中小城市。金沙江上下至四川、西藏的古道上，都分布着它密集的商业网络。在国内，有从昆明、昭通到宜宾的网络；在境外，由下关、保山直至缅甸曼德勒、仰光的国际贸易开展得红红火火。经营范围除了生丝、棉纱布料、金条、玉石、珍稀药材、土杂百货、加工订货，还有专门在香港开设的从事汇兑融资的金融业，可以说无所不包，盛极一时。

到光绪末年，已扩展为商界庞然大物的兴盛和商号，分立为由舒金和主事的"兴盛和"、由舒卓然主事的"怡和兴"、由舒远程主事的"鸿盛

昌"三个商号。随后,原来兴盛和的股东祁星垓、杨蕴山、舒浩然从兴盛和总号里退出股金,另外组建了"义通祥"商号;原兴盛花店的掌柜舒子卿也另立"联兴昌"商号。继而,由舒金和主事的兴盛和商号又分为"恒通裕""日新德"两家商号。至此,兴盛和一家遂分为六个商号,不过都在舒氏家族掌控之下。

1922年,迤西商帮许多商号因在1911年以前就开始从英国的汇丰银行及其控制下的"启基"金融机构贷款,月利率为4%,不收现金,只提洋货,还贷则要以黄金、白银等硬通货和黄丝等工业原料偿付,黄金、白银由此大量外流,国内银价因之上涨,而英国又趁机提高印度、缅甸卢比对银圆的比价,导致金融、经济危机。因此,在三四年内,鹤庆商帮共倒闭商号16家之多,庞大且分支众多的兴盛和也在其中,相继在1920～1925年倒闭。

舒氏族人在鹤庆建起江南风格的大型建筑50余所,又临街建起便于经营和居住的"前铺后院"式建筑40余处,现已先后被拆迁改建,几乎见不到昔日的景象,只有他们和福春恒一起捐修的玉屏书院,今日作为鹤庆一中的校址,还有一点点过去的影子。

鹤庆商帮里赫赫有名的还有福春恒商号。

在今日鹤庆,稍微了解地方历史的人,仍对蒋军门、丁军门的故事津津乐道。自顺治十六年(1659)始,设在鹤庆的大鹤丽镇总兵行辕,一直管辖着滇西北的军事事务。雍正年间,丽江改土归流,纳西族木氏土司尽失权力,由其管辖的中甸厅、维西厅划归鹤庆府。这样,鹤庆自清初至民国初年,向为滇西北政治、军事重镇。蒋军门蒋宗汉、丁军门丁槐由行伍发家,成为情理之中的事。

蒋宗汉为鹤庆县辛屯大福地村的彝族人,原姓绞,名阿六,由于家境贫寒,十几岁时就到辛屯街,以帮人管田、放牛为生。咸丰六年(1856),滇西回民起义,与江南一带洪秀全的太平天国运动遥相呼应。清政府为镇压起义,到处招兵买马,绞阿六遂投军入伍。但《百家姓》里根本没有"绞"姓,因为"绞"和"蒋"字读音差不多,负责招募兵丁的官员便将其姓"绞"写成"蒋",并取了一个表示归顺汉族的名字"宗汉",自此这个彝族汉子便以"蒋宗汉"为名。蒋宗汉投效清军后,以强悍精明、骁勇善战著称,随着军事行动的胜利,很快被提拔为把总、千总、参将、副将，后为腾越镇总兵。光绪年间，在爱国将领冯子材的指挥下，中国军队取得谅山大捷。蒋宗汉在中法战争中表现卓越，以军功赏头品顶戴，先后为云南提督、贵州提督，跻身统治者行列。遂以特权在迤西一带兼并土地4万多亩，并伙同杨玉科等，将起义军在缅甸的"元兴""元发"商号连人带货带资收入自己囊中，接着在商场上开辟自己的领地（见图2-3）。

在战场上能征善战的蒋宗汉，在商场上也显示了很高的才能。1873年，蒋宗汉在腾越总兵任内，发现一些滇西土特产品，如乳扇、粉丝、核桃、火腿、弓鱼、酥油等，在缅甸很有市场；而云南所缺乏的棉花、棉纱、布匹和玉石等，又必须从缅甸进口，于是让他手下的幕僚负责具体操作，从云南采购土特产，运至缅甸曼德勒销售，然后从那里购进棉花、棉纱和布匹，转销国内。仅仅三年之后，他便公开与腾越商人明树功、董益三合作，组建起"福春恒"商号，在腾越（今腾冲）、永昌（今保山）、下关三地开店正式经营，资金当多为蒋宗汉所出。除经营"福春恒"商号业务外，蒋宗汉同时还开设马店，方便从云南到缅甸一线的过往马帮客商歇宿，生意十

图2-3　蒋军门蒋宗汉

分红火。从此，福春恒开始了自己跌宕起伏的历史。在鹤庆帮大大小小众多商号里，有着彝族血统的福春恒无疑是其中的佼佼者。

后来，蒋宗汉调任贵州提督，离开云南，董益三和明树功相继退股，董益三另组"茂延记"（即后来腾冲帮著名的茂恒商号的前身之一），明树功仍与福春恒共同经营玉石生意，福春恒商号则由蒋宗汉的表侄施定乾经理。

1908年，蒋宗汉在贵州去世。蒋家的后人多为平庸之辈，不要说发展，能做到守成已不易。这里面变故频仍。先是因为福春恒与明树功的玉石生意多年没有结账，福春恒派出了另外一位鹤庆人周守正前往腾越结算。在迅速结清多年的乱账后，周守正购进了一批棉纱，赚到了大钱。于是施定乾对周大为器重，将分号福庆店交由周守正经理。应发展之需，周

守正和他人合伙组建了福春恒的子号福庆仁商号；赵如九组建了复协和商号。这两家商号后来都成为云南近现代史上赫赫有名的商家。1911年辛亥革命后，滇军第二师师长李根源挥师西进，到达下关时，以清查前清逆产为由，令蒋宗汉之孙蒋仰虞交出福春恒商号的全部财产。惊慌失措的蒋仰虞请人说情，最后不得不拿出白银二万两摆平此事。由于这一下抽取的资金过多，引起股东不满，促使福春恒重新组合，将在周守正主持下发展迅速的福庆仁并入福春恒，由周守正接管业务并任总经理。这个三岁丧父，母亲改嫁，由祖母抚养，卖过麦饼，做过铜匠、皮匠，由社会最下层入福庆店做学徒小伙计的人无疑是位商业奇才，也因其自身的勤奋努力，凡事亲力亲为，善于笼络人和提拔后进，终于以善于管理商务且为理财高手而在云南商界获得了很响亮的名声。周守正头脑冷静，记忆力强，凡是经他过目的事情，反复默念，不论相隔多久，他都能准确说出时间、数字、人名、地名。此外，他还有一个看纹银成色的绝招，面对许多银锭，他看了就能说出哪个有多少成色，哪个是灌铅的。拿去化验，相差无几。到后来，凡是经他批注过成色的银子，随便到什么地方，商家都会按批注的成色核算，不再重看。精明善贾的周守正汲取山西、陕西商帮宝贵的经验，拟定了一套全新的包括人事管理、利润分配在内的经营管理制度，并综合各家之长，使福春恒商号逐渐步入高峰时期，其总号设在下关，分号设于昆明、保山、腾冲、成都、汉口、上海、香港及缅甸曼德勒、仰光等地。后来，随着经营规模的扩大，总号迁设昆明，主要经营珠宝玉石、名贵药材、丝绸布匹和骡马等，后期兼营国内外汇兑、钱庄及鸦片等，同时还开办有蚕丝加工、面粉加工等6家工厂，经营网络遍及中国西南、东南等省区及东南亚地区。他们还出资修造了金沙江梓里大铁索桥，对茶马古道的通畅做了一大贡献。

继兴盛和之后，到1920~1930年的鼎盛时期，福春恒商号经过半个世纪的经营发展，拥有资本白银近1000万两，流动资金300多万银圆，其营业额在云南商帮中无疑首屈一指。

后来，福春恒大权由周守正一手掌握。1931年底，由福春恒发家成长的得力经理人周守正、朱靖卿，带着大半资本金退出福春恒，分别组建了"庆正裕"和"新福春恒"商号。在缅甸的福春恒分号经理杨丽三和昆明分号经理张绍曾，亦退出福春恒，分别组建了"谦泰祥""裕后长"商号。差不多同时，从福春恒还分组出了"义兴公"和"恒盛公"商号。原福春恒商号由蒋宗汉的孙子蒋仰禹勉强维持几年，终于在1937年彻底倒闭，经营了60多年的福春恒黯然退出了历史舞台。

在今日的迤西路上，已经很难觅见曾为云南首富的彝族蒋家留下的踪迹。4万多亩良田当然早已充公，老房子也拆得七零八落，连个遗址都找不到了。

丁槐丁军门的发家史几乎与蒋宗汉一般无二，也是在镇压农民起义和参加中法战争的过程中以卓越军功进身。只不过丁槐出身军人世家，他功成后支持维新，赞成共和，曾任北洋政府总统府国策顾问、袁世凯麾下的荆州镇守使，享有陆军上将、奋威将军衔（见图2－4）。他也占有上万亩土地，成为官僚大地主。丁氏也经商。早在1876年，他就创建了"庆昌和"商号。建号初期，不仅经营过滇藏间茶马古道上的业务，后期还从四川引进土布纺织、印染加工技术和人才，在地方上开办实业，并将加工生产的土布、棉线和鹤庆地方的土特

图2－4　丁槐戎装像

产品、副食品出口到东南亚。丁槐1935年在北京逝世后，庆昌和商号随之于1936年倒闭。丁家原在鹤庆、昆明等地也有大量房产，可惜已毁于历次社会变迁，现今也已难觅踪影。

关于鹤庆商帮的兴起，兴盛和舒氏的后人舒家骅先生曾说过："究其原因，要追溯到明代前期，即嘉靖以前大规模的屯田。从江南来的移民带来了先进的生产技术，农业、手工业、文化都较其他县发达；农业、手工业的发达刺激了商业的发展，商业的发展又为农业、手工业打开了出路，所以鹤庆的造纸、酿酒、腌制火腿、手工织布、染布、卷烟、小炉匠远近驰名。鹤庆火腿在新中国成立前从缅甸出口，有国际市场。加之，鹤庆还有优越的地理条件，西北可通西藏，东北连接康川，西南可直下缅甸，东南可下昆明。这些造成了鹤庆商帮发展的基础。商帮到处游走，这就培养了鹤庆人的冒险精神，也可以说是一种开拓精神。新中国成立前在鹤庆二

十岁的男子假若还没有出过门的话，就被邻里讥为'家乡宝'和'家中宝'，连说媳妇也困难。"① 此话无疑道出了鹤庆商帮的精髓。

鹤庆商帮驰骋三迤商界百余年，其兴衰历变，应是一笔难得的财富。在一百多年前，鹤庆商帮就开风气之先，不畏艰险地踏上了经商之路，在全新的社会条件和环境中，靠自己的智慧和能力，摸索出了市场经济的一条条路子和一套套规则，建立了稳定而高效的商业贸易及金融汇兑网络，并且创造了令人咋舌的财富；鹤庆商帮不仅打开了地方土特产品的出路，繁荣了地方商品经济，同时，也带动了地方手工业、轻工业的发展，做了不少适应社会和各民族群众需要的事情，在一定程度上密切了西藏地区与内地的关系；鹤庆商帮还跨出了国门，架起了沟通国际商贸的桥梁，互通有无，促进了各国、各地区间的资源互补和交流，为发展中外经济做出了重大贡献。他们的精神和经验，在今天仍值得我们参考和借鉴。

说起来，笔者与鹤庆商帮中的恒盛公缘分最深，而恒盛公也是经营藏区生意时间最长、投入和收益最大的一家。在笔者的同事和朋友中，有好几个就是恒盛公的后人。20 世纪 90 年代，笔者开始撰写有关茶马古道的著作时，曾有幸跟恒盛公的当事人张乃骞先生有一段难忘的交往。从张先生那里，笔者听到了许多精彩的滇藏、滇印贸易故事，甚至获得了最初的外贸、汇兑知识。张先生的眼界、胸襟、学识和人品，令笔者十分钦敬。他通汉语、藏语、英语和印地语四种语言。印度 1961 年排华时，他不得不离开生活了整整 35 年的侨居地，回到祖国竟又命运坎坷，从事过翻译，被迫下过乡，当过工人，最后以工人的身份离世。笔者平生最遗憾的一件事，就是没能紧追张先生，将他及恒盛公的事迹完整地记录下来。这里只能述其大概。

在滇、藏、印一线开展大规模经营并在印度定居做生意的，大理鹤庆恒盛公的张家是最为著名的一家。早在 1999 年春，笔者经云南省社会科学院前辈赵橹老先生介绍，拜访了恒盛公的第三代后人张乃骞先生（见图2-5）。张乃骞先生出生于 1923 年，属猪，时年 77 岁，他从幼年到壮年，

① 舒家骅：《鹤庆商帮资本发展纪略》，大理州政协文史资料研究委员会编《大理州文史资料》第 6 辑，1989。

亲身经历并曾主持过恒盛公的生意。张先生清晰的记忆和鞭辟入里的分析，使笔者得以在某种程度上复现那一段历史。

图2-5　壮年时的张乃骞先生在拉萨布达拉宫前

　　1928年，张乃骞先生4岁多的时候，就由母亲带着，从云南鹤庆老家先到大理下关，转道腾冲，出境经缅甸的密支那、曼德勒（瓦城），到了缅甸当时的首都仰光，然后乘船越过印度洋，到了加尔各答，见到了父亲张相诚。当然，他能清楚地述说这些经历，是因为他母亲反复跟他讲过。从那以后，张乃骞就在加尔各答上学。在学校里，他不仅要学习当时印度的官方语言英语，他在日本留过学的父亲为了让他接管茶马古道上的生意，特地要他学会了藏语。另外，父亲在家里还教会了他汉语。他的大学教育，则是在抗战时期的陪都重庆的中央大学完成的，专业是政治学，与自家的生意有一定关系。张乃骞成年后，就多次来往于云南和西藏之间，当然，更多是在印度和拉萨之间奔波，经营恒盛公在这一带的生意（见图2-6）。

　　1961年，印度的反华排华活动达到了高

图2-6　青年张乃骞在赴藏
途中一身藏族
马帮装束

潮，张家被勒令在一个月内离开印度。同年3月，38岁的张乃骞从加尔各答乘飞机到仰光，由仰光转机到了云南昆明。由政府划拨土地，张家在昆明市中心人民西路自己出资建了一幢二层楼房居住下来，他本人被安排到云南省历史研究所工作，主要任务是搞翻译。后来，"文化大革命"爆发了，张乃骞吃了不少苦头，在"文化大革命"后期被下放到弥勒县五七干校，一待就是两年。后来回城，到昆明平板玻璃厂当了3年工人，为厂里做包装玻璃用的木箱。改革开放后才重回历史研究所，1982年从历史研究所退休。直到2008年去世，这位精通汉藏文化，通英语、印地语，曾主持经营大型跨国商号贸易，对滇、藏、印的经济、历史了如指掌的智者，仍是工人身份，只有一点微薄的退休金。但饱经沧桑的老人对此并不在意（见图2-7）。

图2-7 旅印从事藏区贸易35年的张乃骞先生

恒盛公张家是云南大理鹤庆县人氏，祖籍江苏镇江，祖上宦游至云南，便落籍在昆明市郊的安宁，后来才迁至鹤庆，家道也中落了。清朝咸丰、同治年间，杜文秀起兵反清，自立为大元帅，与清政府抗衡近20年之久，鹤庆一带成了战场。张乃骞的曾祖父张景文和他弟弟被清军抓去做了绿营兵，与杜文秀的部众作战。当时张景文已结了婚，并有了一个五六岁的孩子，那就是张乃骞的祖父张泽万——恒盛公的创始人。张景文兄弟俩所在的绿营兵还没开到大理，就打了一场大败仗，弟弟阵亡了。张景文不敢回鹤庆，就逃去了四川，在川西一带经商，并进入鹤庆李姓老乡开设在雅安的致和祥商号当先生（经理人），一去就是20年。鹤庆的家里还丢着老母亲、妻子和年幼的张泽万，孤儿寡母的日子过得很艰难。不久，张景文的妻子病死，张泽万由奶奶带大，并被送到藏区中甸帮那里的商号当学徒。当时的中甸（今香格里拉市）完全处于喇嘛寺势力的控制下，在滇西烧了18年的战火一直没能蔓延到中甸。

而按张乃骞的伯父张相时的说法，张景文因家道中落，曾在同族殷实富户所开设的商号当学徒或小先生、小管家之类，后因不安于现状，在杜文秀反清前就只身奔赴四川寻找出路，在李姓同乡开设的致和祥商号当先生，深得东家信任，升为掌柜。他在康定负责业务期间，主要收购麝香和金子，被称为"金香客"，名噪一时。张景文借太平天国时期的混乱，将积压在长江上游产地的麝香和其他山货药材，低价收购并冒险运销至因战乱而严重缺货的长江中下游地区。同时又做回头生意，将湖北沙市一带的人工土布运到雅安、康定、西昌乃至滇西北一带销售，获利甚巨。发迹后，张景文落籍雅安，在那里娶了继室，还购置了田地产业。也许是为了怀念和报答家乡故旧，也为了生意上的相互照应，他汇了一笔钱给一位王姓的家乡老友，在中甸开设了一家土杂店，同时安排在家乡的大儿子张泽万前去当学徒。藏族地区过去被称为草地，盛产麝香、知母、贝母、虫草、黄连等山货药材，中甸、丽江一带恰为汉藏货物交易的集散地。张泽万在中甸学会了做麝香生意，并成为经营麝香业务的能手。战事平息后，他回到鹤庆，自己做麝香生意，将中甸藏区的麝香卖到大理、昆明，逐渐发达了起来。当时，其父亲张景文一直在川西做布匹生意，也发了一笔财，但他在雅安经历了一场火灾，损失不小，又因年老思乡，就从四川迁回鹤庆。他回到鹤庆后，见到儿子在做麝香生意，就通过他在四川的关系，让张泽万跑四川雅安、成都一线，这样就将生意做到了一定规模，同时还与鹤庆的兴盛和商号建立了较为密切的联系，正是这种关系促成了后来汉口恒盛公商号的创立。

　　比照两者的说法，笔者认为张相时先生的记述更为详细，时间节点也更为清楚。因为张景文发迹的背景是太平天国时期的大规模战乱，而云南杜文秀的反清活动，几乎与太平天国同步发生，在太平天国失败后仍持续了多年。张景文不太可能是在参加清朝绿营兵镇压杜文秀失败后才走到四川经商的。但如果张景文是在杜文秀反清活动早期就因兵败而逃到四川，并赶上太平天国末期的社会变化而经商发迹，也并非没有可能，时间上也并不矛盾。

　　不管怎么说，张景文在川西与长江中下游之间的经营冒险，为恒盛公的起步奠定了基础。而后来其长子张泽万在滇西北的经历，又为恒盛公未来向藏区的发展做了必要的准备和铺垫。

　　前面已经提到，恒盛公商号最早是兴盛和的一个子号，并与福春恒有密切的业务往来，其商号名中的"恒"字，即来自福春恒（按张相时的说法，恒盛公的"恒"代表张泽万与兴盛和合作的子号恒通裕），"盛"字来自兴盛和。兼有鹤庆帮两大商号的字号，恒盛公仿佛有了加倍的生命力，一直延续到中华人民共和国成立后。恒盛公的创始人张泽万的父亲张景文跟兴盛和的创始人舒金和是结拜弟兄，也是儿女亲家。倒溯上去，家道中落的张景文最早只身到四川康定、雅安一带做生意，时间上仅仅比鹤庆甸南的李百万稍晚。而且他也是在与李百万的同兴德的合作中发家，置地买房续娶，落籍雅安，并汇钱给一姓王的家乡老友，合伙在中甸开店，把在家乡鹤庆的大儿子张泽万安排到那里当学徒。没想到这一稍加用心的插柳之举，令张泽万子承父业，成为经营麝香山货的业务能手。后来张景文年老归乡，与舒家兴盛和更有了密切关系，其子张泽万多方与兴盛和合作（按兴盛和后人舒家骅的说法，是在兴盛和的支持下），曾于庚子年（1900）前取道缅甸前往印度，从印度噶伦堡进入后藏，考察如何沟通川茶销藏，所需资金如何汇兑。并由张泽万主事，于辛亥革命爆发前四五年在汉口创建恒盛公麝香商号，主营以麝香为主的名贵药材。到此时，张家人外出经商，已经半个世纪。

图2-8　民国时期人们的穿着已很时尚

辛亥革命后，恒盛公顺长江而下，到上海发展，并从兴盛和中独立出来，设总号于上海，附带经营川菜馆、浴室和寿器店，并在昆明开设科发药房、良记布铺，逐渐发展为张家的家族企业。恒盛公在此后30年间的业务，以销售藏区的麝香为主，兼营其他药材和云南土特产，如三七、熊胆、藏红花、肉桂和普洱茶等。

到张乃骞的父亲张相诚这一辈，兄弟有七八个之多，有的受到了很好的教育，如张相时1915年毕业于日本东京神田区的东京一桥商业高等专科学校，即后来著名的一桥大学的前身。一桥大学（Hitotsubashi University）是位于日本东京都国立市的一所著名大学，被誉为"亚洲的哈佛"。一桥大学是一所专攻人文社会科学的小规模精英大学，不仅是日本最顶尖的商科学府，其法学、国际关系、社会学、语言学等人文社科领域的实力亦居日本前列。张相诚也曾留学日本，归国后跟着张泽万学做麝香生意。可是麝香一年比一年少，数量锐减，生意越来越不好做。到1920年，张泽万就让张相诚由上海坐船到印度去买麝香。张相诚到加尔各答后才发现，印度根本就没有什么麝香，麝香历来出自西藏。张相诚就带着借来做本钱的2000块大洋，到印度和西藏的边界上收购麝香。由于本小、生意小，看不出发展前途有多大。

图2-9 张相时及其家眷

这时，张相诚在加尔各答遇见了一个云南丽江老乡，就是丽江纳西族的杨守其。张相诚没有落脚处，干脆就住在杨家，由中甸来的马铸材也住在杨家。三个人在一起就聊起了生意怎么做，杨守其在其太岳父的指点下出了个点子：把云南的普洱茶由勐海出境运到缅甸仰光，再用船运到印度加尔各答，最后再翻越喜马拉雅山脉运到西藏。杨守其以前曾经和他的缅甸太岳父探过这条路线，1900 年，张相诚的父亲张泽万也探过这条路线。这条路线比传统的经过大理、丽江、迪庆进入西藏的茶马古道要便捷许多，大部分路段可以使用现代交通工具，如火车、轮船等，而且不受季节限制。于是三个人就联手做起了这项生意，经营茶叶和麝香。

恒盛公张家弟兄多，就由老六（实际为第五子，三子张相辰是过继来的）张相尧到勐海，在那里负责采买茶叶；张相诚就住在加尔各答，负责缅甸到印度这一段；马铸材负责由印度到西藏这一段。马铸材在当时加入了恒盛公，成为商号的一个股东。由于这条商贸运输线太长，跨越的范围太大，就让马铸材的三弟马春泽（他是个出家喇嘛）住在帕里（后来恒盛公的先生李春圃也长住帕里）；张相诚请了他的一个叔伯兄弟张筱舟，从鹤庆特地到拉萨驻扎（后期由张泽万的长孙张孟明任经理经营）。这条跨国、跨地区的远距离商业交通线就此形成。

张泽万正式让其子张相诚在印度成立恒盛公分号，是 1923 年或 1924 年的事情。而早在 1900 年，张泽万本人就带着他的妹丈杨萃珍和大儿子张相极，经缅甸进入印度和西藏，意欲开辟拉萨至康定间的茶叶销售及汇兑业务，无果而止。但他始终未曾忘记拉萨、康定间的茶叶贸易及其汇兑业务，他在康定、雅安一带经商期间，就非常看好拉萨至康定间的商路。1919 年，他又派正在日本留学的张相诚与自己的同父异母兄弟张泽周一

图 2 - 10　张相诚一家（缺张乃骞）及妻弟李光普

道，前往印度进行了长达三年的考察研究，终于在 1923 年或 1924 年设立了恒盛公印度分号。他们按照藏族喜爱的式样规格，采办了河南毡帽、江西瓷器等成批商货，交船运往加尔各答，再转运至西藏，并发展了云南西双版纳的勐海紧茶业务和西藏山货药材等业务。由于人手不足，业务又多，张泽万续派多人前往印度和西藏，设号于加尔各答和毗邻锡金、西藏的噶伦堡。参与者有他的第七子张相如、第三个孙子张靖波以及先生傅孟康、余敬诚等。张相诚的妻弟李光普、李春圃也先后由鹤庆往印度和西藏协助生意。张泽周的长子张筱舟被邀请经由滇藏茶马古道到拉萨主持拉萨恒盛公业务（后来由张泽万长孙，即张相极之子张孟明负责）。张相如、李光普往来于印、缅、滇之间，负责茶叶转运及资金的汇兑收交；李春圃驻西藏帕里小镇，负责转运采购；张筱舟在拉萨负责销售紧茶，收购药材、羊毛。1930 年后，资本日益雄厚的恒盛公把资金集中于印度，并设立拉萨恒盛公分号，着力于滇、藏、印一线的经营。需要说明的是，噶伦堡是西藏商货在印度一侧的集散地，恒盛公的以上铺展布局，将滇、川、藏、印的藏区生意联系起来，具有良性循环的功效，并可顺利运作资金汇兑，从此恒盛公的经营开始了一个新的局面。

图 2-11 张家后来购于噶伦堡的大宅

如前所述，当时已有云南中甸的藏回族商人马铸材从事印度、西藏之间的贸易。另外还有更早开始在印度加尔各答、噶伦堡经商的丽江纳西族商人杨守其。这三家后来联手合作，共同经营滇、藏、印之间的茶叶、羊毛及山货长途贩运生意。

图2－12 云南商人在噶伦堡。前排左起：张相诚、
董景臣、梁献南、张相如、李光普；
后排左起：张仁和、赖敬禹、马家甕、
李希愚。摄于20世纪30～40年代

1927～1928年，恒盛公派先生余敬诚由印度经缅甸返回云南西双版纳勐海（当时称为佛海），在勐海专门开设了规模仅次于腾冲帮洪盛祥的茶厂，占地20多亩，能同时容纳200头驮畜。1929年后，由张泽万第五子张相尧负责，张泽万第二子张相才及其侄子张定波也先后参加管理工作，生产人员经常保持在15～20人，专门揉制专销西藏的紧茶。这在盛产茶叶的云南是独一无二的。

所谓紧茶，就是将揉制过的散茶经过蒸熟、发酵、剁碎，以细茶、二盖茶和粗茶三种按一定比例配合，再压成紧致的牛心状坨块，中间凹入，避免因不透气而发霉，也便于后期自然发酵，同时便于包装和长途运输（紧茶制成后要经过大约半个月的冷却、发酵才进行包装）。一般来说，细茶为盖面茶，占50%；二盖茶20%，揉在盖面茶之下；粗茶20%，揉在紧茶内部；另10%大约作为各部分的上下误差。每个紧茶的重量为老秤7两左右，内里揉进一白棉纸条，上印思茅恒盛公字样。藏族同胞就认思茅的普洱茶字号，如有改变就起疑不买。在第二次世界大战前，恒盛公勐海茶厂的紧茶年产量最高在2万包（每包18筒，每筒装紧茶7坨，两包成一驮，以便马帮驮运）上下，约 120 万斤，一般年份产量为 1 万多包，经缅甸、印度销往西藏，并与西藏巨商热振昌和西藏地方政府驻内地办事处处长阿旺坚赞等密切合作，无形中成为滇藏茶马古道上专营藏销茶的巨商大贾。

当时，恒盛公的经营网点遍布川、滇、康、藏诸省区和汉口、上海、香港，以及缅甸、印度、日本等国，甚至远及美国。在云南本省的昆明、下关、丽江和勐海等地，在西藏的帕里、拉萨等地，在上海和香港，在印度的加尔各答、噶伦堡等处，设有与总号平行的恒盛公代理机构，主营茶叶和麝香等名贵药材，兼营丝绸、布匹、珠宝及黄金等，并创设了多国多地往来的金融汇兑路子。后期，则以经营茶叶为主业。

在抗日战争期间，日军侵占东南亚，滇缅交通线被截断，整个中国的对外交通线只剩下川滇腹地—西藏—印度这遥远而无比艰险的一条。恒盛公认准时机，抓住机遇，在这条自己充分具备天时、地利、人和的路线上全力以赴。连毕业于日本东京一桥商业高等专科学校、多年自己在外打拼的张泽万第四子张相时也进入号里，主持总经理业务。张相诚在印度主持（笔者所交往访谈过的张乃骞先生，即张相诚之长子），张相诚内弟李春圃负责帕里，另一内弟李光普经理下关，张泽万长孙张孟明负责拉萨，张泽万第七子张相如经理丽江分号。一时间

图 2-13　张家人不仅具备商人
气质，也有书生气

人才济济，齐心合力，使恒盛公在藏区的商业贸易进入鼎盛时期。他们充分发挥自己在这条线路上多年经营的优势，将滇、藏、印之间的生意做得风生水起。他们将总号设在昆明，在下关、鹤庆、丽江、迪庆、拉萨、武汉、上海，以及印度噶伦堡、加尔各答等地设立分号，在勐海设立了茶厂，每年将自己生产加工和收购来的 2000 多担茶叶，或经过缅甸、印度洋

和印度北部，或经过滇西北运销西藏。从印度、缅甸、上海等地运洋纱、洋布、瓦花、百货等到云南销售，又将滇茶运销西藏，并把收购的羊毛、皮杂、山货、药材、金银等运销西藏、印度及缅甸。于是，恒盛公在抗战中迅速崛起，声誉卓著，成为茶马古道上的大商号之一。到1945年抗战胜利前后，恒盛公的资金积累也由抗战初期的8万多印度卢比增至320万卢比，约合四五百万元云南半开银圆的资本，短短四五年间增长了约40倍。

当然，这基本是血汗钱。笔者走过茶马古道，也曾走访过一些走过茶马古道的老人，深知在这条路上行走经商，纯粹是拎着脑袋讨生活，其困苦艰辛，其成本和代价之高，非可歌可泣能道。张泽万的长孙张孟明，就在40多岁上死于西藏。张乃骞自己也耳闻目睹过号里不少人马的死亡。而张家恒盛公能获得这么多利润，也全靠多年在藏区经营的底气、人脉和经验。如起源于1850年前后的腾冲帮"永茂和"，在当时也是个有相当规模的商号，资金充足，实力雄厚。他们先与恒盛公合作，走经丽江、迪庆进入西藏的线路，成功地赚到了一万多印度卢比。后来，他们自己组织人力和马帮经营，终因人地不熟、业务外行、运输迟缓，以损货折人而失败。大理白族喜洲帮的永昌祥商号虽然实力雄厚，但在这条路上也仅能做到不亏不盈。

尤其是，恒盛公张家与西藏巨商热振昌和官员阿旺坚赞一直保持着长期的信任关系和友好往来。据恒盛公的张相时所述："云南恒盛公商号张姓滇商，在经营滇藏、滇印商业活动中，于印度加尔各答开设分号，西藏热振活佛属下穴底寺（一般译为'喜德林'，为著名的拉萨四大'林'之一，其他三'林'为丹吉林、策墨林和功德林。四大林的活佛、堪布往往担任过西藏地方政府摄政的重要职位，具有实质性的政治力量和强大的权力资本，因而也具有巨大的政治影响力，并因此能够掌控商业贸易的经济特权，其智库及其具体行政办事机构'喇章'的人员，或者直接参与商业贸易，或者通过转售经济特权而大量获利——引者注）的管家，运往印度的一批羊毛进行销售，印商企图压低价格，在张相诚的支持和帮助下，顺利地把羊毛销光。"在此之后，经喜德林管家的介绍，张相诚认识了热振昌的总经理神本腊。在接触和了解中，双方建立了互助互信、友好往来的关系，最后发展到两号合作经营康定到拉萨的茶叶运销业务，结下了深厚的友谊。"热振昌还为恒盛公在拉萨收汇茶商资金，开展汇兑业务的活动作了担保人。这种汇兑业务，即恒盛公创办人张泽万在庚子以前到1919年的20年间，一次自己出马，一次派张泽周、张相诚前往印度的主要目的。但都没有实现。其后经过了十三四年，才算有了一个开端。"滇商不仅与西藏的寺庙商有了生意往来和金融汇兑业务，而且与西藏的官商也有了较密切的往来。由于云南恒盛公商号在印度和国内的昆明、武汉、上海都设有分号，西藏的寺庙商和"官商来内地的途径，十九都取道印度，路过噶伦堡和加尔各答，都向张相诚要介绍信。上海恒盛公凭介绍信热情接待他们，在生意买卖、汇款收交方面，也予以大力协助"。不仅如此，在"抗日战争时期，西藏地方政府派驻南京的办事处撤退，其处长阿旺坚赞一家到昆明寄住张相时家，即渊源于此。这种关系还导致了第二次世界大战爆发前不久，阿旺坚赞与张相诚、张振伦三人合伙的私房生意。其资金为当时的伪国币二十万元，大大超过了恒盛公的资力"。① 这种商贸关系虽然以利害关系为基础，但可以看出，滇藏贸易在沟通各民族感情、改善民族关系、促进各民族的团结方面都起了重要作用。

图2–14　各民族商人们的各民族家眷合影

---

① 张相时：《云南恒盛公商号经营史略》，中国人民政治协商会议云南省委员会文史资料委员会、中国民主建国会云南省委员会、云南省工商业联合会合编《云南文史资料选辑》第42辑，云南人民出版社，1993。

有资料记载，1934 年 4 月，西藏地方政府上书国民政府，表示时任西藏驻京办事处处长贡觉仲尼"奉委年久，勤慎将事，邀请更换前来，自应准其回藏销差，以资奖励"①，并重新任命了西藏地方政府驻京办事处官员和西藏三大寺驻雍和宫等地的堪布（主持）。1936 年 4 月，新任西藏驻京办事处处长阿旺坚赞等到职，并在前任贡觉仲尼的陪同下，拜会了行政院院长蒋介石、国民政府主席林森、蒙藏委员会委员长黄慕松等，同时接收雍和宫、五台山两处喇嘛寺庙，正式开展工作。后来抗战爆发，国民政府转移至重庆，阿旺坚赞等也辗转到了西南地区，遂与恒盛公张家建立了密切的往来关系。

　　正如有学者所指出的："白族商帮把他们商业的人际关系建立在家庭亲属、亲友、同乡的基础上，通过地缘、人缘、亲缘等非正式的联系将商业拓展，把商号做大做强。历史上如'恒盛公'能够在印度有较好的发展依靠的是与印度商人结成良好的关系，二战中战火殃及，致使'恒盛公'商业中断并有大量货款未收回，'恒盛公'依靠多年来建立的人事关系将大部分货款收回；在西藏实现汇兑业务一直是'恒盛公'开创者张泽万的心愿，一直到与拉萨热振活佛的'热振昌'建立良好关系之后这一愿望才得以实现。当抗战爆发，很多商号倒闭或转向由下关到丽江再到拉萨的商道，而'恒盛公'则利用数十年的印藏人事关系，在拉萨恢复分号，在下关、丽江建立分号，很快恢复其商业贸易。可见，商业活动建立在管理制度、资金投入等基础之上的同时，其迅速有效的经济行为还主要得益于深深嵌入社会关系之中的人际关系。其实不仅'恒盛公'如此，其他白族商人的经济行为大都是这样。"②

　　总之，以张家恒盛公为代表的云南商号所从事的滇藏之间的贸易和金融汇兑，为两地间各族人民的互利和友好往来开辟了通道，极大地改善了汉藏等民族关系。随着双方商业贸易的发展和经济联系的加深，汉、藏、白、纳西等各族人民在这条商贸通道上日益密切交往中，不仅逐渐建立了

①　蒙藏委员会档案，见西藏社会科学院、中国社会科学院民族研究所、中央民族学院、中国第二历史档案馆编《西藏地方是中国不可分割的一部分》（史料选辑），西藏人民出版社，1986，第 497 页。

②　李灿松、周智生：《"藏彝走廊"地区白族商人商贸活动的持续性探讨》，《云南民族大学学报》（哲学社会科学版）2009 年第 4 期。

平等互利、友好往来的合作关系，而且增进了相互之间的了解，更为重要的是，奠定了相互间的信任关系。这一区域各民族商人间的合作具有相互支持、相互援助、共同发展的意义。特别是在复杂多变的国际贸易中，各民族商人在应对外商压级压价的不公平竞争中，相互援手、相互帮助，更显可贵。

张乃骞先生当年曾专业、透彻而生动地向笔者讲述了这一艰辛历程。

图 2－15　旅印时期的张乃骞夫妇

那时滇、藏、缅、印间的商业往来基本是自由贸易，大多数货物是免税的。但生意一做起来，肯定就有竞争。藏区各民族商号之间，当然也存在竞争关系。竞争会吞噬一些弱小商家，也会形成规模经济。

那段时期，恒盛公就面临两方面的冲击。一是设在印度的英国茶叶公司，在印度大量仿造云南紧茶、四川边茶，拼命往西藏倾销，试图占领西藏巨大的茶叶市场，同时也想借此对西藏的政治产生更大的影响；二是云南商人里一些资本雄厚的大商号，想把小资本的商家挤垮，就积极在勐海、思茅（今普洱市）一带设立茶庄（一时间仅勐海的大小茶商就发展到20多家），并将茶叶大量销往印度和西藏。规模最大的腾冲董家"洪盛祥"，就将茶叶低价卖给拉萨有名的藏族商号"邦达昌"。邦达昌在当时的西藏声势显赫，财大气粗，由邦达养壁、邦达饶噶、邦达多吉等兄弟掌持。邦达昌还得到十三世达赖喇嘛特许，独家经营15种商品，而邦达三兄弟的老三邦达多吉在藏东握有兵权。据说只要他们兄弟跺跺脚，西藏的经济就会波动一番。

不仅如此，连当时的云南省主席龙云也插进来做这项生意。龙云曾派人从云南发了一大批茶叶到噶伦堡。据张乃骞先生回忆，1938 年，负责那批茶叶的人带着 25000 包茶叶到了噶伦堡。

当时的云南普洱茶以包计量。一马驮可以驮两个篾箩，一箩就装一包茶。一包茶叶可以装 18 筒（每筒重约老秤 3 斤，合 2.5 公斤）。这是从缅甸这条路走的装载量，从丽江到拉萨一线，一箩只能装载 15 筒，一筒装 7 坨茶叶，一坨为老秤的 6 两重，不到半斤。这样，从缅甸到印度的茶叶运载量就是一驮两包，约 120 斤，从丽江到拉萨的运载量是一驮两包约 100 斤。西藏当时每年消费云南茶叶 15000～20000 包，大约合 100 多万斤，相当于大约 10000 匹骡马的运力。

龙云的手下将大批茶叶运到噶伦堡，西藏一下子根本消化不了，他就急匆匆地将茶叶卖给了一个叫能都拉姆的印度商人。由于那个人眼睛特别大，云南人都称他为"大眼睛"，而西藏人则称他为"迷车"，也是"大眼睛"的意思。能都拉姆其实并没有多少钱，但他却找了银行，贷款买下了那一大批茶叶，结果龙云的手下只赚了一点点钱，而能都拉姆却因此发了大财。

从此，那些云南商人和马帮才懂得找银行贷款做生意。其实，这是资本主义经营的一个特征。

尽管有这些十分激烈的竞争，恒盛公并没有被挤垮。当然，也有一些小商号、小商人马帮因为熬不住而垮了。在滇藏印商路上，似乎很难做到垄断。英国印度茶叶公司仿造的茶并没有在西藏打开市场，因为那茶叶的味道和颜色不对，很难得到藏民的认可。但他们并没有放弃，一直从事印茶藏销。据说现在还没有停止。

滇、藏、印商路打通以后，马帮们渐渐也有了回头货。一开始是英国人把西藏的羊毛运到印度，在印度拣、洗、分类，然后打成大包，运到美国的费城加工制造羊毛制品。但羊毛的交易市场却在英国的利物浦，西藏羊毛的成交价是根据利物浦的行情来定的，有电报定期从利物浦传到噶伦堡，通告羊毛的市价。所以，云南商号马帮把茶叶运到拉萨，卖了以后，就用那笔钱买羊毛，再将羊毛作为回头货驮运到印度。

恒盛公的羊毛生意由张筱舟负责，他在这方面有专长。

这样一来，恒盛公所擅长的麝香生意就成为次要的了，而且张相诚的眼睛越来越不好，就干脆不做麝香生意了。顺便说说，鉴定麝香是很伤眼睛的。据说张相诚的眼睛是在走茶马古道时被雪光刺伤的，也就是人们常说的雪盲症，再加上他长期接触麝香，眼睛就一直有疾。多年后，他到新中国的首都北京等地参观，都需要一直戴着墨镜。

生意只要周转得起来，就好做多了。而且有了长期的客户，生意就会活跃起来。到后来，参与滇、缅、印、藏茶叶

图 2－16　连接噶伦堡与西里古里的大桥

生意和其他生意的人都发达起来。中甸的马铸材就离开恒盛公，创办了"铸记"，独立经营。在拉萨的张筱舟也开设了"中和号"。杨守其则把他的"丽丰商号"开到了丽江等地。

在滇、印、藏商路打通以后，许多云南的商号、商帮一般就在拉萨买进从印度进口的各种洋货，但也有一些商家、商号一直将分号开设到了印度，他们也会让自家的马帮翻越喜马拉雅山脉，到印度的噶伦堡和加尔各答去购进货物，或是雇请西藏的马帮，让他们先将货物运到拉萨，再转运到内地。这样一来，历史上的茶马古道和西南丝绸之路又贯通了，它一直从四川盆地和云南的茶山延伸到了南亚诸国。

其实在印、藏之间，自古以来就有民间往来的通道。这些通道经由从东到西的一系列山口，穿过雄伟的喜马拉雅山脉，与印度平原和大海连在一起。在吐蕃王朝时代，就有大量印度僧人经这些通道进入西藏高原；还有大量的藏民，越过喜马拉雅山，去印度拜佛，或世代生息在山的南麓。自然的分界线，从来都不可能把人类的生活、文化完全分割开来。锡金、拉达克，就曾经是西藏的附属地区。在喜马拉雅山上下，更有着频繁的商业贸易往来，因为两个地区的资源物产是那么的不同，就有了强有力的交换动力。

抗日战争期间，这些古老的商路又显示了蓬勃的商机，各国各民族的商人们纷纷涌到这几条路上，进行着繁忙的运输贸易。云南帮的几家大商号，都在这条路上经营。只要有生意、有利润，一些小规模的马帮有时也会在这条路上跑几趟。云南中甸"铸记"马铸材家的商号马帮，就频频在印、藏路上走动。鹤庆"恒盛公"张家的马帮，也都全力投入这条路上的运营。

恒盛公的马帮用的大多是云南迪庆奔子栏的藏族赶马人，中间也夹有几个其他地方的人，比如溜筒江的，西藏嘉玉桥边的，也有拉萨的，但为数极少。恒盛公商号最多时有200匹骡马，分为三队，一来一往岔开了走。三队马帮有三个锅头，最得力的叫仁青，是中甸的藏族人；另一个是奔子栏的，叫囊谦；还有一个是张家的亲戚，鹤庆鲁甸村人，张乃骞称他为三哥。他们一队马帮有三四十匹骡马，有时六七十匹。这些马帮在茶马古道上一直走到西藏和平解放的时候。后来，马锅头仁青在西藏参加了解放军，因为他通藏话，汉语又讲得好，又熟悉藏区的道路情况和风土人情，进藏的部队正大量需要这样的人。像这样丢下马鞭子、脱下马甲参加解放军的马锅头和马脚子，绝非仅有仁青一个人。

1942年，缅甸被日本侵略军占领，滇、缅、印、藏茶叶商路也就断了，只能经大理、丽江、迪庆至拉萨一线将茶叶运到西藏。西藏和欧美之间的羊毛生意也冷了下来。因为战争旷日持久，就没人再做这生意了。

当时也有许多商人从昆明、重庆等地到印度，有的是依靠马帮从丽江、迪庆往返拉萨、印度，有的就用飞机运货，如有名的四大家族之一的孔家就用中华航空公司的飞机倒运各种紧俏物资。铸记、恒盛公等就只有走丽江、迪庆至拉萨的老路，用马帮把茶叶运到西藏，将布匹、毛料、山货等运到云南。这样集中做了3年时间（1942~1945年）。那段时间生意也不错，但马帮的运力毕竟有限。张乃骞认为，以西藏亚东为中间点，在拉萨至印度一线，全部骡马只有不到2000匹，这些马帮拒绝走西康和云南，因为道路实在太遥远、太危险。而从云南到拉萨一线，全部运力不过5000匹，最多时有10000匹骡马，运量也只在100万斤左右。当然，中间还有数以千计的牦牛放短脚。事实上，恒盛公的真正发展，资本的增殖扩张，基本是在这段时间、在这条路上完成的。1942年，张相时到印度盘点号上的资本，仅有7万多印度卢比。而到抗日战争胜利时，在做了大约12

趟往来生意后，恒盛公的资本已达320多万印度卢比。

就是这些商号马帮和牦牛，创造了空前绝后的汉藏等各民族间的商业运输贸易奇迹。[①]

到后期，恒盛公的创始人张泽万早已退养在鹤庆，除买了若干田地足以养家外，还与兄弟分家，自己建新房，式样虽有所革新，但主体部分还是传统的三坊一照壁四合院。据说堂屋正中悬挂着"书忍堂"三字匾额，两侧对联是"孝悌忠信、礼义廉耻"八字，而楼上中堂则悬挂着被称为"钱赋"的大条幅，其中有"钱、钱、钱，我与你性命相连，有了你许多方便，无了你许多艰难"等句子。现在那老屋还在，但仅余一条古式供桌，躺在杂物和厚厚的尘埃里。那条幅早已灰飞烟灭，只是那上面书写的字句，在当今社会更深入人心，几乎成为全民崇拜的信条。另外，张相诚、张相如兄弟又在玉屏书院对面，扩建起相连的几处房屋，如今仍存，并作为鹤庆县中医院的诊室和病房，造福乡梓（见图2－18）。只是墙上于1937年书写的"还是读书"几字，令人念来有点苦涩（见图2－19）。

图2－17　张家在鹤庆老宅的梁椽仍可见当年风采

1946年，经过半个多世纪的苦心经营，又经过抗日战争时期拼命努力发达起来的恒盛公，分家并分号为张相诚在印度的"恒丰"，张相时、张相如等在昆明的"恒顺康"两个商号。恒丰从事原恒盛公号的商贸活动，

---

① 以上均据笔者访谈张乃骞先生的录音和笔记。

图 2-18　张家恒盛公老宅，今为医院

图 2-19　张家建于 1937 年的住宅上的匾额

恒顺康则以运销茶叶业务为主。1950 年，他们又恢复了恒盛公牌号，向政府贷款，购买了下关紧茶 2000 包，取道原西南丝绸之路的畹町、缅甸，转运至印度、西藏，以供西藏同胞急需；他们甚至还派张相如到当时的西康省会康定，发了万包以上的川茶，并由川藏茶马古道押运入藏，令西藏最大的商号邦达昌大吃一惊。张相诚还应邀到北京参加国庆观礼，并受到周恩来总理的接见。在噶伦堡侨居的张家人，也积极参加新中国的各种活动。张家就这样将恒盛公的生意延续到 1956 年的社会主义改造，因参加公私合营而终止经营，为鹤庆商帮中经营历史最晚近的一家。张家的恒盛公，除印度部分传承到第三代张乃骞先生，直到1961年因印度排华活动而归国，其余在国内的部分，在第二代手上就戛然而止，成为云南鹤庆商帮的绝唱。

图 2－20　1955年，张相诚从噶伦堡出发赴北京参加访问团

图 2－21　在噶伦堡的各民族商号家眷在中国办事处
（原邦达昌大宅）门前庆祝国庆

三　迪庆中甸藏回马家"铸记"等

较之大理、丽江，迪庆藏区的商业开发晚了许多，但其政治、经济地

位和意义不容小觑。藏学前辈邓锐龄先生在论及滇西北中甸地区划归云南的意义时说:"清驱逐了盘踞拉萨的准(噶尔)部,虽然任命前后藏贵族组成噶厦来治理西藏,但担心准噶尔部窥伺干扰,认为危机还未过去,为了一旦有事由滇入藏行军的便利,位于要冲的中甸必须放在中央的治理之下。其后,在滇桂实行大规模的改土归流,也同样为了保证交通线路的控制权。最后,中甸一地这样的归宿客观上也解决了历史遗留问题,避免继续甚至扩大少数民族之间的矛盾。……杨打木、结打木(中甸)的归属问题,是一个历史的小小的缩影,反映出清康熙朝(1662~1722)汇集于云南西北一隅的各种矛盾。从顺治十八年明永历帝亡国到康熙二十年吴氏政权覆灭这 21 年间,清统治集团、西藏达赖喇嘛影响下的和硕特蒙古、吴三桂和丽江木氏土司四者之间合纵连横的关系都在中甸一地呈现出来,关系后面又存在着不同的民族(满、蒙、藏、汉、纳西)、不同的教派、不同的经济制度,构成相当复杂的社会背景。中甸的辖属上几度变化也是全国统一的总趋势与局部分裂倾向斗争过程的一个局部表现。最后,清政府运用其全国性的政策方针,解决了层层矛盾,获得了中甸归属云南省的结局。"①

在近代,虽"中甸系新辟夷疆,并未设有驿马、堡夫、铺额、铺司,并无裁改。凡遇递送公文,均由武营沿塘汛并递送"②,但迪庆向为滇、川、藏三省区的交汇点,其商业交通的重要地位日益彰显。民国《中甸县志》记载:"中甸为滇、康、藏三省区商业交通要道,凡由云南运出康藏之茶、糖、布、线、粉丝、辣椒,并由康藏输入云南之山货、药材、皮毛及氆氇、栽绒等类,均以中甸为交易场所。故在清末民初,商贾辐辏,商品云集。县城东外本寨,有大商店五十余家;归化寺左侧之白蜡谷(音译——原注),复有大堆店三十余所,形成一巨商堡垒,每年货财出入,最少亦在七百万元以上。……至县属各民族中,藏人最富有冒险性质,汉、回次之。其贸易区域为西康、西藏、印度、云南、川边,亦间有至港、沪、津、汉各大商埠者。"③

① 邓锐龄:《结打木、杨打木二城考》,《中国藏学》1988 年第 2 期。
② 吴自修修、张翼夔纂(光绪)《新修中甸志书稿本》,《中甸县志》编纂委员会编《中甸县志资料汇编》(2),1990。
③ 段绶滋纂修(民国)《中甸县志》,《中甸县志》编纂委员会编《中甸县志资料汇编》(3),1991。

图 3 - 1　香格里拉独克宗古城的金龙街，曾为
茶马古道贸易的繁盛之地

王恒杰先生研究指出："云南藏区仍不失为西藏同内地经济往来的桥梁。这种交流，对康藏和对内地来说，都是必不可缺的。康藏需要内地的茶叶、布匹、糖及各种手工制品，内地则需要康藏的各种毛皮、山货、药材和土产，他们之间已形成相互依存关系。正是这种贸易往来，到清末民初，德钦的升平镇、维西的保和镇、中甸的中心镇（现恢复旧称独克宗——引者注），已成为滇西北三大贸易集镇。升平镇有商号四十余家，中心镇有商号四五十家，除中心镇外，归化大寺前的白腊谷也是重要贸易街市。保和镇（维西县城——引者注）则更为繁荣。自然，这些集镇的形

茶马古道重镇独克宗工商行业简介		
种类	经营内容和方式	户数
商号	购销、批发、转运货物	12户
马帮	长途专业性、短途、临时、自营、捎带	24户
客栈	客栈、马店、多以农户兼营	26户
副食生产	豆腐、凉粉、糕点、餐饮、产销、加工	30户
商贩	开店、送货贩卖、主营、兼营	40户
酿酒	专业作坊、主营、兼营、自用	42户
铁匠	生产马掌钉、农具刀斧等、自产自销	13户
皮匠	制革、生产鞋、靴、皮件、自销、加工	24户
木匠(竹)	建房、制贩装、家具、竹器、做活、加工	8户
银匠	器皿、首饰、来料加工	4户
裁缝	藏装、垫褥、帐篷、来料加工	15户
磨坊	管理磨房、加工粮食	5户
染坊	毛、棉织品等、来料加工	3户
钱庄	放贷、兑换业务、兼营	4户
医药店	中医药为主、开店卖药	4户
理发所	自营	2户
邮政代办	兼职	2户

图 3 - 2　迪庆昔日从事茶马古道
贸易的商户数量

成与商业贸易活动，对原有的农牧业自然经济，起着冲击和瓦解作用。"①

① 张雪慧、王恒杰：《从几份档案中看滇藏经济贸易——兼谈对云南藏区社会经济与历史研究的重要性》，《中国藏学》1989 年第 1 期。

刘曼卿女士于1932年夏第二次到康藏调查时就注意到，迪庆德钦县（旧称阿墩子）的"居民较中甸为复杂，大概藏族占十分之八，余多为滇西鹤（庆）、丽（江）、剑（川）三县之客商，随岔成市。……大街为滇、康交通必经之孔道，每日往来货驮，络绎不绝"①。

在此背景下，迪庆本地的各民族商家也应运而生。其中最具规模、最有名的要数马铸材先生创建的"铸记"商号（见图3-3）。

图3-3　马家"铸记"商号匾额

《迪庆藏族自治州民族志》"人物"一栏记载："马铸材（1891～1963），名金品，藏名荣坤·次仁桑主，中甸县中心镇人。幼年家贫失学，在商店当学徒，因勤奋好学，加之聪明诚实，为东家赏识。成年后到西藏独立经营印藏之间的马帮贩运。1920年侨居印度噶伦堡，经营茶叶、羊毛等贸易，生意日兴，信誉日隆。第二次世界大战期间，日寇封锁滇缅公路，他带动大批兄弟民族商贩，从事于滇、藏、印之间的'三角贸易'，为沟通我国和邻邦的经济文化往来，发展民族经济，做出了贡献。他侨居印度三代，共四十一年，在华侨和印度人民中，是一位年高德劭的长者、受人尊敬的爱国侨领。他积极倡导教育。团结华侨办噶伦堡中华学校，培育人才，并捐资兴办丽江、中甸等地文教设施。他处处维护祖国尊严。一次，一个藏族土目商人因生意亏本，竟将其家传藏文珍本《甘珠儿》全函答应卖给外国'学者'，企图驿运出国。马铸材闻讯后，立即说服出售者，

---

①　刘曼卿：《国民政府女密使赴藏纪实》，民族出版社，1998，第147页。

并以高价将传世之宝收购回来捐赠家乡中甸县，供奉于他捐资兴建的中心镇朝阳宫。"①

云南迪庆藏族学者西洛嘉初的有关记述更为翔实："马先生名金品，字铸材，藏名荣坤·次仁桑主。清光绪十七年（1891）夏历辛卯年五月十三日生于中甸县城内（今中心镇）金龙街一个藏族农牧民家庭。父亲荣坤·英觉，母松杰美，有四男一女，铸材居长。当时正是清政府昏庸腐败，内忧外患频仍，边政失策的岁月，地处滇西北极边的中甸，屡遭农奴主盗匪滋扰，十年九患。由于农村破产，家境贫困，铸材少年失学，到一家汉族商号公和昌当店员。从事沉重的店务劳动，接受旧式商店私塾教育，因勤奋好学，三年后，能基本掌握山货药材、来往账目知识。以其聪明好学，胆大心细，为东家赏识。成年后，替店主承担极其艰苦冒险的

图 3-4 迪庆茶马古道博物馆内的马铸材雕像

走草地（走藏区茶马古道——引者注）马帮贩运，足迹遍滇、川、青、康、藏、印等地区。历经盗匪抢劫，军阀地霸绑架，终因本人勇敢机智，幸免于难。正如他后来经常教育晚辈们所说：我是天当帐篷地当床，霜做枕头雪做被，九死一生闯过来的人。从而养成他坚强刚毅，英勇勤劳和富于正义感的性格。继后，通过自己的艰苦积蓄，到拉萨独立经营印藏之间的传统马帮贩运。在印藏商界被称为最守信誉的好人。1920 年，侨居印度噶伦堡经商。在留寓异国，受资本主义规律支配的商业竞争中，他深感祖国贫弱，处处仰人鼻息的悲苦境遇，立志发奋进取，自强不息，做一个堂堂正正的中国人。通过充满血和泪的勤俭劳动和智慧，逐步累积起一定的资本，扩大经营茶叶、羊毛、土产等侨商贸易，创立铸记商号。生意日兴，信誉日隆。专业从事滇、印、藏之间的'三角贸易'。第二次世界大战期间，日本帝国主义封锁滇缅公路，扼我经济咽

① 迪庆藏族自治州民族宗教事务委员会编《迪庆藏族自治州民族志》，2001。

喉，商旅一蹶不振，危及国内外市场供求。铸材率先带动民族商家，组织大批马帮、商贩，利用滇藏印万里驿道，转运贸易而获得了生机。为加强我国与国际经济文化联系，发展民族经济，支持抗日战争，做出了贡献。马家侨居印度三代凡四十一年，始终热爱祖国，保持中华民族文化传统。铸材一生简朴，常穿汉式长衫，人们亲呼他'甲米次仁'（汉人次仁），称他的商号为'甲米次仁葱康'（汉人次仁商号）。他信奉佛教，为人忠厚耿直，热心公益，乐善好施。对侨居地也有深厚的感情，与当地人民一向友好相处，关系亲密……"①

图 3-5　如今，以茶马古道命名的客栈、餐馆等遍布各地

这些记载大致反映了铸记商号的兴起和发展历程。

笔者想补充和强调的是，马铸材的祖先是来自陕西泾阳县的回族，其先祖马世臣为陕西泾阳的骡夫，长年以赶车为生，后跟随开采金矿的老板进入四川理塘。马世臣的长孙马荣魁就出生在理塘，自小就能说一口藏语。后来马家到建塘（后来的中甸，今香格里拉）的安南金矿落脚，由于匪患频仍，搬迁至中甸县城郊的江克村。在清代同治年间，中甸独克宗古城的归巴浪（北门街）就聚居着 70 多户回民。马家所在的城北郊的江克村和城东郊叫"姑能"的地方，也是回民聚居之地。他们砌起围墙，同俗同住，自成一体，

①　西洛嘉初：《马铸材传》，中国人民政治协商会议迪庆藏族自治州委员会文史资料委员会编《迪庆州文史资料选辑》第 3 辑，1990。

既相对安全，也便于生活及宗教活动。即使在 21 世纪的今天，仍有不少来自陕西的回族聚居在中甸的几个村子，并保留了不少穆斯林的传统，但服装、饮食等习俗，已经完全藏族化。有人将他们称为"藏回"。

马世臣父子利用以往赶马的经验，在中甸纳曲河两岸的草场上养骡子出售。后来，马世臣的长孙马荣魁就在藏族房东期霍家为婿，自然而然地融入了中甸的藏族社会，没有再保持回族的风俗习惯，其后人也就以藏族自居。

马铸材于光绪十七年（1891）生在中甸中心镇，按藏族习俗，到中甸最大的藏传佛教寺庙噶丹·松赞林寺请活佛赐名，得名荣坤·次仁桑主。马铸材的父亲荣坤·英觉是马荣坤的第三子，赶过马帮，当过木匠，还能做一些皮匠和铁匠活。当时由于农村破产，荣坤家像其他人家一样家境贫寒，虽然小家已由江克村搬迁到独克宗城里，也只能勉强糊口。马铸材少年失学，12 岁起就帮着家里砍柴，送到集市上卖。15 岁时，马铸材主动向家人提出，进入鹤庆汉族段联荣与杨丽华合伙开设在中甸独克宗古城里的商号"公和昌"当小伙计，接受旧式商号商店的学徒教育，从事包括为老板倒马桶等繁重的店务劳动。由于马铸材聪明好学又勤奋，三年后就基本掌握了山货药材及来往账目的知识，并以其胆大心细和诚实聪明为东家所赏识。等到成年，马铸材就作为赶马人上路，替东家承担起极其艰苦的马帮贩运工作，先是南下滇南茶山购买紧茶，运销到康藏地区。后来，其足迹更遍及滇、川、康、青、藏、印等地区，他本人也由学徒升为小伙计，再升为二掌柜，成为茶马古道上一名年轻的马锅头。

马铸材第一次率领公和昌的马帮进藏到拉萨的经历，就颇具传奇色彩，而且与政府的军事行动有关。近代以来，藏事在英、俄等国的威胁下，日显艰窘。宣统元年（1909），时任驻藏大臣联豫奏请自川调兵一协入藏驻防。清朝针对西藏出现的新局势，一方面下旨以年仅 22 岁的正黄旗人、同治皇帝的表兄弟、慈禧太后的宠眷钟颖为协统（清末兵制，一个省约驻军"一协"，设协统；协辖三标，设标统；标辖三营，设管带，相当于现在的营长），率领所辖三个标的兵力约 2000 人进藏，一方面任命强悍的赵尔丰为川滇边务大臣，统率边军，协助钟颖的新军进藏。为保障进藏数千清军的后勤供给，清廷分别在四川康定和云南中甸组织运力运送粮秣进藏。公和昌的马帮就在其中，19 岁的马锅头马铸材也就理所当然地成为

图 3-6 据说这就是马铸材当年打工的鹤庆商号旧址

领队，率领马帮进藏。经过三个月的艰苦跋涉，他们终于平安抵达拉萨，交验货物，领取运费。

图 3-7 迪庆茶马古道博物馆内的马帮雕塑

随后爆发的辛亥革命以及社会的动荡，打断了马铸材的进藏经商之路，他不得不离开几近倒闭的公和昌，回到中甸家里。但马铸材不甘就此从事农牧，几年后，他就向有影响也有钱的中甸松赞林寺大活佛松谋活佛借到一笔钱，并在表哥刘恩土司的支持下，买了10匹骡子和一匹好马，开始了自己的创业生涯。马家后人坦陈，铸记的兴起，跟松赞林寺的松谋活佛有着直接的关联。也就是说，马铸材作为商人资本家崛起，与在藏区占有统治地位的宗教寺院直接相关，二者的相互融合，才促成了相应的商业活动。这与西藏几大商号的崛起和兴盛有着同样的轨迹。寺院暗中或直接投身于商业活动。像热振昌等，则已毫不掩饰、毫无节制地经营商业。

从 1915 年起，马铸材马不停蹄地与家乡的马帮结队运茶到西藏，又将西藏的金边帽子、服饰用的金边，以及毛织品、染料等运回中甸，来回都是高利润的生意。在中甸有"进得西藏回，金银满袋归"的说法。不到两年，马铸材就还了本钱，还有了结余，于是又在城里租下了一间商铺，售卖自己运来的热销货物（见图 3-8）。在往来于滇藏的同时，他还与土司刘恩的妹妹，也就是自己的表妹青林卓玛结为夫妻，使两家亲上加亲。

图 3-8　马铸材当年租房开设商铺的甸腊卡老屋

马铸材的滇藏生意越做越大，并向喜马拉雅山脉以南的印度拓展。就在这条线路上的帕里小镇，马铸材认识了来自四川巴塘的藏族土登一家。他们落脚在当时锡金的首府甘托克，开客栈做生意，也在印度噶伦堡开有客栈，兼做羊毛生意。在土登一家的帮助下，1920 年，马铸材开始侨居印度噶伦堡经商，并在 3 年后与土登的女儿次仁布称结婚。在那个时代，云南前往西藏经商的各民族商人，大多选择结两桩婚、安两个家。大家对此都能理解和接受。

帕里是印藏交往的必经之地，是印度、不丹、锡金和中国西藏之间一个较为重要的物资交易市场，它那小小的宗堡城池矗立在山上，小镇则在山脚下铺展开来。它离不丹只有两三公里，到锡金也只一天的路程。商人、朝圣者、官员以及络绎不绝的过往马帮，给小城带来了难得的繁荣。但它实在太高了，被称为世界屋脊上的高城，气候也因之寒冷，在六月都会飘飞起大雪来。商

图 3 - 9　马铸材壮年时的骑马照

家们大多将这里作为货栈，存储货物。这里还有藏军的边防城寨，城下有一些人家，建筑黑黑的，大多是简陋低矮、平顶泥墙的平房，居民们在贫瘠的土地上种一点粮食和牧草，供应马料。

马铸材的三弟马春泽从小就出家为僧，并到拉萨学习佛经，考取了"曲泽"学位。他有时就在帕里协助"铸记"的生意，有时也到印度噶伦堡，晚年则长住在弟弟马义材在拉萨的家里。

马铸材的四弟马义材作为"铸记"驻拉萨的经理（见图 3 - 10），负责多地之间的货物和钱款的中转。马义材藏名次仁诺布，娶的也是藏族妻子，曾被举为云南西藏商会会长，直到晚年都长住在西藏拉萨。

图 3 - 10　马铸材的弟弟马义材执掌的铸记拉萨分号

"铸记"昌都分号的掌柜是中甸金沙江边良美村人熊尚德，他一直在"铸记"工作到抗战结束。

据马铸材长子马家燊（见图 3 - 12）回忆，马铸材在 1910 年前后就自己组织马帮经营，以中甸为中心，购土特产驮运至丽江、下关销售，然后向

图 3 – 11 铸记商号的经理掌柜们

大理喜洲白族永昌祥商号购买茶叶，回程进藏销售，"中甸到丽江走 5 天，丽江到下关 5 天，回程从丽江到西藏首府拉萨要走三个月"。1920 年以后，马铸村在噶伦堡和拉萨开设铸记商号，经营茶叶、羊毛、中药材和宝石、棉纱、布匹等，后来选择了滇—缅—印海路运输。"虽然绕道国外，比起国内从下关至丽江、丽江至拉萨线，每做一转，须时三四个月，快捷得多，并且一年四季可做，不受气候制约，比较起来，不但缩短时间，还大大节省了运费。……自缅、印运输线开辟，铸记即

图 3 – 12 马铸材与其长子马家羹

不在下关买茶，改由佛海（今勐海）进货，经缅、印入藏。原来经丽江入藏，每年只能做几百包，改经缅、印后，增至二三千包，各家商号，原来每年约共做五六千包，以后增至数万包（每包重 40 公斤，内装紧茶 18 筒）。"[①]

————————

① 马家羹：《回忆先父马铸材经营中印贸易》，中国人民政治协商会议云南省委员会文史资料委员会、中国民主建国会云南省委员会、云南省工商业联合会合编《云南文史资料选辑》第 42 辑，云南人民出版社，1993。

图 3 – 13　印度大吉岭的火车

在抗战时期，滇缅印道路被日寇截断，铸记也只有重返原来的滇藏川茶马古道经营。在此期间，民国政府经济部下属的中国茶叶公司与云南省经济委员会合资，在云南创办了中国茶叶贸易股份有限公司，组建昆明复兴茶厂、佛海（今西双版纳勐海）茶厂、顺宁（今临沧凤庆）茶厂、缅宁（今临沧）茶厂。同时与西康省主席刘文辉组建的康藏茶叶股份有限公司合作，由蒙藏委员会委员、巴塘藏族格桑次仁（见图3 – 14）出面出资，双方各投资 15 万元组建下关康藏茶厂，专门生产供销康藏的紧茶。为此，云南省主席龙云还特别委任格桑次仁为滇边宣慰使，协调工作。作为康藏茶厂的大股东之一，马铸材积极参与了这一工作。他不仅邀约中甸的几个土司头人和藏商入伙合股，还亲力亲为，往返于下关、中甸、西藏和印度之间。1941 年，下关康藏茶厂建成开工，批量生产销藏的紧茶。1942 年，他们为所生产的藏紧茶注册了"宝焰"牌商标，图案为垒起的三个"宝"（嘛呢，梵语意为"如意宝"），藏族称之为"农布松咱"。1946 年，康藏茶厂停产。1986 年，十世班禅视察下关茶厂时，还特别提出要恢复"宝焰"牌藏销茶的生产。[①]

在长期的商贸活动中，马铸材与许多西藏上层人士和宗教界人士都建立了"甚笃的私交"。他与西藏近代史上的传奇人物擦绒·达桑占堆，就

---

① 参见和强、祁继光《"腊都"的足迹——马铸材先生的壮丽人生》，云南人民出版社，2011。

图 3 - 14 马铸材与格桑次仁等的合影

是老朋友。康藏古道上的要塞贡嘎林的管理者贡嘎林活佛及其大管家，也是马铸材多年的老朋友，两家关系极好。贡嘎林活佛每到印度朝佛，吃住都在马铸材家里。可见马铸材在藏区的地位和声望，他已编织起其商号的关系网络[1]。

据龙西江调查，"民主改革前，藏族群众称尼泊尔商人为'索达拉'（即商品的主人）；称汉族商人为'色古学'（即少爷）；称回族商人为'百衣拉'（即白帽人）。在拉萨城里，汉族商人社会地位高，尼泊尔商人社会地位低，这一情况在历史上相沿已久"[2]。该调查还提出，"藏商中的大商号，如邦达昌、擦绒昌都拥有 400 ~ 500 匹马的马帮，

图 3 - 15 马家参与制作和运输销售的茶叶大票和内飞

---

① 马寿康：《我的祖父马铸材》，龚宁珠主编《爱国老人马铸材》，云南华侨历史学会，1998。

② 中国社会科学院民族研究所、中心藏学研究中心社会经济所、中国藏学出版社编著《西藏的商业与手工业调查研究》，中国藏学出版社，2000，第181页。

规模很大，全藏区的任何地方都能去。……尼泊尔商人从印度转运来大量
布匹和其他商品，在拉萨被许多康巴商人、汉商中的川商和滇商再转运到
内地去销售。例如，达玛（尼泊尔商人）讲，靠近云南的一个名叫贡左拉
巴的商人、昌都商人甲米次仁（其资产很雄厚）、康区大金寺的商人和邦
达昌都从事把拉萨的印度商品转运内地销售的商务，这些商品主要从拉萨
的尼泊尔商人手中购得"①。需要指出的是，尼泊尔商人达玛将甲米次仁错
认为昌都商人，其实甲米次仁就是云南迪庆藏回商人马铸材，藏商称其为
甲米次仁，意即汉人次仁。其实他是云南迪庆有回族血统的藏族商人，因
为来自汉藏边缘的迪庆，通汉语，懂汉字，藏地人就将其当作汉人。也许
那个靠近云南的商人名字应为"左贡拉巴"，即左贡的藏商。在过去的茶
马古道，西藏左贡与云南德钦隔梅里雪山相连，茶马古道由南而北贯穿左
贡全境。

图 3 - 16　迪庆茶马古道博物馆内的壁画表现了各民族的友好往来

　　1949 年中华人民共和国成立后，虽然中印建交，确立了密切的外交关
系，但印度茶叶对西藏的倾销状况依然存在。为抵制这种趋势，1955 年，
新中国驻印度大使和噶伦堡商务代理处指导噶伦堡的华侨商人组建茶叶运

---

① 中国社会科学院民族研究所、中国藏学研究中心社会经济所、中国藏学出版社编著《西
藏的商业与手工业调查研究》，中国藏学出版社，2000，第 179 ~ 180 页。

输公司。年过花甲的马铸材已精力不济，主动退居二线，举荐德才兼备的北京"兴记"商号经理梁子质担任总经理（见图3-17），西藏邦达昌的邦达养壁为副总经理，公司成员包括云南中甸藏回商号铸记、云南鹤庆张家恒盛公、北京汉商兴记、西藏藏商邦达昌、西康藏商桑多昌和云南腾冲汉商茂恒商号，每家出资金5万印度卢比，共30万印度卢比，马铸材的长子马家夔、恒盛公张相诚的长子张乃骞等都进入公司，独当一面。马家夔负责仓管，张乃骞管账，桑多昌管钱，继续进行滇、川茶叶在滇、川、藏、缅、印之间的运销，以保障广大藏区的茶叶供给。这无疑是藏区各民族商号最后的合作互动之举。

图3-17 马铸材与北京商人梁子质夫妇在印度泰姬陵

在滇、川、康、藏、印茶马古道上，马铸材经受了大自然的种种挑战，以及军阀地霸绑架和盗匪抢劫等种种磨难，凭借其吃苦耐劳、勇敢机智而幸存下来。他后来经常对后人说："我是天当帐篷地当床，霜做枕头雪做被，九死一生闯过来的人。"就是这种在滇、藏、印、缅商道上养成的坚强刚毅、勇敢勤劳和富于义气、主持信义的性格，使他成就了一番事业。对于这些奔波于汉藏两地间的各民族马帮商人来说，没有比人更高的山峰，没有比脚更长的路。再后来，马铸材通过自己的艰苦积累，从赶马帮进藏到落脚拉萨，进而经营印度与西藏及内地之间的马帮贩运，创立"铸记"商号，并先后在家乡的中甸及云南省内的丽江、昆明，西藏的帕里、拉萨、昌都,四川的康定设立了"铸记"分号,通过自己的智慧经营和挥洒血汗的勤俭劳动,专业从事滇、藏、印、缅之间的"三角贸易",经营茶叶、羊毛、土特产等商品贸易,自有运输骡马七八十匹,每年各项生意营业额为 20 万~60 万印度卢比,由此马铸材逐步积累起一定的资本("铸记"资金达到大洋 100 余万元),生意日兴,信誉日隆,在滇、藏、印商界被称为最守信义的好人,成为这一带著名的大商人。

马铸材老先生晚年一度因被诬陷为中国间谍而入狱。无罪获释后,1962 年因印度排华运动而返回祖国,1963 年病逝,葬于昆明黑龙潭畔,后迁葬于昆明西山脚下滇池畔。这是后话。

图 3-18　马铸材晚年在印度留影

云南德钦县商人李子芳在茶马古道上也是赫赫有名的人物。笔者曾经在《遥远的地平线》里记述过他的事迹:"李子芳的祖上原是江西人,移民到云南后,就用在内地掌握的冶金技术养家发家,后来就在德钦落了脚,办起了银厂,逐渐变成了比较道地的藏族。也有人将他当作回族。还有人将他认同为纳西族。到茶马古道贸易兴盛起来,李子芳也进入商号做了学徒,在著名的丽江赖家仁和昌总经理黄嗣尧先生手下做事,参与了滇藏间马帮的茶马贸易。后来李子芳发达了起来,自己成了个小掌柜,在滇藏茶马古道一线很有些名气。1950 年解放军由西康向西藏进军的时候,在藏东重镇昌都与阿沛·阿旺晋美率领的藏军大战了一场,结果 5000 藏军几乎被全歼,阿沛带着总管府全体人员撤离昌都,在距昌都不远的俄洛一带地方宿营规避,观察动静。这时,跟阿沛素有交情的李子芳被解放军派去寻找到阿沛,对他做了许多工作,直接促成了阿沛与解放军和谈,最终,阿沛作为西藏地方政府的全权代表到北京进行了西藏和平解放的谈判,签署了'十七条协议'。云南商人李子芳立了大功。西藏和平解放后,李子芳被任命为昌都民族贸易公司总经理。

"李子芳还不仅仅是一般的马帮商人。他少时曾经做过有名的纳西族女作家赵银棠父亲的弟子，跟着读了好几年书，跟赵银棠也算是师兄妹关系。赵的父亲去维西教书，李子芳一直跟了去学习。后来赵银棠以一女子之躯，走过许多纳西族地区，写出了精彩的《玉龙旧话》一书，但在当时没有经费出版，还是由李子芳出资刻印出来。

　　"……李子芳会讲一口流利的藏话、纳西话和汉话，学识很好，能力很强，是个非常好的人。李子芳后来不幸死于'文化大革命'，到 80 年代又获得平反。这是后话。"①

　　后来，笔者从邦达昌的代表人物邦达多吉的儿子邦达旺青处得知，李子芳的后人与邦达多吉的后人还结成了姻亲。这也是滇藏间各民族互动关系的一个明证。

　　家乡在云南中甸的马青山一家，也有回族的血统。他们在茶马古道上的经历也堪称传奇。他家的后人中有一个叫马继元的（藏族名字叫达娃次仁），有一半不丹血统，后来成为不丹王国的重要人物，还曾到中国访问。

　　说起马家的来历，那又要费不少笔墨。故事还得从晚清时杜文秀反清说起。

　　清朝咸丰、同治年间，滇西爆发了延续近 20 年之久的杜文秀反清活动，后被清军残酷镇压，卷入反清活动的各地回民，遭到血腥清洗。当时的大理鹤庆，曾是双方的主战场。战事平息后，原来居住在鹤庆城里的 200 多户回民竟未存一家，有的全家殒命，有的背井离乡，逃亡在外。马继元的外曾祖母当时就带着 7 个子女流落到了因受喇嘛寺控制而未受战火影响的藏族聚居区中甸。

　　孤儿寡母的一大家人，在举目无亲的他乡如何生存？马继元的外曾祖母就嫁给了中甸苗家，由苗家将马家的 7 个孩子养大成人。马继元的外祖父马世元是七兄妹中的老大，他早早就进入西藏草地做生意，以求维持一家人的生计。他先是向中甸噶丹松赞林寺借高利贷作本钱，但茶马古道上的生意并不是那么好做，他在西藏将本钱都亏进去了。松赞林寺的人就到马世元在中甸的家里逼债，马世元的妻子还不了债，走投无路，上吊身

---

　　①　李旭：《遥远的地平线》，云南人民出版社，1999，第 164～165 页。

亡。马世元的两个儿子被松赞林寺拉去做了奴隶抵债，为喇嘛寺当马脚子，赶马到思茅去驮茶。结果，大儿子死在去思茅的路上，二儿子马青山终于活着回到了中甸，继续当奴隶。后来马世元在西藏发达了起来，开设了"世顺和"商号，带着钱回到中甸，从喇嘛寺里赎出了二儿子马青山，并把他和一个女儿一起接到了拉萨。马青山后来在拉萨成了家。就是这位马青山，1921 年在拉萨陪着邦达昌的老掌柜邦达尼江打牌时，目睹了邦达尼江被枪杀。马世元的那个女儿也嫁了人，生了个儿子叫马富贵。马富贵继续在茶马古道上做生意，他娶了个不丹女人，生养了两儿两女，大儿子就是后来成为不丹重要人物的马继元。[①]

笔者一直未能寻访到马青山家的后人。以上内容，是鹤庆恒盛公的张乃骞先生向笔者讲述的。马富贵的二儿子叫马继强，一个女儿叫马珠姆，还有一个女儿，名字张乃骞先生记不清了。1945 年张乃骞在拉萨遇到马世元的时候，马世元已经是 96 岁高龄的人了，但他说起茶马古道上那九死一生、大起大落的传奇经历，仍然清清楚楚、头头是道。

至今，马世元的 6 个弟妹的后人们，还生活在云南迪庆高原上。

就是这一个又一个、一代又一代各民族商号的马帮藏客，用他们的一生踏出了茶马古道，使这条遥远又漫长的道路连接起各民族的经济、家庭、宗教及文化等。

四 大理喜洲白族严家"永昌祥"等

大理喜洲商帮是云南迤西商帮中的后起之秀。他们主要布局于历史上的"蜀身毒道"，即现在所谓的"西南丝绸之路"——由四川成都起始，经邛崃、雅安、荥经、汉源、翻越大相岭，经大凉山西昌、会理，渡过金沙江，进入云南楚雄和大理地区，再西行过澜沧江进入云南保山、腾冲、德宏，出境到缅甸，再经由缅甸到印度。这条道路历史久远，可与北方的丝绸之路相比。汉武帝时，张骞出使西域，在大夏（今阿富汗一带）市上见有蜀布和邛竹杖，问之方知市自身毒（印度），于是猜测西南有路通印度。此路很可能就是后世所称的西南丝绸之路。由于西南丝绸之路与茶马

古道部分重合，喜洲帮也进行藏区，尤其是康藏地区的贸易。他们往往经由四川会理、雅安进入康藏，或经由丽江、迪庆进入康藏和西藏地区经商贸易。亲自经历过喜洲帮经营的杨卓然先生后来回顾："喜洲人在丽江的经营有悠久的历史。百多年来都是父死子继、世代相承。销货商品，主要是紧茶、土布，收买的则为康藏边境出产的山货药材，如贝母、虫草、熊胆、麝香、茯苓、黄连等药材，以及牛羊皮革等。当时公路未通，以马帮往来运输，为唯一的交通工具，如上下兴庄、仁里邑等村有四五百匹马帮，往来专走此途，喜洲人单帮水客尚不在内。那时喜洲帮在丽江住号的多至二十余家，其中历史悠久、声誉较佳者，在前有翕义和、和顺源、鸿发源，继后有德和祥、永昌祥、鸿兴源、复义和、复昌和、复顺和、裕兴和、复春和、天德祥、元春茂等，所以很早就有喜洲帮的名称。……到1930年前后，丽江帮急起直追，……把商品直运下关或昆明销售，所以喜洲帮旧时代的经营作风，已不能施其伎俩矣。"①

图4-1　喜洲至今尚存的商铺老房子

但到了抗日战争期间，经由缅甸、印度的道路被切断，喜洲帮也只能走上茶马古道，进入西藏地区进行经营。就如杨毓才先生所指出的："1940年在日本军国主义的威胁下，英国截断了滇缅公路，滇缅物资运输

---

① 杨卓然：《"喜洲帮"的形成和发展》，中国人民政治协商会议云南省委员会文史资料研究委员会编《云南文史资料选辑》第16辑，云南人民出版社，1982。

终止。与此同时，由于法国向希特勒德国投降，作为法国殖民地的越南也沦入日寇之手，滇越铁路运输也终止。""1941年太平洋战争爆发后，缅甸又沦入日本侵略军之手……此时，西南大后方唯一的一条陆上对外运输线只有由印度噶伦堡经西藏拉萨到丽江、下关的马帮运输线。喜洲商帮当时有数千匹驮马由印度经噶伦堡、拉萨将各种物资运至丽江、下关，这条线路一度成为世界屋脊上最长的陆上运输线，喜洲商帮的马帮也成为中国大陆上最大的运输马帮。"① 这种说法不够全面准确，因为不仅喜洲商帮经营这条线路，鹤庆帮、腾越帮，乃至迪庆和西藏的商帮都在走这条路，尤其是丽江的纳西族"藏客"，自清代中期始，就是这条路上从事长途贩运的主力军。但的确，喜洲商帮也是其中的佼佼者之一，而永昌祥更是其中最大的一家。

图4-2　严子珍后人严则立、严景平、严言在喜洲
严家大院正堂供奉的严子珍像前

　　早在1903年，大理喜洲帮的永昌祥就已正式成立。

　　永昌祥创立时有三个主要合伙人：严子珍、彭永昌、杨鸿春。严子珍（1871～1941），白族，大理喜洲人（见图4-3）。合伙前独立经营茶叶、棉纱，运销四川会理，就地带回四川的草烟和生丝等商品。彭永昌，汉族，江西人，与严子珍在四川会理从事贸易时相识，相互信任并结为伙

---

① 杨毓才：《云南各民族经济发展史》，云南民族出版社，1989，第442～443页。

友。合伙前，彭永昌把瓷器、夏布等货物带到叙府（今四川宜宾）、会理，又把云南的茶叶带到长江沿线的一些口岸销售。杨鸿春，白族，大理喜洲城北村人，合伙前主要经营丽江、维西的山货、药材以及滇西各县的土特产品。杨鸿春与严子珍是儿女亲家，而杨鸿春与彭永昌较为生疏，于是，在永昌祥的三个伙友中，自然形成了以严子珍为中心的合作格局。

图 4-3 永昌祥创始人
严子珍先生

永昌祥创号时的股本共有市银 11166.25 两，较各自单独经营时的规模扩大了，经营商品着重于三个合伙人原来经营的畅销货，主要是城乡吃、穿、用的消费品和部分手工业生产原料。他们主要将滇西的土布、茶叶、杂货销到川藏；再从四川采买洋布、洋杂、生丝；从藏区采买香菌、木耳、黄连、贝母、麝香等，运销滇西各县及昆明，其间也断断续续偷运鸦片至四川。随着生意的发展，永昌祥在下关设立了总号，在大理、昆明、丽江、维西、会理、叙府等地设立了分号。1903～1916 年，永昌祥经过 14 年的艰苦创业，创出了招牌，初步建立了商业信誉，积累了资本，累积利润达 102924 两，除提取消费外，资本由原来的 11166.25 两，增加到 45030 两，为进一步发展奠定了基础。

1917 年，合伙人杨鸿春、彭永昌先后退股撤资，永昌祥成为严子珍的独家商号。严子珍在杨、彭先后退股后的 20 年里，将永昌祥的生意做得风生水起，几乎保持了持续高速增长。1925 年，永昌祥已有资金 69 万余元滇币半开，并将总号迁至省会昆明（见图 4-4）。1931 年，资本增至 160 万元滇币半开。

进入民国后，永昌祥的经营大有起色，历年利润达 400 多万元。其中，昆明、叙府、瓦城（缅甸旧都曼德勒）三个庄号的利润占了 99%，其中又以叙府一地为最。叙府是川滇交流的要道，永昌祥的创始人严子珍在清朝末年经营贸易时到过川西南的会理、建昌，并未到达叙府。当时滇川两省商路交通的大道，在西边是由下关经宾川、盐丰（今楚雄州大姚县）、永仁达会理，马帮行程在十五天左右。民国以后，特别是公路通车后，这条路就废弃了。严子珍前期和彭永昌合伙时，彭永昌即往来于叙府、会理之

图 4-4　永昌祥昆明总号房主楼

间。永昌祥设立叙府分号，开始于辛亥革命以前，最初由杨冲霄负责，其后由严玉山、杨润馨经理，逐步奠定了基础。长期主持叙府分号的是严子珍的外甥杨润馨。民国以后，永昌祥经营川滇贸易的重心，由会理、建昌转移到下川东，以叙府为基础，先后在嘉定（今乐山）、筠连、合川、重庆、成都和万县、宜昌设立分号，并在川北的潼川、顺庆等地设了临时采购站。经营的主要商品是生丝、茶叶和大烟。其中大烟生意忽断忽续，生丝和茶叶却贯穿始终，成为永昌祥50多年经营历史上的两大重要商品（见图4-5）。

图 4-5　永昌祥员工与老掌柜严子珍合影

1936年，年事已高的严子珍实际上已经退居二线，将管理商号的重任交给悉心培养了多年的长子严燮成（1893～1956）（见图4－6）。严燮成坐镇昆明，并自1940年起出任云南省商会会长多年。但永昌祥总号还是随着严子珍的退养老家而迁至下关，由曾任洱源县和宾川县县长的严子珍二儿子严宝成（1903～1972）坐镇下关经营（见图4－7）。严宝成当时已为富滇银行下关分行经理。另外，可能是因为他们看到了滇西至缅甸、印度一线的商业发展前景，故将生意的重心迅速倾向于滇、缅、印之间的外贸进出口。后来随着抗战军兴，滇缅公路通车，永昌祥加强了西线的外贸业务。1940年末，永昌祥一次就进口了2000多辆美国道奇卡车，用于滇缅公路上的物资运输。1939年，永昌祥派杨俊成设立缅甸腊成分号；1940年，派杨卓然负责缅甸仰光分号，严明成负责缅甸瓦城分号。1941年滇缅公路被日军切断后，他们又将主营业务转向印度，藏区高原成为必经之路。而永昌祥在抗日战争时期开辟的滇印外贸生意，也依靠藏销茶叶得到印度卢比，可供在印度支用（西藏地区自清末即有印度卢比流通）。可见，虽然藏销茶生意在永昌祥的经营中并不占主要地位，但其重要性却不可忽视，对其外汇资金的获取和周

图4－6　壮年的严燮成

图4－7　负责永昌祥滇西业务的
严宝成

95

转起到了极大作用。1945 年抗日战争胜利后，永昌祥在恢复并继续西线生意的同时，迅速恢复东线上海、香港的业务，甚至将贸易扩展到美国，由波士顿华侨李兆焕代理商务，开展百货、化妆品、香烟等进口生意。

图 4 - 8　严燮成长女严则馨骑三轮摩托车，后面是
永昌祥的两辆福特轿车之一

　　跟我们的叙说最为相关的，就是永昌祥的茶叶生意。早期，永昌祥从云南省内的双江、顺宁、缅宁（今皆属临沧）等产茶地收购茶叶，然后在下关、昆明加工好后，以丽江为集散地，运往四川、西藏及省内的迪庆藏区等地销售，然后又从上述地方运回山货、药材等，这种经营模式可概括为"川销滇茶，缅销川丝"。而且，他们在经营中十分注重诚信关系的建立。杨卓然先生遗作记载："丽江为康藏滇西往来的孔道，所有中甸、维西、德钦等地的商品，皆以丽江为集散地。更重要的是藏客往来，每年只走一次，冬令雪封山后，交通即告停顿。藏客买卖的特点，是认主顾，各有各的主顾，专对个人信用，一时也拉拢不来。他来货多时，多做期盘买卖，一赊就是一年半载，他要买的货，如没有货款，也是赊卖给他，不写任何单据，只是一言为定，颇

有原始时代的作风，同行同业，各不相扰。喜洲帮就是利用人事关系，颇得藏客的信仰。"① 可见，在与藏区的贸易往来中，永昌祥不仅注重茶叶的品质，还特别讲究信用的建立和维护。

正如永昌祥第二代负责人严湘成先生（1919～1991，曾任永昌祥上海分号经理，1949 年后任云南进出口公司副总经理）（见图 4－9）所说："销到西藏的茶叶藏庄紧茶，是用销往四川沱茶的原料所剩下来的茶杆和茶面加上景谷等地所产的大叶茶做成的，颜色特别浓，味道近于苦

图 4－9 严子珍四子严湘成

涩，具有助消化、保暖的作用，以之冲调藏人嗜食的酥油茶很适合藏族人民的生活需要。尽管路途遥远，运费超过了茶叶本身的价值，但永昌祥的紧茶在西藏行销了多年历久不衰，加上恒盛公、洪盛祥、茂恒等号的产品，云南紧茶始终占领着西藏的茶叶市场；就是在地理上与西藏接壤，在世界茶叶市场占优势的印度和锡兰茶在西藏都始终没有找到销路。英帝国主义力图把占领茶叶市场作为打开西藏大门的钥匙，也因茶味不合藏人胃口没能实现。"② 永昌祥在与藏区的经济贸易互动中居功甚伟。

严湘成先生的三哥，身为经济学家的杨克成（1910～1994，曾就读于南京中央大学和美国哈佛大学，民国时期为永昌祥股东、云南合作金库总经理，1949 年后创办云南大学经济系，改革开放后曾任云南省副省长）（见图 4－10、图 4－11）亲历了永昌祥的部分经营活动，他也详细述及："沱茶在四川成为人民所爱好的饮料，愿出高价购买，据说是因为四川出产的茶，色和味都不及沱茶，而云南出产的茶叶品种中，猛库、凤山所产

① 杨卓然：《"喜洲帮"的形成和发展》，中国人民政治协商会议云南省委员会文史资料研究委员会编《云南文史资料选辑》第 16 辑，云南人民出版社，1985。

② 严湘成、杨虹：《永昌祥对外贸易略述》，中国人民政治协商会议云南省委员会文史资料委员会、中国民主建国会云南省委员会、云南省工商业联合会合编《云南文史资料选辑》第 42 辑，云南人民出版社，1993。

图4-10 严子珍三子
杨克成

图4-11 严燮成送三弟杨克成
到南京中央大学就读

的，还要选用头批春尖，才能适应要求。最值得注意的是沱茶在西藏的销
场特别巩固，藏族喜欢云南沱茶远甚于四川的毛茶，甚至占世界茶叶市场
优势的印度和锡兰茶在西藏都没有销路。在地理上和交通条件上，从前印
度、锡兰的茶商没有在西藏取得市场，确实是一件难以理解的事。云南沱
茶运销到西藏，由中甸、德钦一路，或由康定一路，或由西双版纳经由缅
甸、印度一路入藏（此路有紧茶），都是途程遥远，多年用驮马运输的，
运费超过了茶叶本身的价值，而藏族同胞宁可吃云南茶。可见在茶叶性能
上，云南茶的使用价值必然高过印度、锡兰茶。在英、美的辞典上，把云
南的普洱茶注解为一种药物。'普洱茶'是云南出产茶叶的通称，临沧地
区猛库、凤山茶也是普洱茶的品种。'沱茶'的名称标志着它的成品形状
的特点。川滇两省人民把块形或饼形的东西，都叫作沱（沱可能是团的转
音），沱茶每个约重十两，是和散装茶相对立的名称，它的特点就是茶叶
经揉制结成锅底形，中空的半圆块形状。

"沱茶的形状之所以采用半圆饼形，其一面凹进去，中间有空隙，是
为了载运、堆存，途长日久，防止霉坏。沱茶是经过蒸后才压成沱的，若
中间没有通风的余地就容易沤霉。川滇两省山川阻隔，由云南的下关到四

川的宜宾，驮马要走一个多月；又因军阀混战，土匪横行，运货都要集结马帮，不能随时发货，茶叶在路上和销售过程中的堆存期间都很久，如果散装就容易损耗，方砖形或圆饼形的茶中间不留空隙也容易霉坏，这是从多年经验上得来的。至于包装用笋叶和棕单是为了在路上防止雨水浸湿。笋叶质轻、耐久、防水，而且在云南山区就地取材，价格便宜，也是经过长期的试验才选用的。

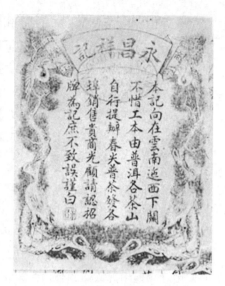

图 4-12　永昌祥茶的大票

"永昌祥由散装茶做到沱茶的定型化，中间的过渡形式有棒茶、砖茶和饼茶。棒茶是圆棒形，砖茶是方砖形，饼茶是圆饼形，都是茶叶经过选级、揉制、蒸热、紧捏成形的。这几种形式现在还有的保存着样品。至于砖茶则不限于云南，其他产茶省区也间或有生产的，尤其是四川生产专供藏区的边茶，大多为砖茶形状。成沱的形式的茶在云南可能早已存在，但永昌祥约在 1917 年左右把形式定了型，做成大宗商品，是有它自己的历史过程的。沱茶是它做过的最满意的形式。"①

有这么一种说法：1900 年，正当庚子事变之际，云南景谷商人李文相用土法将茶叶蒸压成月饼形状，称之为"团茶"，之后将团茶销往下关，供不应求。于是下关茶商纷纷仿效，将团茶制成碗形，运往四川宜宾（时称叙府）、沱江一带销售。以后又取广告词"沱江水，下关茶"中的首尾两字，将此碗形茶取名为"沱茶"。一时间，沱茶销路日广，成为川、康、藏、青一带的大宗商品。② 而当时云南的一部分商号，如鹤庆帮恒盛公、腾冲帮洪盛祥和喜洲帮永昌祥等，已打破了销售和生产两个系统之间的严格区分，进入了茶叶生产等领域，将生产与销售结合在一起。

---

① 杨克成：《永昌祥简史》，中国人民政治协商会议云南省委员会文史资料委员会编《云南文史资料选辑》第 9 辑，云南人民出版社，1989。

② 杨镜编著《大理百年要事录》（上），云南民族出版社，2003，第 1 页。

在近代云南茶叶贸易史上，出口外销和国内内销呈同步增长态势。"滇省所产之茶，除销本省外，以销四川、西藏为大宗。"[①] 所以说，西藏是滇茶的主要销售地，云南茶叶供应川藏的销量占据很大的份额。据时人记载："自大白事件起，藏中川茶大缺，价格高涨，滇茶乃逐年增至二万包……滇茶经印到藏迅速，印藏均无关税，故到藏后，售价廉于川茶……直至民国二十九年底，滇茶由印到藏者，年达四万余包，合旧制三百万斤左右。"[②] 这绝不是一个小数目。永昌祥在滇茶制作销藏中，无疑起到了相当重要的作用。

永昌祥创始人严子珍自 13 岁（约 1883 年）学生意起，即开始接触茶叶。刚开始作为小商贩采购商品，虽无能力走得太远，深入产茶地区普洱、思茅、景谷、景东、临沧等地，但也不能只在下关守候。严子珍便到半途中的蒙化（今巍山彝族回族自治县）采购，当时买到的大都是农民自己揉制的散茶，雇人稍加拣选整理后，即用马帮贩运至滇西北的维西和四川的会理。辛亥革命前后，严子珍虽已由行商变为坐商，通过合伙设号，经营范围也扩大了，但在茶叶经营方面还是采用贩运的方式，只是有时会把采购深入一步，派人到思茅、景谷进行季节性收购，在下关也没有专业化的制造环节。及至 1917 年前后沱茶产品定型以后，为了获得充分的猛库、凤山品种原料，采购重心才在 1920 年移到临沧县的博尚和凤庆县城。到 1930 年前后，永昌祥才开设了手工业工场形式的沱茶茶厂（现云南下关沱茶集团股份有限公司的前身）。直到 1954 年，永昌祥的茶叶生产和销售活动完全停止，其茶叶产销经营活动持续了 70 多年，从沱茶的成型（1917 年）开始计算也经历了近 40 年，其中一部分就是销往藏区的藏庄紧茶。而在抗日战争时期，这种与藏区的生意关系就更为突出和集中，为滇茶销藏做出了不小的贡献。

总之，在光绪、宣统年间，永昌祥在下关兴起，通过收购缅宁、顺宁、景东、景谷等地的茶叶，揉制成各种类型的紧茶，供应各地需求。它所创制的"沱茶"畅销宜宾、泸州、成都、重庆、宜昌、汉口、长沙、上海、南京一带。沱茶呈碗形，中空透气，原料以清明前所采的猛库茶、凤山茶为主，配以适当成数的春中、春尾茶，味道醇正，极受欢迎。砖茶销

---

① 张肖梅：《云南经济》，中国国民经济研究所，1942。
② 石青阳：《藏事纪要》，手抄本，1933。

往川西雅安等地及大小凉山一带，饼茶销往滇西北的宁蒗、福贡、贡山等地，藏庄紧茶则专销西藏一路。

图4-13　大理喜洲经商人家的全家福

除永昌祥外，云南商帮的复春和、复顺和、复义和、炳春记、茂恒、成昌及川帮宝元通等商号也先后在下关揉制紧茶。抗日战争期间，政府出面办的中国茶叶公司曾在顺宁、下关等地设厂经营。四川本地所产的散茶及甑子茶（散茶用甑子蒸热后揉成椭圆扁形）在川西、川北也有一部分市场，其中大多数销往藏区，称为"边茶"，其味道和质量不如滇茶，价格也便宜一些。

据杨克成先生记述，20世纪"20年代以后，下关成为云南沱茶制造业的中心。除了永昌祥外，先后做沱茶的有复春和、复顺和、复义和、炳春记、茂恒、成昌及川帮宝元通等，形成自由竞争的状态，对沱茶品质的提高有很大的作用。例如茂恒不惜工本，在原料上力求精美，想夺取永昌祥的市场，就促进了永昌祥沱茶制造上越发精心上进。在推销方式上有竞相赊销的情况，也把市场推广了一步"。①

与此同时，滇南西双版纳的勐海（当时称佛海），也成为普洱茶的生

①　杨克成：《永昌祥简史》，中国人民政治协商会议云南省委员会文史资料委员会编《云南文史资料选辑》第9辑，云南人民出版社，1989。

产制作中心。腾冲帮的洪盛祥、鹤庆帮的恒盛公等，纷纷在那里建茶厂。当时在勐海经营茶叶的商号约有一二十家。抗日战争期间，云南省企业局曾派农学专家白孟愚（回族）到勐海设思普茶厂，中国茶叶公司也派曾留学法国的范和均先生在勐海设厂制茶。而制成的藏庄紧茶，经由仰光、加尔各答、噶伦堡运入西藏的，只有恒盛公一家。永昌祥也在昆明设厂，生产副牌的沱茶。因原料兼用南路来的景谷、思茅茶，所以不用其本牌。

杨克成先生指出："1942 年以后，滇缅公路截断了，永昌祥的主要业务生丝的产、销都停顿了。1943 年派杨俊成、韦文光、赵子顺等由香港到印度去设庄，又派杨汉臣由丽江进驻拉萨（杨汉臣照片见邢肃芝口述，张健飞、杨念群笔述《雪域求法记：一个汉人喇嘛的口述史》，生活·读书·新知三联书店，2008，第 223 页），把卡机布等商品经由加尔各答运到拉萨，再经丽江、下关运达昆明销售。这样长途的经营，一年只能周转一次，毕竟做了两三年，其中还有一两批是从美国由华侨商人李兆焕采购在印度交货运进来的。每批物资，由于沿途雇用驮马、运输力有限制，价值不会超过十万元。……由于沿途需要资金雇用驮马，又把茶叶大量运入西藏转换藏银，因此，它又有扩大藏销茶叶的副作用。这项经营，直到仰光交通恢复后才停止。但永昌祥在印度设庄上却是得不偿失的，原因是在印度受到印籍经纪人的欺骗，在放债时损失了二十多万卢比，这就抵销了先后得到的利润。云南帮商人这种不怕困难的做法，不止一家。"[1]

虽说永昌祥从藏区的茶叶生意上没有赚到太多利润，但通过来来往往的精心经营，毕竟还是增加了藏销茶的销量，也为他们带来了一些收益。洱海边上第一所别墅"海心亭"，曾被老舍写入他的散文中。那是永昌祥的创始人严子珍晚年用抗战期间由印度经西藏运进来的物资建筑起来的（见图 4 - 14、图 4 - 15）。而且，正如杨克成先生所说，这样不畏艰难经营滇藏贸易的商号，不止永昌祥一家。

杨克成先生还记述："在顺宁（今凤庆县），凤山茶是新兴的茶山，当地的地主阶级，如赵如九、胡泽春等早已占有大片山场，大量移植猛库品种的茶树。因气候土壤适宜，私人大获其利。茶园也推广了。永昌祥是客

---

① 杨克成：《永昌祥简史》，中国人民政治协商会议云南省委员会文史资料委员会编《云南文史资料选辑》第 9 辑，云南人民出版社，1989。

图 4 - 14　大理喜洲的严家大院之一隅

图 4 - 15　1938 年 5 月，建设中的永昌祥
昆明安宁温泉苍逸别墅

商，也通过当地绅士的帮助，买了几十亩茶山，种了茶树，到解放前也能
生产一小部分供应下关茶厂的需要。在大理苍山的沧浪峰上，严子珍买了
一片坟地（见图 4 - 16），只是为了培补风景，却大力培养了几万株茶树。
他写信给凤庆的经理人，把凤山上的茶苗，连同树根上的壅土，用马驮到
大理移植到坟地上，精心培育了两三年，起初收获量不过百斤，因是初次

图 4－16　20 世纪 40 年代，严宝成陪同严则馨等在报本祠祖茔，
可见其壮观规模。后毁于"文化大革命"

栽种，茶味不及凤山产品（这些树到了解放以后，却出现完全不同的面貌。现在茶味变好了，沧浪峰上漫山茶树，由人民公社生产队经营，规模日益壮大，这是社会制度决定的）。"① 显然，永昌祥这样的举动，对于发展民族地方经济、促进藏区各民族的经贸互动关系是有一定积极作用的。

就这样，在"川藏销茶，滇销缅棉，缅销川丝"的合理经营路线下，永昌祥的生意得以良性运转、循环往复，并以多渠道的销售带动生产，以总号为轴心，辐射各地分号，讲求质量，注重信誉，不避艰险，不断开辟新的市场，由此得以发展壮大。在相当长的时期，严家稳居云南首富的地位。

与永昌祥同为大理喜洲四大商家的其余三家——董家的锡庆祥、杨家的鸿兴源和尹家的复春和，也都经营大致相似的业务，经营的区域和线路也差不多。在一定时期，他们也往滇西北和西藏地区走，尤其是复春和、鸿兴源长期主营茶叶，从凤庆、云县、临沧等地购入茶

① 杨克成：《永昌祥简史》，中国人民政治协商会议云南省委员会文史资料委员会编《云南文史资料选辑》第 9 辑，云南人民出版社，1989。

图 4 – 17 抗日战争胜利后，云南省商会会长严燮成率队举行庆祝游行

叶，在下关茶厂加工，运销昆明、四川宜宾和滇西北的丽江、维西等地，再辗转进入藏区。同时，收购当地的山货药材，运销内地。但他们经营的重点和长项并不在藏区，业务范畴跟永昌祥大同小异，故不赘述。

五　西藏藏族商号"邦达昌""热振昌""擦绒昌"等

西藏是一个全民信仰佛教的地方，其宗教信仰的虔诚，世所罕见。但宗教信仰并没有阻挡人们趋利的脚步。从古至今，尤其是近现代以来，不少藏族人，甚至寺院里的僧侣，十分热衷于经商贸易。

西藏人认为，一个叫村崩·罗布桑波的半人半神的巨商是他们的商业始祖和保护神。据传，罗布桑波曾率领庞大的商队，往返于藏区与汉地之间，把茶叶运到藏区，把马匹送到汉地，成为汉藏之间茶马互市的使者。他如同织布机的梭子，编织着两个民族间传统而深厚的友好关系。另外，据说罗布桑波是宗喀巴大师的商队总管，宗喀巴整肃弘扬佛教、创建新教派格鲁派时，他曾提供部分资财，用来修建格鲁派的最高道场甘丹寺。可见，西藏的经济总是和宗教结合在一起，而罗布桑波本人也因此名垂千古，被后人崇奉。

罗布桑波死后，关于他的故事、民谚、歌谣在藏区广为流传，他被尊为藏族的商业之神。许多城镇的商业中心和农牧区季节性的集市贸易场地，据说都是由他开辟和创立的，他的神庙和塑像遍及那些地方。人们还将拉萨以东、位于墨竹工卡的米拉山口西侧的思金拉措当作其命湖而加以朝拜。该湖如今以财神湖著称（见图5－1）。每逢大型的贸易活动和集市，照例先要祭祀罗布桑波。商人们虔诚地向他顶礼膜拜，祈求他保佑生意兴隆、财源茂盛。

图5－1　冰雪覆盖的财神湖——思金拉措

据说，15世纪时，由帕竹王朝的总务大臣米旺达孜倡议，在拉萨八廓街北街中央修建了一座四门白塔，专门供奉村崩·罗布桑波的头盖骨和其他骨殖。商人们和普通人常常对之祈祷礼拜，并在交易时以这座白塔起誓，以示信誉和诚意。

在帕竹王朝时期，拉萨并不是西藏的首府，商业还相当冷清。大概是有远见的米旺达孜想借罗布桑波的神力，带动拉萨的商业经济，以使之成为商业重地。到19世纪末，拉萨成了整个藏区商业贸易的中心，现在更是如此。拉萨的热闹和繁荣有目共睹。

近代以来，拉萨成为汉藏各民族商贸的中心。汉地所产的茶叶和藏区出产的羊毛、山货、药材是主要的交易物资。张乃骞先生曾说："拉萨那时还见得到青海人赶着马来卖，一来就是两三万匹，由达赖和贵族们挑剩后，就上市出售，同时还卖顺带带来的西宁产的醋和酒。西宁醋在高原上非常地受欢迎。还有一些小商小贩在拉萨买了藏马，然后赶到印度去卖。

一年大约有 20000 匹藏马卖到印度。印度每年有一个很盛大的牲畜交易会，地点在比哈尔邦一个叫孙补克的小镇，就在恒河边上。牲畜交易一般在冬季举行。还有人把一些牦牛尾巴贩运到印度去卖，尤其是黑色的牦牛尾巴。因为南印度有一个地方的妇女习俗上要剃光头，而在有些场合她们就要戴假发，那些牦牛尾巴就是做假发用的。"①

当然，拉萨最大宗的商品还是茶叶、酥油、绸缎、布匹等日常必需品，还有大量的宗教用品。

每天，都有大量马帮商队涌入拉萨。对此，笔者曾记述："一般来说，各民族商帮将茶叶等货物运到拉萨，就算到了目的地。他们在那儿一般都要停留 20 来天，甚至个把月。他们要在那儿交割出售运去的货物，同时置办要运回川康、云南的货物，这一卖一买，就差不多要一个月时间。马帮们住在自己所属的商号里，不慌不忙地等待着最好的商机，以便将自己的货物以最理想的价格出手。如果运气好还能以最低的价格采购到要带回去的货物，那么，跑这么一趟就算是两头赢利、满载而归了。"②

跟这种浓重的商业气息形成鲜明对比的，是作为圣城的拉萨那同样浓重的宗教气氛。成群结队的朝圣者围着整座城市，围着布达拉宫，围着大昭寺转经，在大昭寺门口磕着数量惊人的长头（一般一许愿就是十万个），有人就在那里一磕几个月。经无数人在那匍匐磕头，大昭寺门口的青石板早已磨得像镜子一样光滑。这些虔诚的信徒有的来自阿里，有的来自青海，有的来自甘肃，有的来自云南、四川。他们带上家里所有的钱财来到这里，把毕生的财富奉献给喇嘛寺，奉献给菩萨，以求得到来世的解脱和幸福。当然，也有本地人。

而他们朝拜供奉的寺院同时也在大做生意。

传统上，西藏的大小寺庙都有经商的惯例，各寺都自己经营商业，资本由喇嘛寺院凑集，公推一人经理，称为"聪本"，每两年换推一人，不得连任。赚到的钱全数交给管家大喇嘛，作为修缮装饰寺院、念经、祀神、年祈的花费。当然，也采购本寺院所需的茶叶等货物。大的寺院常有私商数家，由寺中喇嘛自行集资经营，资本以秤计，每秤合银五十两，有

① 李旭：《遥远的地平线》，云南人民出版社，1999，第 426~427 页。

② 李旭：《遥远的地平线》，云南人民出版社，1999，第 429 页。

图5-2 拉萨大昭寺的朝圣者

至二三千秤者。他们经营的商品也以茶叶为主，同时也运购一些布匹、绸绢、铜器等日用货品进行贩卖，所得收入按投资分红。喇嘛商人大多兼营借贷，利息一概为每月五分以上，是典型的高利贷。十三世达赖喇嘛于1933年12月圆寂后，热振活佛在1934年成为摄政王，其经营管理部门热振喇章，也称"热振昌"，在短短数年里便成为当时西藏的三大商家之一。

大多聚居于拉萨的贵族世家，也是商业的主力。后来入赘擦绒家并继承其贵族名号的达桑占堆，就是一个经商理财的高手。在其精心操持下，擦绒昌很快成为整个藏区实力雄厚、声名显赫的商家。

拉萨就是这么一座奇怪的城市，至今它仍然是如此奇怪。世俗和神圣搅在一起，清净与污浊混在一起，美丽跟丑陋并在一起，你有的只是无数的新奇和诧异。它有时会让你喘不过气来，有时又会让你屏住呼吸。

拉萨什么都有。

当然，拉萨更是西藏各大商号的大本营，其中就有来自藏东康巴地区芒康的西藏头号商家邦达昌和来自四川甘孜的桑多昌。在近代历史上，这两家商号与热振喇章一起，被称为"热振—邦达—桑都"三大家族。即使在进出藏区的多条商路关闭后，他们仍被人们称为"西藏的太阳、星星与宝石"。① 据流传很广泛的说法，邦达昌在全盛时期往来于茶马古道各条线路上的马帮多达2000多匹骡马，其养骡人则常常这样说："地邦达，天邦达"。来自康区的邦达昌家族在拉萨获得了巨大的成功。他们家族游历于

---

① 〔美〕卡洛尔·梅可葛兰：《20世纪20年代邦达昌家族历史叙事与拉萨的政治斗争》，尼玛扎西（杨公卫）、刘源译，《民族学刊》2011年第1期。

印度、内地、康区和拉萨，涉及领域包括西藏的经济、贸易、世俗和寺院政治，与中国国民政府及英印当局建立了各级公开与秘密的联系。① 从 19 世纪末期发家，到 20 世纪中叶结束生意，邦达昌马帮的叮当铃声，在连接汉藏两地的茶马古道上响了半个多世纪。时人记载："拉萨城中之邦达昌商号，为藏中经营商业致富之第一家，远近咸知，势耀轩赫，俨然据有操纵西藏商业之地位。其所营之汇兑业与进出口货物贸易，几占全藏贸易总额之半，势力之大，可想见也。"② 邦达昌不仅独家承包经营羊毛和贵重药材多年，还建立了全藏最庞大的商业机构和经营网点，其固定和流动商号遍布藏区城镇和农牧区，以至各地分号骡帮相互不识，途中殴斗现象时有发生。由于他们强势的经营和扩展，自然而然地与进入藏区的各民族商帮商号建立了密切的联系，而他们的生意，不仅扩展至内地的许多地区，更延伸至国外的印度等地。后来据邦达多吉的秘书兼管家仲麦·格桑扎西回忆，邦达昌不仅有固定商号设在噶伦堡、亚东、帕里、江孜、日喀则、山南、拉萨、那曲、昌都、巴塘、理塘等地，还有流动商号设在中甸（今云南香格里拉）、丽江、康定、北京、上海、香港、加尔各答等地（见图 5-4）。

图 5-3 邦达昌在拉萨八廓街的总号大院

---

① 〔美〕卡洛尔·梅可葛兰：《20 世纪 20 年代邦达昌家族历史叙事与拉萨的政治斗争》，尼玛扎西（杨公卫）、刘源译，《民族学刊》2011 年第 1 期。
② 柯羽操：《柯羽操游记》（续），《川边季刊》1935 年第 4 期。

图 5 - 4　抗战期间邦达昌康定分号的美式吉普车

在西藏近现代史上，邦达昌赫赫有名。就商人而言，称邦达昌为西藏近现代史上的首富，大概没有人会提出异议。谁都无法否认邦达昌在西藏近现代史上首屈一指的地位和呼风唤雨的能力。1939 年入藏主持十四世达赖喇嘛确认及坐床典礼的蒙藏委员会委员长吴忠信写道："康帮多营茶及羊毛之进出口，其中以邦达昌号为首领。该号除营羊毛进出口外，兼办汇、兑、存、放、信托、运输等业务，为藏中大商号，执金融牛耳。"[1] 随同吴忠信入藏经年的朱少逸先生也记述："康商邦达昌家，因在十三辈达赖时有功，取得免税经营西藏商业之专利权，数十年来，获利甚巨，今已有资本千余万卢比，富甲全藏。"[2]

然而，由于种种原因，邦达昌自身的历史和经营内幕，至今仍少为人知，并且各种说法极为混乱。

著名人类学家、藏学家梅·戈尔斯坦在其巨著《喇嘛王国的覆灭》里，多次提到邦达昌惊心动魄的历史，第一次较确切地向世人揭开了多年来遮盖在邦达昌之上的幕帷。近年来，也有一些著作和文章涉及邦达昌，如西藏大学美朗宗贞的《近代西藏巨商"邦达昌"之邦达·多吉的政治生涯与商业历程》，俄东瓦拉的《邦达家族风云录》（载于西藏昌都地区文史

① 吴忠信：《西藏纪要》，西藏社会科学院西藏学汉文文献编辑室编《使藏纪程、西藏纪要、拉萨见闻记》合刊，全国图书馆文献微缩复制中心，1991，第 145 页。
② 朱少逸：《拉萨见闻记》，西藏社会科学院西藏学汉文文献编辑室编《使藏纪程、西藏纪要、拉萨见闻记》合刊，全国图书馆文献微缩复制中心，1991，第 111 页。

资料编纂委员会编著《西藏昌都地区文史资料》第 2 辑，西藏人民出版社，2011）等。作家马丽华在 2002 年出版的《藏东红山脉》中，用专节描写了邦达昌的沉浮。

　　作为康巴人，邦达昌的起家，自然是在其老家。从前拉萨贵族云集，拉萨人常常认为康巴人粗野无知。对善做生意和剽悍的康巴人，他们至今仍怀有一定的偏见。他们过去把邦达昌一家称为"芒康娃"。他们之所以这样称呼邦达昌，也有他们的道理。在过去很长的时间里，邦达昌家族老家所在的盐井邦达，一直归芒康（民国时期称为宁静宗）管辖。知情人曾表示："解放后盐井虽然有县的名分，但却没有县的建制。邦达养壁的爷爷原先只是个很小的'聪本'，有几匹骡子和 24 两藏银的本钱。为他赶骡子的'腊都'是一个云南中甸的藏族。养壁的爷爷最早就靠那几匹骡子，做起从云南德钦到西藏芒康之间贩盐之类的生意。后来，他的生意发展到藏东重镇昌都，生意路子也越做越宽了。到了养壁父亲邦达·尼江这一辈，他家的生意做到了拉萨和印度，并正式立起邦达昌的商号。随着印度和西藏之间商埠的开通，邦达·尼江跑起了印度的生意，邦达昌的商号就开到了噶伦堡和加尔各答。"①

图 5－5　笔者在昌都访谈邦达多吉的长子邦达旺青

---

　　①　李旭：《遥远的地平线》，云南人民出版社，1999，第 420～421 页。

邦达昌的真正兴起是在清朝末年。

宣统二年（1910）正月初三，即十三世达赖喇嘛与温宗尧"和平处理"商谈的第二天，都统钟颖率领的鱼龙杂混的新军进入拉萨，在琉璃桥与一些喇嘛发生冲突，甚至打死了大昭寺的一位喇嘛，局势骤然紧张。十三世达赖喇嘛感到严重的威胁，于二月十二日夜在布达拉宫举行紧急会议，决定由措美林活佛及擦绒·旺秋杰布噶伦和大部分官员留在拉萨，自己率同夏扎·边觉多吉等三名噶伦以及少数随从，趁午夜离开拉萨，经曲水直奔帕里。十三世达赖喇嘛到帕里后，在亚东英印商务处代理麦

图5-6 十三世达赖喇嘛与邦达昌
有很深的渊源

克唐纳及其卫队护送下，于二月二十一日晨过境进入印度避乱。这样，难得的一片金云忽然笼罩在了邦达昌头上。邦达昌的创始人、邦达兄弟的父亲邦达·尼江"竭尽全力保卫十三世达赖安全抵达印度"。当时，邦达昌已在汉藏和藏印一线经营多年，具备了相当雄厚的经济实力，其老主人邦达·尼江不仅鞍前马后尽力随侍，而且慷慨解囊，资助了因匆忙出走而经济窘迫的十三世达赖喇嘛，"并拉拢英驻印总督，一切藏、英交涉都由邦达·尼江作为媒介，竭尽全力助十三世达赖返藏"。十三世达赖喇嘛出走两年后，清朝西藏驻军因内地爆发辛亥革命而发生内乱，藏军趁机将之逐出西藏。1912年，十三世达赖喇嘛重返拉萨，那些在危难中帮过他的人们都获得了重赏，而邦达昌自然被排到了受赏的前列。1930年由内地赴藏的民国特使刘曼卿记载："光绪中，达赖奔印度，穷极无聊，而邦达昌倾家助之。后事已返藏，乃许渠以经商特权，不受普通法令限制。以势之所在，利亦趋之，故彼有今日之煊赫。"[1] 同时，也有不少人都得到了显赫的地位，如当时还未成为

---

① 刘曼卿：《国民政府女密使赴藏纪实》，民族出版社，1998，第49页。

贵族擦绒的达赖近侍达桑占堆和贵族柳夏家族等。为回报邦达·尼江的鼎力资助,十三世达赖喇嘛破例晋封邦达·尼江为"商上",即商务官,为十三世达赖私人与西藏政府经营商业。同时,他的骡马商队由百姓供给柴草并提供乌拉差役,还有免税、统购出口货物等特权,即授权邦达昌独家经营全藏羊毛和贵重药材,并申饬其他商人不得经营羊毛和贵重药品,违者重罚。邦达昌家族获得了千载难逢的发展机会。西藏商业厅档案室有这样的记载:"十三世达赖时期,羊毛的收购和出口全归政府经营,不许私商承办,'邦达昌'是代理人,因之'邦达昌'商业发展到上海、南京、北京、成都、西宁、甘肃兰州、印度加尔各答、噶伦堡等地。"① 邦达昌的经营范围本就十分广泛,获得的商业垄断权和代理官方商业经营权更使之如虎添翼。在数十年间,邦达昌成为西藏的巨富豪门。

由于拥有十三世达赖喇嘛的鼎力支持和参与,邦达昌在经营过程中才能畅通无阻,甚至化险为夷。1920年,邦达·尼江已被公认为西藏商界的领袖。深得达赖喇嘛宠信的藏军总司令擦绒(有一段时间还任西藏政府噶伦),权势显赫,也曾借其军队的势力,偷运羊毛至印度销售。"对如此权势人物的私货,邦达·尼江也斗胆予以扣留,并直接控诉到达赖那里,经达赖批交四噶伦核议,以邦达昌胜诉而告终。这在当时已经成为骇人听闻之事,足见邦达家族的权势熏天。"据传说和猜测,这事成为邦达昌的老业主邦达·尼江被害的导因。刘曼卿记载:"原渠有恩于达赖,得羊毛与黄金之专买专卖权。藏军前总司令渣绒氏(即现之加仑),曾窃运羊毛至印度,以军人之大力与跋扈,宜其不能禁止之。但邦达昌老主人不疑江,竟与以扣留,而直控于达赖,经达赖批交四大臣核议,邦达昌竟以胜诉。……后以权势过大,遭人嫉妒,适其至好将冷昌主人约彼郊游,被刺客凿地道枪杀之。……政府指将冷昌为嫌疑,尽没入其财产,两家至今犹存最大隔阂以此。"②

1921年,邦达昌老主人邦达·尼江在拉萨的一次郊游活动中遇刺身亡。邦

① 中国社会科学院民族研究所、中国藏学中心社会经济所:《西藏的商业与手工业调查研究》,中国藏学出版社,2000,第10页。

② 刘曼卿:《国民政府女密使赴藏纪实》,民族出版社,1998,第104～105页。

达·尼江的死因一直众说纷纭，未有定论。一种说法是，西藏的一些贵族对康巴人邦达昌的飞黄腾达大为不满，派人将邦达·尼江刺死。这似乎应归为政治原因。也有人认为是商敌所为，还有人认为是过去结下的旧怨所致。

作为民国特使的刘曼卿是在上述事件过后 9 年的 1930 年只身进藏的（见图 5-7）。刘曼卿途经巴塘、芒康时，曾与邦达昌第四子邦达多吉会面，并至邦达昌老家作客，记下了一点关于邦达昌的情况。"按邦

图 5-7　刘曼卿女士

达昌原为村名，后因富显，故以为商行字号。先是邦达村与普那村冲突，互相杀戮，普那村直被灭族，邦达亦仅余一子。子名不疑江，潜遁赴藏，作某阁员侍从，稍有积蓄，遂入印营商，利又倍蓰。光绪中，达赖奔印度，穷极无聊，而邦达昌倾家助之。后事已返藏，乃许渠以经商特权，不受普通法令限制。以势之所在，利亦趋之，故彼有今日之煊赫。邦达昌现有四子，均曾远走内地及东西各国，故藏人多视之为多见多闻之人也。"①刘曼卿行抵拉萨后，不仅两次受到十三世达赖喇嘛召见，还与藏中商家多有来往，其中当然首推邦达昌。刘

曼卿继而记叙了邦达昌老主人不疑江（邦达·尼江）与曾任藏军总司令、时任噶伦的擦绒·达桑占堆的商战获胜，并出面调解西藏地方政府与三大寺的矛盾，还贷款给地方政府与三大寺，又转借给平民，不急于令借贷者偿还，可见其在商界、政界、宗教界甚至民间的巨大影响力。

据西藏大学美朗宗贞对土登群觉先生的采访，新入赘擦绒家的达桑占堆为了摆脱家族的财务困境而涉足商界，他"为了商业竞争，故意抬高羊毛收购价格。而邦达昌一直采取薄利多销的方式大量收购牛羊毛，使得擦绒家族货物积压严重"，再加上刘曼卿述及的两家争讼之事，致令擦绒·达桑占堆利用欠其债务的措果代本之手除掉老对头邦达·尼江。

---

① 刘曼卿：《国民政府女密使赴藏纪实》，民族出版社，1998，第 49 页。

有一天，擦绒"秘邀措果代本说，如果你能刺死邦达·尼江的话，我就将你欠我的债务一笔勾销。措果代本说，如果此话当真，我将亲自刺死邦达·尼江。于是两人立誓协议，此事天知地知你知我知，永不泄密。不久噶厦政府在罗布林卡举行藏林吉桑，邦达·尼江应邀参加。据传说邦达·尼江出门时曾遭家族护法神竭力劝阻，说不论如何他不能出门，倘若十分必要，也务必在天黑前返回"。但邦达·尼江未予重视，他在罗布林卡的帐篷里和来自云南的回族商人马青山以及两个贵族公子一起打起了藏式牌戏，兴致勃勃地一直玩到天黑。这时，潜伏在帐篷旁的措果代本采取了行动。趁着天空中突然响起的雷鸣，他朝被帐篷内的灯光映照得十分清晰的邦达·尼江开了一枪，邦达·尼江当即就倒在牌桌上。一起玩牌的人吓坏了，有人说邦达·尼江是被雷击中了，有人说他是中了邪。三天之后送葬时，才发现遗体上有个很小的伤口，仔细检查才发现体内有"九子爆"弹头一粒。这时邦达昌才意识到邦达·尼江是被人刺杀的。他们认为这是擦绒所为，但找不到确凿的证据。"后来擦绒·达桑占堆又向措果代本说，你是否能还我少许债务？他话音未落，措果代本就抓住擦绒·达桑占堆的手，要求到十三世达赖喇嘛尊前说出所有的真相。"① 事情至此，邦达·尼江凶死的真相才得以透露。据笔者对当时在拉萨任职的丽江仁和昌总经理黄嗣尧先生的儿子黄钟杰的采访，他讲述的邦达·尼江遇害经过与此基本相同，但刺杀邦达·尼江的凶手一直未浮出水面，邦达昌老主人被害的事情最终不了了之。

而据刘曼卿的记述，因为邦达昌权势过大，遭人嫉妒，等到邦达·尼江的至交好友将冷昌主人约他郊游，被刺客凿地道枪杀。后来噶厦政府指将冷昌为嫌疑，全部没收其财产②，两家于是结怨。以笔者现在掌握的资料，无法确定刘曼卿记述的可信度。事实上，在邦达昌得达赖喇嘛恩宠前的1910 年，其在拉萨及印度的经营已很成功，他们已决定与拉萨的贸易商将冷昌（或译为"江棱昌"）家族联姻。将冷家族的两个女儿索南（一译"索朗"）和色东（一说"次登央宗"），分别与邦达家族的邦达养壁和邦

① 美朗宗贞：《近代西藏巨商"邦达昌"之邦达·多吉的政治生涯与商业历程》，西藏人民出版社，2008，第 20～21 页。

② 参见刘曼卿《国民政府女密使赴藏纪实》，民族出版社，1998，第 105 页。

达多吉结婚，"为了亲上加亲，作为连襟的兄弟俩又迎娶对方的妻子为妻，并通过正式的官方仪式，两家合二为一。""两家的联合不仅是商家的联合，而且为康巴邦达家族与拉萨社区间建立了更深的联系。"① 用刘曼卿的说法，就是"将冷昌与渠交好之程度，实非内地人所能梦想：交换女儿，互易妻室，以图融洽为一家人。"② 双方联姻后，生育了一个女儿邦达·白玛措杰（一说白玛曲吉，为邦达·尼江与第三个妻子其美玉珍所生），同时，原来将冷家族的儿子也被称为邦姆达竹巴（或邦苏，"苏"意为角落，是需要官方名称时家族第二分支的姓名后缀）。由此可见，将冷昌不大可能与邦达·尼江被杀事件有直接关联。

卡洛尔·梅可葛兰专门撰文探讨了这一事件。据其详细调查，此事件甚至还有更多的版本，但卡洛尔·梅可葛兰在文中也只能接受不可能有定论之说。在卡洛尔·梅可葛兰看来，这一事件与拉萨20世纪20年代的政治斗争有关，它"包含了富有的康巴商人和拉萨贵族之间的社会不确定性，很多人因此受到政府的惩罚"。而以邦达养壁为代表的邦达昌后人，"放弃了康巴人崇尚荣耀的传统观念，而更注重贵族家庭的礼仪，没有选择推进积极解决，或公开声讨罪行的方法。虽然他们怀疑擦绒是凶手，他们选择了集中精力为他们的父亲办丧事而不是为他的凶死复仇"。"西藏贵族内部强权家族间的血仇在社会和经济上是摧毁性的，也是这些家族所不能承受的，家族间公开、暴力的血仇并不符合彼此间的利益，也不符合那些好奇的旁观者的利益去解决处理这些事情。""在邦达昌家族中，至少在几代人间，谋杀案没有被提及。邦达家族保守着秘密，他们封锁相关信息，彼此间以及在外面避免谈论此事。"③ 言下之意，邦达家族为了自身更根本、更长远的利益，选择了一种更符合西藏当时的政治形势，尤其是拉萨贵族传统的处理危机的方式。后来的事实证明，他们的选择是明智的，老主人的凶死并未影响到邦达昌的生意，邦达昌更加顺利也更加迅速地发展起来。后来，十三世达赖喇嘛为平衡各种势力的关系、缓和矛盾，任命

---

① 〔美〕卡洛尔·梅可葛兰：《20世纪20年代邦达昌家族历史叙事与拉萨的政治斗争》，尼玛扎西（杨公卫）、刘源译，《民族学刊》2011年第1期。
② 刘曼卿：《国民政府女密使赴藏纪实》，民族出版社，1998，第105页。
③ 〔美〕卡洛尔·梅可葛兰：《20世纪20年代邦达昌家族历史叙事与拉萨的政治斗争》，尼玛扎西（杨公卫）、刘源译，《民族学刊》2011年第1期。

邦达多吉为藏军如本（相当于营长），特许其征召千名士兵，享有代本（相当于团长）之权，总管察雅、芒康两宗事务，驻宁静（芒康县），发英式马枪 500 支（因驻昌都藏军代本的有意拖延而未兑现），子弹数百箱；委任其兄长邦达养壁继任其父"商上"官职，并派往亚东任四品官总管；还任命邦达饶嘎为代本，并将自己的一个侄女嫁给了邦达饶嘎。十三世达赖喇嘛圆寂后，邦达昌虽也面临 20 世纪 30 年代的危机，但他们都平顺度过，成长为西藏头号巨商大贾。

然而，邦达昌的所有者和经营者是康巴人。据说西藏有这样一种不成文的规矩：凡是康巴人都不得在西藏噶厦政府任职。他们认为康巴人是粗野无知的人，处处鄙视他们，并把驻扎在康区视为致富的机会，通过无偿地摊派拉差役来剥削康巴人。也就是说，拉萨的贵族和官员把富饶的康区视为巧取豪夺、发财致富的地方，"他们不仅在那里担任了几乎全部的官职，而且可以任意差遣康巴人为他们的私人商业活动无偿地服'乌拉'差役。"① 而"贵族保守派对待康人之准则是迫使他们卑躬屈膝，唯命是从，认为康巴人所处的地理环境诸因素，接近于汉族，耳濡目染受到汉族思想熏陶，不可信用，必须清除异己。"② 作为康巴人，邦达家族很难通过在西藏噶厦政府中谋得一官半职而跻身仕途。但如前所述，邦达·尼江由于对十三世达赖喇嘛有恩而获得大力扶持，晋升为商务官，加上他本人及其子女与拉萨商家和贵族的联姻，并被授予正式官职，甚至在藏东的康巴地区拥有兵权，邦达昌名正言顺地跻身西藏上层社会。

格勒等主编的《西藏昌都》一书记载："民国时期，藏汉民族间的经济交流持续不断，藏区与英印等邻国的贸易也继续进行。随着对外经济联系的不断增强，一些抓住契机的民族工商业在藏区崛起，如著名的'三昌'，即'擦绒昌'、'桑都昌'（或译'桑堆昌'）、'邦达昌'就是其中规模宏大、资金雄厚、经营范围广的三大商号。"该书简要记述了与昌都地区关系密切的邦达昌的一些事迹：邦达昌的创始人是西藏昌都芒康邦达家族的尼江，有的称之为"不疑江""不尼江""能江"或"尼

---

① 〔美〕梅·戈尔斯坦：《喇嘛王国的覆灭》，杜永彬译，时事出版社，1994，第 181 页。

② 仲麦·格桑扎西：《爱国人士嘎然喇嘛和邦达多吉与原西藏地方政府的摩擦始末》，西藏自治区政协文史资料研究委员会编《西藏文史资料选辑》第 18 辑，民族出版社，1999。

玛江村"。他在距邦达仅 50 多公里的盐井依靠赶马贩盐起家，逐渐致富，在十三世达赖喇嘛执政初期就已经在拉萨建立商号。由于与十三世达赖喇嘛关系密切，尼江曾多次被派遣去完成一些非官方的使命。"此后，邦达家族在西藏地方政府中为官者渐多，而'邦达昌'依靠权力的支持逐渐发展起来。到 1933 年十三世达赖喇嘛圆寂时，'邦达昌'已成为西藏政府在区内外羊毛贸易的唯一代理人，因而获利丰厚，商业活动遍及北京、上海、南京、重庆、西宁、成都、香港、印度加尔各答、噶伦堡等地。"①

作为亦商亦官、亦文亦武的商号大贾，邦达昌拥有的资金数量也是全藏第一。早在 1914 年，邦达昌仅在拉萨的流动资金就已达 709090 两藏银。而当时邦达昌在印度的商号就在云南商号恒盛公附近，与张家来往密切。据恒盛公第三代经理张乃骞先生估计，邦达昌在最兴盛的时候大概有 200 多万印度卢比的资产。另外，"据不完全统计，20 世纪 50 年代以前，拉萨有商户 900 户，大小商户实力悬殊，邦达昌、桑多昌、热振昌、擦绒、功德林、大昭寺、索康、洞波、拉鲁、阿沛、饶西彭错、桑颇等 12 户大商家就拥有商业资本 500 多万银圆，占拉萨 900 多商户总资本 1163 万银圆的 43%，其余 98.7% 的商户仅拥有资本的 57%。12 家大商户中只有邦达昌和桑多昌资金上百万。直到 1953 年，邦达昌还拥有 150 多万银圆的商业资金。"② 但据跟邦达昌多有生意往来的丽江仁和昌第二代总经理赖敬庵以及杨超然先生的回忆，邦达昌拥有的资金超过 1000 万印度卢比。前面提到，吴忠信的随员朱少逸先生也说邦达昌"有资本千余万卢比，富甲全藏"。1943 年，邦达昌派遣管家仲麦·格桑扎西驻扎国民政府陪都重庆，参加了重庆金融市场组织，伺机买进外汇，汇往印度购买内地战时急需商品，仅 1943~1946 年，就汇往印度邦达昌总号 1000 多万卢比的外汇，足见其资金拥有量及流动量之巨。在 20 世纪三四十年代的西藏，一印度卢比约合三四两藏银，卢比最坚挺的时候能换八九两藏银。如以卢比与藏银的最高比值计算，邦达昌鼎盛时有近亿两藏银的资产，谓之富可敌国毫不为过。

① 参见李光文、杨松、格勒主编《西藏昌都——历史·传统·现代化》，重庆出版社，2000，第 162~166 页。

② 罗莉、拉灿：《西藏五十年》（经济卷），民族出版社，2001，第 169 页。

邦达昌的老主人邦达·尼江（或称邦达·尼玛江村）的三个儿子可以说是典型的商人出身，他们均在西藏近现代史上叱咤风云，声名卓著，影响深远（见图5-8）。还有一说，邦达·尼江有四子，老大尼玛出家为僧，曾为十三世达赖喇嘛内侍，后隐姓埋名，不见记载，也未被人提及。按戈尔斯坦的说法，邦达多吉有一个同父异母的哥哥尼玛，为邦达昌家族的族长，是十三世达赖喇嘛的亲信，达赖喇嘛曾派遣他去完成了许多非官方的使命。[1] 根据邦达昌的管家，改革开放后担任过昌都地区政协副主席的仲麦·格桑扎西的说法，邦达尼玛是邦达养壁的表兄弟，曾受十三世达赖喇嘛的另眼相待，赐封为达赖内侍（金色，或译为"坚赛"），享有一定特权。[2] 1934年进

图5-8　邦达昌三兄弟

藏为十三世达赖喇嘛致祭册封的民国政府特使黄慕松，也记述邦达昌有四兄弟，邦达养壁为次子，在藏东以如本官职带兵的邦达多吉是其四弟。[3] 另据大量历史文献记载，以及直接采访过邦达家族多个直系亲属的俄东瓦拉先生记述，邦达·尼江有三位妻子，共育有6个子女。前两位妻子是仲麦家族的姐妹俩，生有四子一女：邦达尼玛、邦达养壁、邦达其美（女）、邦达饶噶、邦达多吉。长子邦达尼玛的母亲是仲麦家族的大女儿，邦达养壁、邦达其美、邦达饶噶、邦达多吉的母亲则是仲麦家族的小女儿。邦达·尼江的第三位妻子叫其美玉珍（她是邦达多吉孩子们的外婆），生有一女，名为邦达·白玛曲吉。[4]

　　如此看来，邦达家族第二代确为四子二女，出自邦达·尼江的三位妻子。但作为家族长子的邦达尼玛基本隐匿不见，后人说起邦达昌，似乎只

① 〔美〕梅·戈尔斯坦：《喇嘛王国的覆灭》，杜永彬译，时事出版社，1994，第180页。

② 仲麦·格桑扎西：《爱国人士嘎然喇嘛和邦达多吉与原西藏地方政府的摩擦始末》，西藏自治区政协文史资料研究委员会编《西藏文史资料选辑》第18辑，民族出版社，1999。

③ 黄慕松：《使藏纪程》，西藏社会科学院西藏学院汉文文献编辑室编《使藏纪程、西藏纪要、拉萨见闻记》合刊，全国图书馆文献微缩复制中心，1991，第277～280页。

④ 俄东瓦拉：《邦达家族风云录》，西藏昌都地区文史资料编纂委员会编著《西藏昌都地区文史资料》第2辑，西藏人民出版社，2011。

提到三兄弟。邦达养壁（笔者曾将之音译为"邦达杨宾"），生于1898年，他继承了父亲的地位和官职，主持着邦达家族的庞大生意。后来，邦达养壁想方设法躲过了1933年底十三世达赖喇嘛突然圆寂后西藏内部剧烈的动荡。当与邦达昌关系密切的达赖喇嘛的贴身亲信土登贡培遭到围攻、逮捕和流放时，得知邦达昌遭难的邦达多吉，1934年带兵在康区发动了对西藏地方政府的反叛。邦达养壁在邦达昌差点被查抄的情况下，求助于当时大权在握的赤门噶伦，并动用帕邦卡大活佛、三大寺堪布在内的各路关系游说噶厦政府，故噶厦政府最终未对掌握着西藏大宗经济命脉的邦达昌下手。[①] 后来邦达养壁被西藏地方政府破例任命为亚东总管，为四品官员，后来还担任过西藏地方政府驻印度商务代理，经常往来于拉萨、帕里、亚东和印度之间。1948年，邦达养壁作为西藏地方政府组织的"商务代表团"的主要成员，到过内地和英国、美国。20世纪50年代中期，他还担任了云南藏回商人马铸材先生主持成立的"茶叶运输公司"副总经理，总经理为北京"兴记"商号经理梁子质先生。西藏和平解放后，邦达养壁一度出国居住，后又回国，曾任全国工商联委员、西藏自治区政协副主席，1968年逝世于拉萨（见图5-9）。

图5-9 邦达养壁（右二）回国后到内地参观

邦达养壁和四弟邦达多吉同娶拉萨贵族将冷昌（一译"江棱昌"）的两姊妹索朗拉和泽丹拉（一名"次

---

① 〔美〕梅·戈尔斯坦：《喇嘛王国的覆灭》，杜永彬译，时事出版社，1994，第180~188页。

登央宗")为妻,真正做到了融为一家。刘曼卿对此曾有记述。① 而邦达饶噶则娶了十三世达赖喇嘛的亲侄女为妻。这样,邦达昌家族的第二代,成功地进入了西藏的上层贵族社会阶层,淡化了他们的康巴人出身。②

邦达养壁有一女一子,女儿名邦达玉珍,儿子名邦达次登多吉。邦达玉珍生有一女,名为邦达旺姆,改革开放后移居美国。

据说邦达饶噶没有子女。

邦达多吉则相当多产,他先后娶过3个妻子,生育了9个子女。与第一位妻子生育了6个子女:邦达泽仁曲吉、邦达晋美(他后来成为阿沛·阿旺晋美的女婿)、嘉纳活佛、邦达旺青、邦达琼英旺姆、邦达贡吉旺姆;与第二位妻子觉央只生育了一个儿子邦达贡泽曲旺,后来两人离婚,觉央改嫁;与第三位妻子贡觉拉姆生育了邦达格堆旺布和邦达贡旦旺白两个孩子。他们大多生活在雪域高原(见图5-10、图5-11、图5-12)。

图5-10 邦达多吉与家人的合影

关于邦达养壁,西藏自治区商务厅的网站上有专门介绍,文章题目为《西藏著名历史商务人物邦达养壁传略》(作者龙齐亚):

"邦达养壁(又名罗绍亭),男,藏族,1898年7月1日生于西康省昌都宁静县(今西藏芒康县),在兄弟中排行老大,二弟邦达热嘎、三弟邦

① 参见刘曼卿《国民政府女密使赴藏纪实》,民族出版社,1998,第105页。
② 参见次仁央宗《西藏贵族世家:1900～1951》,中国藏学出版社,2005,第213～214页。

图 5 - 11　邦达多吉的家人

达多吉。其父不尼江，系西康省著名商号'邦达昌'业主，青年时为西藏一贵族侍从，后经商。清朝宣统二年至民国元年（公元 1910～1912）间，清军入拉萨，达赖喇嘛出奔印度，不尼江对达赖喇嘛在印期间吃、住、行费用倾力相助。事态平息达赖喇嘛返藏后，封不尼江为村巴（五品官），并给予不受普通法令限制的经商特权，垄断羊毛和黄金出口，军火购置等，一跃而成西藏第一巨商。不尼江去世以后，邦达养壁承父业，其人聪明练达，做事谨慎，见识广，英文很好，略懂汉语。主持'邦达昌'商务，坐镇拉萨；其二弟常驻印度噶伦堡，主管进出口业务；三弟常驻昌都，主管国内外和区内外商品中转以及土畜产品收购。30 年代'邦达昌'主要经营国内外茶叶、粮油、副食品、畜产品、地产药材、西药和日用工业品的批发经营。邦达养壁在热振摄政木狗至铁龙（公元 1934～1940）年间，任噶厦政府的列村巴（五品官），邦达养壁常以巨资向大昭、哲蚌和色拉寺布施，在政治上得到宗教界的支持。1932 年因其弟邦达多吉被控'叛藏投康（国民政府西康省）'，西藏地方

图 5 - 12　邦达多吉长子邦达旺青一家

政府派兵围其住宅欲抄其家时，得色拉寺帕邦卡活佛及三大寺喇嘛支援，并向西藏地方政府疏通，使邦达养壁家财得以保全。邦达养壁1939年晋升为仁希（四品官）。抗日战争爆发以后，日本对中国抗战后方施行战略封锁，切断与中国相联系的海路运输，致使中国大西南的商品物资非常匮乏。邦达养壁策划并开辟了印度经西藏直通四川和云南完全依靠骡马运输的陆路国际交通线。邦达养壁加强印度加尔各答和噶伦堡商业机构，以拉萨为转发中心，先后在玉树、昌都、芒康、甘孜、巴塘、义敦、理塘、康定、雅安、成都、重庆、昆明、丽江、中甸等地设立固定和流动商号及转运站。从印度购进大量商品，主要有棉纱、染料、药品（材）、毛料、布匹、食糖、五金电料器材、香烟及卷烟盘纸等，这些商品从噶伦堡直发康定和丽江后转成都和昆明等地。1941年，邦达养壁仅在拉萨的流动资金就达70.91万两藏银。1942年，邦达养壁任卓木机巧（亚东总管）之职，同时兼任亚东宗本（县长）和商务专员，参股在康定成立的康藏贸易股份有限公司。同年7月，在理塘设邦达昌临时总号，动员西藏的大、中、小商人不惜一切代价支援西南大后方。在邦达兄弟的鼓动下，商人们纷纷前往拉萨或噶伦堡办货，分别送至康定和丽江等地，回程又办茶叶各商品回拉萨，在西藏掀起了大办商贸积极支援持久抗战的热潮。抗日战争以前，康藏商路沿途盗匪较为猖獗，经邦达兄弟以商抗日的大义所昭，盗匪收敛许多，使往来的商旅较为畅通。

"1943年，邦达养壁派仲麦·格桑扎西（改革开放后曾任昌都地区政协副主席——引者注）参加了重庆金融市场组织，每天了解美元、黄金和公债的行情变化，伺机买进外汇，汇往印度购买内地战时急需商品。1943年~1946年，汇往印度邦达昌总号达1000多万卢比；在重庆、成都、昆明和丽江购进黄金1万两；银圆30多万元；银锭圆宝3.3万多两。邦达养壁自备骡马2000余头，运距很长，途中常遇盗匪侵扰，前后运输抗战商品物资达1.5亿美元。邦达养壁在拉萨市内拥有6辆卡车，当时拉萨市外没有公路，就用这些汽车在市内倒运商品。在噶伦堡，邦达养壁与热振和萨多共同拥有一座500名职工的羊毛加工厂，出口羊毛在这里分等级和重新打包。西藏和平解放前的20余年中，邦达昌每年从四川雅安、云南等地购进砖茶约3.6万条包（每条包约16斤），合大洋23.04万元；金尖茶5.1万条包（每条包4甑），合大洋34万元；紧茶0.9万大包（每包126个），合大洋 26.03 万元。每年由印度噶伦堡经西藏亚东的商品 6000 余驮，价值藏银 825 万两。每年从昌都和藏北等地收购羊毛 14 万多公斤，每公斤购价 0.16 元大洋，全部经亚东出口，约获毛利 56.56 万银圆。出口到印度等国的商品主要有硼砂、牦牛尾、猪鬃、皮张、麝香、熊胆、豹骨、虫草、贝母、胡黄连和其他药材。邦达昌经营方式很有自己的特色，将收购或采购的商品运至昌都、拉萨和日喀则等地以后，邀请大中小商人看货选购。为了融洽气氛，同时备有丰盛的饭菜、烟酒款待客商，信誉较好。常采用流动购销，以掌握农牧区产品货源和促进日用工业品的销售。邦达昌的骡帮常满载各种商品深入农牧区，一面出售日用工业品，一面收购农畜土特产品。也采用赊销的方式，在春夏之季，先将日用百货等商品赊销给城镇居民或农牧民，待秋季农牧副土特产品收获后，再上门收购，以抵偿货款。1950 年因其弟邦达多吉任昌都解放委员会副主任职务，邦达养壁被西藏地方政府以亲汉嫌疑撤销了官职。1952 年由亚东回拉萨，经多方面的活动，年底被西藏地方政府任命为驻印度噶伦堡商务总办兼亚东商务总管。他曾以达赖的名义向印度购买汽油供应给解放军进藏部队。1953 年任西藏工商代表团团长，出席全国工商联合会会议，并在祖国各地参观。1954 年夏先后辞去亚东及噶伦堡两地职务，同年冬由自治区筹委会任命为驻噶伦堡商务代理。同年，捐献 2000 秤藏银用于收容乞丐和社会救济。1955 年返回拉萨。同年，他拟将过去 200 多户商人共有的经营羊毛赚得的利润 30 多万卢比全部购买物资，捐给拉萨小学和人民医院等单位，并将此意见呈请西藏地方政府。之后，他得悉功德林扎萨、朗色孜本及达札扎萨等三人向地方政府提出要捐款给伪人民代表所组织的'献金会'作为活动基金，甚为不满，当即向地方政府提出不捐给'献金会'的意见，使该笔资金没有落入伪人民会议手中。1956 年 4 月 ~ 1957 年 8 月，邦达养壁任西藏筹委会工商处处长。1958 年 2 月初因身体不好和去萨伽寺修缮大经堂、庄园收入之事，向自治区筹委会请了一年的假，1959 年 2 月假满即将回拉萨时，得到拉萨大乱的消息，于 1959 年 3 月 18 日奔印度躲避。在印度听说西藏平息了叛乱和进行了民主改革，对未叛领主以及上层的财产原封不动的情况，多方设法，借到瑞士治病为由，从印度加尔各答，经瑞士、伦敦到香港，在周恩来总理的关怀下，于 1964 年 8 月 4 日偕妻子白玛卓嘎、儿子次登多吉及随行人员扎西顿珠回到北京。1965 年任西藏政协副主席。'文化大革命'运动中受到冲击。1968 年因病

医治无效逝世，享年 70 岁。邦达养壁一生热爱祖国，注重民族团结，锐意经商，兴办实业，是西藏当代杰出的民族商人。"①

以上记述较为全面，且大部属实，但也存在一些问题，比如对 1933 到 1934 年十三世达赖喇嘛圆寂后邦达昌危机的记述。

邦达养壁之弟邦达饶噶（笔者曾将之音译为"邦达饶干"）生于 1902 年，曾到印度学习，他的藏文非常好，兼通英语。据述，邦达饶噶"是个有理想、有抱负的人，他对当时西藏的腐朽现实极为不满，痛切感到西藏的社会现实非改变不可。他还是孙中山三民主义的信仰者，曾将孙中山的一些重要著作翻译成了藏文，试图寻求对西藏进行变革的途径，并在西藏努力推行，发动在西藏的政治思想变革活动。他曾经参与了他的弟弟邦达多吉于 1934 年发动的那场反抗噶厦政府的没有成功的反叛，后来他也逃到了四川康区，1935 年辗转至印度，再到达重庆，进入民国政府，任蒙藏委员会委员。1939 年，他与十三世达赖喇嘛的近侍土登贡培、狂僧更敦群培、大贵族江乐金·索朗杰波和西康富商桑多昌家族成员罗凝扎等在印度噶伦堡创立"西藏革命党"。20 世纪 40 年代中期，他们秘密进入西藏活动，实际上得到国民政府驻藏办事处处长沈宗濂等人的支持。1946 年，"西藏革命党"被英印及西藏政府追查，从而失败。② 邦达饶噶随即作为中华民国"蒙藏委员会委员"离开印度到上海，后来作为"西藏商务代表团"成员前往印度等地活动，并成为民国政府国大代表。③ 1949 年，邦达饶噶由西康康定返回芒康，之后为和平解放西藏出过力。1951 年 10 月，担任昌都地区宁静宗（芒康县）人民解放委员会主任。1954 年前往印度，1966 年前后在印度去世。

邦达昌三兄弟中最有名的是生于 1906 年的邦达多吉。"多吉"，在藏语中是"霹雳""金刚"的意思。他在西藏近代史上做了几件惊天动地的事情。笔者在邦达多吉的儿子邦达旺青在昌都的家里见到过邦达多吉的照片，是一个典型的康巴汉子。晚年的他显得温文尔雅，在众多儿女们的簇拥下，全然是一个慈祥的父亲，但也有几分无奈和疲惫（见图 5-13）。

① 龙齐亚：《西藏著名历史商务人物邦达养壁传略》，西藏商务之窗，http://tibet.mofcom.gov.cn，访问日期：2006 年 7 月 24 日。

② 〔美〕梅·戈尔斯坦：《喇嘛王国的覆灭》，杜永彬译，时事出版社，1994，第 462~477 页。

③ 参见索穷整理《邦达·饶噶与"西藏革命党"》，《西藏档案》2011 年第 2 期。

图 5 – 13　邦达多吉与家人合影

　　1932 年冬，噶厦政府为了缓和康巴人对西藏贵族封建世袭专制的不满，也为了应付康藏军事冲突造成的复杂局面，破格委派年仅 26 岁的邦达多吉为芒康、察雅两宗之基巧（总管），同时任如本［相当于营长，但有代本（团长）的职权］，可在两宗征兵千人，装备和薪饷由昌都噶厦拨发，驻守于藏东芒康一带，责令其确保昌南地区不受西康和云南方面的军事干扰。一年后，十三世达赖喇嘛突然圆寂，胸怀雄心大志并早已对西藏现实有颇多看法、素有改变不平等的贵族封建世袭专制决心的邦达多吉对西藏噶厦政府处置土登贡培事件的方式大为不满，且风闻噶厦政府还要对邦达昌在拉萨主持家族商号事务的兄长邦达养壁加以逮捕并查抄邦达昌，就在 1934 年初起兵反叛西藏地方政府，率领手下 400 名彪悍的芒康、察雅士兵，袭击了驻守芒康的藏军代本（团长），缴获其所有枪炮弹药，将那一带控制在手中。据美国藏学家戈尔斯坦调查访问，邦达多吉和邦达饶噶兄弟及其支持者还以口传及散发传单的方式，发表他们对时局的看法，认为土登贡培"受到了卫藏政府不公正的对待"，"我们不能对这样一个政府抱任何希望，我们请求并呼吁全体康巴人团结起来，共同来控制和管理自己的家园。"① 噶厦政府获悉邦达多吉反叛后，派四个代本（团）的重兵，并抽调拉萨三大寺的 100 多名僧兵，以分化寺庙的反抗势力，向藏东的反叛者发动了攻击。失去同情者支持的邦达多吉自知不敌，撤退到金沙江以东

---

　　① 〔美〕梅·戈尔斯坦：《喇嘛王国的覆灭》，杜永彬译，时事出版社，1994，第 182 页。

的巴塘，投靠四川军阀刘文辉部的 24 军。从此邦达多吉基本就留在藏东川西地区，一边在川军控制的金沙江东部地区开荒屯田，一边继续家族的商务事业，大做起茶马古道上的生意，用以维持军队的日常开支，并借助抗日战争时期的形势，为邦达昌赢取了厚利。

图 5 - 14　邦达多吉（孙明经摄于 1939 年）

与此同时，噶厦政府下令逮捕邦达多吉的哥哥邦达养壁，查封邦达昌在拉萨八廓街的房产，并致函英国驻锡金政治专员，要求冻结邦达昌在印度的资产。根据曾任邦达多吉秘书和邦达昌管家的仲麦·格桑扎西的说法，西藏"贵族保守派对待康人之准则是迫使他们卑躬屈膝，唯命是从，认为康巴人所处的地理环境诸因素，接近于汉族，耳濡目染受到汉族思想熏陶，不可信用"。① 但后来西藏地方政府并没有惩罚邦达昌，其原因和过程，戈尔斯坦在《喇嘛王国的覆灭》中进行了详细和生动的记述。② 主要原因不外乎邦达昌重金疏通了当时掌权的赤门噶伦，而噶厦政府担心丧失由邦达昌掌握的政府资产。那肯定不是个小数目。

邦达多吉在反叛失利后，长期滞留在西康地区，还担任过国民革命军 24 军军长，后为西康省主席刘文辉委任的骑兵大队长和西康省第三区保安司令部副司令。这段时期，由于身处多方势力的冲突地带，邦达多吉悉心周旋，仔细应酬，思想和行动渐渐成熟起来。1934 年，他曾到南京活动，寻求国民政府的支持。他是经传统的茶马古道，以马帮先经云南丽江辗转康定，最后到达南京的，其间还乘船经海路前往印度的加尔各答，与在那躲避风头的邦达养壁会面。兄弟俩商量了下一步行动计划之后，邦达多吉

① 仲麦·格桑扎西:《爱国人士嘎然喇嘛和邦达多吉与原西藏地方政府的摩擦始末》，西藏自治区政协文史资料研究委员会编《西藏文史资料选辑》第 18 辑，民族出版社，1999。

② 参见〔美〕梅·戈尔斯坦《喇嘛王国的覆灭》，杜永彬译，时事出版社，1994，第 180 ~ 188 页。

又返回南京。1935 年，邦达多吉随国民政府委任的"西康宣慰使"诺那活佛回到康区，任军事部长，与诺那活佛共同宣传"康人治康""康区自治"的主张。1936 年 6 月，长征中的中国工农红军贺龙、萧克、关向应部经过康区时，邦达多吉不明就里，曾率部在巴塘至白玉的道路上袭扰红军，结果被能征善战的红军击溃。经过红军的教育和争取，邦达多吉进入甘孜中华苏维埃博巴政府，任财政部长。红军北上后，邦达多吉致力于家族商号的商业发展，组织起庞大的、拥有 1200 匹骡马的商队，频繁往来于康定、理塘、迪庆、丽江、拉萨之间的茶马古道，并于 1940 年在康定设立邦达昌分号，1941 年在康定加入原籍云南丽江的巴塘藏族、蒙藏委员会委员和藏事处处长、现代康区著名政治活动家格桑泽仁及其弟弟格桑悦西创设的"康藏贸易公司"，大力开展由印度经西藏到川滇之间的贸易，同时也不忘其政治理想，联合西康有实力的大头人夏克刀登（见图 5 - 15），发起组织"东藏自治同盟"，呼吁康区各土司、头人团结一致，共谋"康人治康"。1946 年，由中荣公司荥经茶厂经理徐世度介绍，入股中国茶叶公司，扩大了邦达昌的业务范围。1948 年，邦达多吉作为西康省义敦县国大代表出席了中华民国国大会议。同为国大代表的格桑泽仁因肺病于 1946 年逝世。

图 5 - 15　康区著名头人夏克刀登（后立左二）赴内地参观

1949 年，邦达多吉与格桑悦西等人在康定组织"康藏自治促进会"，尽力笼络康区土司、头人，以保障康区的安全稳定。不久康定解放，邦达多吉被委任为西南军政委员会委员及康定军管会副主任，受邀到北京参加中华人民共和国开国大典，受到毛主席接见。北京之行决定了邦达多吉的后半生。在北京和后来参观访问的重庆、汉口、南京、上海等地，邦达多吉看到了新中国的强大和勃勃信心，他以商人兼政治家的眼光和头脑，敏锐地捕捉到了时代潮流。回到芒康后，他着手处理家里的土地和财产，在老家建了一座相当宏阔的卓玛拉康，一楼是经堂，可举行宗教活动，二楼以上则是全家生活起居处（见图5－16）。他知道共产党要打倒剥削阶级，但会对宗教实行保护政策。他建的卓玛拉康属于宗教场所，可作为邦达昌家族的最后退居之处。邦达多吉之后随解放军进入昌都地区，任昌都地区人民解放委员会副主任。几年后，康区响起了武装叛乱的枪声，在昌都的邦达多吉通过军用电话，向邦达昌的管家格桑扎西下了死命令：不得参与叛乱，所有武器全部送交芒康，连一个弹壳都不许留下。邦达昌用了30匹骡马驮运枪支弹药，运往县城，还卖给政府6000藏克粮食。邦达家族及其所辖地区的确无人参加叛乱。当时，他还积极宣传新中国的民族政策，对参加叛乱的人员进行耐心细致的规劝工作。后来，邦达多吉到拉萨担任西藏政协副主席，正赶上"文化大革命"，惨遭批斗，1974年死于脑溢血，1979年得到平反昭雪。①

　　尽管邦达昌的历史与近现代西藏的政治史密不可分，但笔者在此想更多述及的是邦达昌与各地各民族商号的商业贸易事实。遗憾的是，邦达昌家族的当事人大多在动乱年代去世，没能留下亲身记述。虽然邦达昌利用茶马古道，在第一代邦达·尼江时候，就把生意做到了印度，使其商号具有一定的规模，并在20世纪20年代成为西藏屈指可数的商家，但其资本的大量增殖和大规模经营，还是在邦达昌三兄弟手上，尤其是在抗日战争期间。不过，由于邦达昌所有的文件资料，包括会计账簿、来往信函、电报等，在"文化大革命"中全部被红卫兵付之一炬，我们现在已难以准确、完整而详尽地重现邦达昌半个多世纪的商业辉煌。只有邦达昌生意的亲历者，邦达多吉的秘书，后来担任昌都地区政协副秘书长的仲麦·格桑扎西写于1988年的回忆文章《康藏商业界对抗日救亡支援亲历记》，较为

---

① 参见马丽华《藏东红山脉》，中国社会科学出版社，2002，第177～185页；土呷《西藏昌都历史文化研究文集》，中国藏学出版社，2010，第407～409页。

图 5 - 16　邦达多吉主持修建的卓玛拉康，后来
成为芒康县邦达乡政府办公场所

翔实而全面地记述了邦达昌在抗日战争期间的经营状况，由此也可见邦达昌与各民族商号的互动往来情况之一斑。

　　邦达昌在印度的商号就在云南恒盛公张家的住宅附近，张乃骞先生的父亲张相诚跟他们有很好的关系。据张乃骞先生回忆："在藏商里，邦达昌的马帮最多，他们往来于云南、四川、西藏和印度之间。他们的马帮到云南下关驮圆茶、红糖，到西康康定驮砖茶，到西藏各地收购驮运羊毛到印度，到印度后驮鼻烟、丝绒进藏……除羊毛之外，邦达昌还经营范围广泛的其他商品，如经西藏亚东出口食盐、硼砂、牛毛及猪鬃、皮张、麝香、熊胆、豹骨、虫草、贝母、胡黄连和其他药材等。而藏人爱喝茶，对茶有着极大的依赖，饮茶在藏族人生活中占有非常重要的地位。邦达昌的老家芒康邦达乡就是滇藏茶马古道的必经之地，藏区的珍贵药材和土畜产品也要经由芒康运到四川和云南。所以当时邦达昌往云南、四川方面经营的主要商品之一便是茶叶，他们经营的茶叶品牌异常丰富，主要有仁增多吉、扎门拉、森格湟玛、落布门巴、梅朵白玛珠、扎西达吉等。"①

　　据记载，20 世纪 40 年代，"邦达昌常从四川的雅安、康定和云南的丽江采购茶叶进藏，平均每年砖茶约 3.6 万包，合大洋 23.04 万元；尖茶

----

　　① 据笔者 1999 年对云南恒盛公张乃骞先生的访谈录音和笔记。

5.1万包，合大洋34万元；紧茶0.9万大包，合大洋26.08万元。另外，每年还从云南购进糖、木器、铜锅、壶、盆、盘、桶、瓢、水缸、锁、瓦、马料锅、火腿、腊肉等45驮，约合大洋9万元。每年由印度噶伦堡经亚东购进布匹、毛织品、香烟、红白糖、糖果、日用百货、五金交电等货物6000余驮，价值藏银825万两。当时邦达昌已不经打箭炉而经加尔各答采购中国丝织品在西藏发售。"① 甚至西藏地方政府自外购置的至关重要的大批军火也均由邦达昌经办。

　　抗日战争爆发后，日寇对我抗战后方实行战略封锁，不仅切断了海路运输线，而且一度切断滇缅公路，致使大西南商品、物资非常匮乏。由中国政府与盟军一起开辟的驼峰航空运输线，只能以有限的运力尽量运送军用物资。这远远难以满足抗战大后方的各种物资需求。英国政府为援助中国抗战，一度主动建议取道印度运送援华物资。国民政府交通部部长张嘉璈亲自出马，确定增辟国家运输线的必要性，并在英国政府、西藏地方政府之间进行协调，在难以得到西藏地方政府配合的情况下，力求采取商业运输的方式，筹组商业运输团体承办，路线就走锡金经拉萨、昌都、甘孜、康定到四川，运输物品包括油类、药品、棉织品和通信器材等。据《西藏古近代交通史》记载，1941～1943年，国民政府交通部部长张嘉璈派驻藏办事处处长沈宗濂与西藏地方政府沟通，希望从中印口岸借茶马古道运送援华物资。经过商议，决定以承运国家物资为主，组建康藏驮运股份有限公司，在康定设董事会，在噶伦堡设分公司。这样，一方面进一步扩大了康藏贸易，另一方面也积极支援了抗战。在各种爱国力量的赞助下，1942年初，在康定正式成立了康藏贸易股份有限公司，主要股东有格桑泽仁、格桑悦西两兄弟和甘孜的甲本昌、邓珠朗杰两兄弟，以及刘文辉、邦达多吉、桑多昌等人。格桑泽仁、格桑悦西两兄弟为该公司董事长和总经理，分别在拉萨、昌都、甘孜、成都、重庆及印度加尔各答、噶伦堡等地设立分支机构，所进物资均系后方急需。公司以承运国家物资为主，并重新选择运输路线，从印度噶伦堡经亚东、帕里、江孜、拉萨、黑河（那曲）、类乌齐、玉树至康定、雅安入成都。后来，由于人为与自然

_____

　　① 中国社会科学院民族研究所、中国藏学研究中心社会经济所、中国藏学出版社编著《西藏的商业与手工业调查研究》，中国藏学出版社，2000，第130页。

因素，指定成立的大公司无法承担运输任务，只好交给邦达昌商号代为经营。① 于是，邦达昌借用其传统的经营线路和各项宝贵资源，动用其多达2000 多匹的驮畜，频繁往返于印度经西藏直通川、滇，完全依靠骡马运输的陆路国际交通线。同时，邦达昌加强了在印度加尔各答和噶伦堡的商业机构，以拉萨为中心，先后在玉树、昌都、芒康、巴塘、理塘、康定、雅安、成都、重庆、昆明、丽江、中甸等地设立固定和流动商号及转运站。从印度购进大批物资，如棉纱、染料、药材、皮革、毛料、布匹、香烟、盘纸以及麝香、虫草、贝母、克什米尔红花和鹿茸等日用品和名贵中草药，再从噶伦堡直发康定和丽江，而后转运至成都、昆明等地。1942 年冬，邦达昌派仲麦·格桑扎西带上西药、皮革、毛料、布匹、棉纱到成都销售。这些商品在当时都极为稀缺，不到两个月全部脱销，随后又有大批商品运到成都销售，对援助抗战、繁荣战时后方经济起到了一定的作用。②

邦达昌自备骡马 2000 余匹作为运输工具，行程有数千里之遥，途中要翻越米拉山、怒贡拉山、夏贡拉山、瓦合山、业拉山、东达山、红拉山、二郎山等许多大山，跋涉拉萨河、尼洋曲、阿扎错、怒江、澜沧江、金沙江、大渡河等江河，经历千辛万苦，沿途还常遭遇匪盗侵扰。但邦达昌为抗战，也为自身的生意，克服种种艰难险阻，在整个抗日战争中前后运送的支援抗战的物资价值达 1.5 亿美元，可谓功不可没。1942 年，邦达多吉在康定设立了邦达昌临时总号。他利用各种场合宣讲抗日救亡的重大意义，动员藏族大中小寺商和俗商不惜一切代价支援祖国抗战。在邦达家族的鼓励下，商人们纷纷前往拉萨或印度噶伦堡办货，分别送至康定和丽江等地，回程又办茶叶或其他商品送往拉萨，在康定掀起了大办商贸、积极支援持久抗战的热潮。③

仲麦·格桑扎西回忆："1939 年，国民党中央第 31 集团军宋希濂部驻防大理，视察康区情况时，称日寇节节推进，我国大片土地已沦陷，抗战

① 参见西藏自治区交通厅、西藏社会科学院编《西藏古近代交通史》，人民交通出版社，2001，第 212～213 页。
② 仲麦·格桑扎西：《康藏商业界支援抗战亲历记》，中国人民政治协商会议西南地区文史资料协作会议编《抗战时期内迁西南的工商企业》，云南人民出版社，1988。
③ 冯天爵：《四川的战时交通》，中国人民政治协商会议西南地区文史资料协作会议编《抗战时期西南的交通》，云南人民出版社，1992。

是中华民族生死存亡的反侵略战争，地无分南北，皆有守土之责，康藏地势险要，应为共谋抗战积极合作，争取抗战早日胜利，并派人与邦氏联系。邦氏积极表示，国难当头，匹夫有责，一旦日寇魔爪深入康藏区，愿赴疆场做殊死斗争。（此话是本人在场翻译的）"①

20世纪40年代，邦达昌每年从雅安、康定、丽江等地采购砖茶3.5万包、尖茶5.1万包，从藏北收购羊毛14万公斤；经亚东出口羊毛、食盐、硼砂、牦牛尾及西藏的土特产品，进口布匹、毛织品、药品、皮革、香烟及日用百货等。这一时期，邦达昌在拉萨、昌都、玉树、甘孜、成都、重庆、丽江、昆明、南京、上海、香港等地都建立了物资转运站，将棉纱、燃料、药品、布匹等大量战时物资从印度噶伦堡通过茶马古道直发康定和丽江，再转销至成都、重庆、昆明等地，先后运销物资的总额达1.5亿美元。

在仲麦·格桑扎西的记忆中，抗战期间，雅安至康定交通不便，运送茶叶全靠人力背负，数量有限，供不应求，但是每日都有大量来自康藏的小商小贩接踵而至。他们人马吃住在康定城内，等待背茶人的到来，开销很大，心急

图 5-17　邦达昌的年轻马锅头

如焚。大家都来找邦达多吉诉苦，请求他出面解决难题。邦达多吉于心不忍，一面召集各家茶号协商紧急救市，一面将邦达昌的库存茶叶平价批发给小商小贩，让他们早日离开康定。为了帮助各家茶号解决茶叶运量不足的难题，邦达多吉决定赞助资金，直接帮助茶号从雅安运茶，运费各自承担一半。这一善举非常有效，很快就帮助本地批发商解决了供货不足的难

---

① 仲麦·格桑扎西：《爱国人士嘎然喇嘛和邦达多吉与原西藏地方政府的摩擦始末》，西藏自治区政协文史资料研究委员会编《西藏文史资料选辑》第18辑，民族出版社，1999。

题，获得了批发商和康藏商贩的交口称赞。邦达昌赞助各民族批发商解决茶叶运送难题的事实，印证了邦达昌所坚持的诚实经营、广结善缘，国难当头不做囤积居奇的奸商的经营原则。

仲麦·格桑扎西还提到，有一段时间，康藏市场茶叶等商品供应饱和，邦达昌各地分号纷纷提议降价促销，通过薄利多销甚至先亏后盈的经营手段挤垮竞争者。邦达养壁反对这项提议，认为不义之财不能取。况且西藏的商业处于成长阶段，一旦受到打击，很难恢复元气。邦达昌应该依靠自己的经济力量和正确的经营方针，通过跨省横向发展和进口优质商品，确立自己在市场中的优势地位。邦达昌有的是外汇，进口货物一点也不发愁，经营条件比其他商号优越得多，没有必要开展不正当竞争。行业竞争中出现的问题，应该通过内部协商来解决，在互惠互利的原则下，创造资金周转和商品流通的渠道。

1942年冬天，仲麦·格桑扎西将邦达昌从印度首批发来的西药、皮革、毛料、布匹、棉纱运往成都试探行情，发现这些进口货物非常畅销，不到一个月就全部脱手了。从1942年到1946年，仲麦·格桑扎西大部分时间都在重庆，专门负责从印度经由西藏运往大西南的西药、皮革、毛料、布匹、棉纱等进口货物的销售业务。据他回忆，在将近5年的时间里，由重庆汇往印度邦达昌总号的外汇大约有一千万卢比。[①]

邦达昌早期主要从事羊毛、茶叶、食盐、粮油、副食品、畜产品、中药材、西药、日用工业品的批发经营，获得了巨额利润，便将大量闲散资金兑换成外币，存于印度、美国、瑞士等地的银行。同时，他们也在对外贸易中获得了大量外汇。抗日战争期间，邦达昌开始进入外汇市场，开展外汇交易业务。

邦达昌还是康藏地区最早进入外汇市场进行外汇交易的商号。1943年，邦达昌派仲麦·格桑扎西参加了重庆金融的市场组织，尝试外汇买卖业务，每天了解外币特别是美金、黄金、公债的行情变化，伺机买进外汇，汇往印度购买战时内地急需的商品。1942～1946年，仲麦·格桑扎西由重庆汇往印度邦达昌总号的资金达1000万卢比，在重庆、成都、昆明、

---

① 参见仲麦·格桑扎西《康藏商业界对抗日救亡支援亲历记》，中国人民政治协商会议西南地区文史资料协作会议编《抗战时期内迁西南的工商企业》，云南人民出版社，1988。

丽江购进黄金约 1 万两，银圆 30 余万元，银锭元宝 33000 多两、钻石 50 克，运回西藏茶叶 2000 余驮。康定的大商人桑多昌以及大金寺的管理人员得知邦达昌手里有外汇，便派人到重庆，委托仲麦·格桑扎西购买外汇。仲麦·格桑扎西十分为难，只能把自己的外汇分一点给他们。当时通货膨胀，物价飞涨，法币的购买力一落千丈，黄金、银锭、钻石、玉璧等硬通货吃香，外汇更值钱，人们纷纷将法币套现为硬通货，以防不测。仲麦·格桑扎西雪中送炭的举动，令康定的朋友们非常感激。为了获取更多外汇，邦达昌还做起了钻石生意。他们发现，重庆的钻石价格比印度的钻石价格低，邦达昌就从重庆购买钻石带到印度，向英美大使馆和华侨高价兜售，获取外汇。又购买四明银行预售的黄金券，由英商怡和洋行以一半外汇一半法币的方式订货，定期交货。①

邦达多吉的女儿邦达·贡觉旺姆认为："邦达昌经商没有秘诀，老实勤劳，头脑灵活，敢于冒险，不畏艰难困苦，这些都是商人必须具备的条件。如果非要说邦达昌有秘诀，我看有 5 条：一是广交朋友，二是讲究诚信，三是善于发现和使用人才，四是不谋取暴利，五是回报社会。父亲经常对我们说，邦达昌为什么能把生意做大，关键是讲信用。讲信用还表现在约会遵守时间上。你跟人家约好了要见面，就一定要信守承诺等候人家。还有，康巴人傲气，但怕软不怕硬，人家对康巴人好，康巴人就会加倍地对人家好。邦达昌的人就是这样。"②

20 世纪 50 年代初，解放军向西藏进军时，邦达昌和邦达多吉也发挥了一定作用，为各民族的互动往来，再次书写了浓墨重彩的一笔。

邦达多吉 1950 年担任中国人民解放军康定军事管制委员会副主任，1951 年担任中华人民共和国昌都地区人民解放委员会副主任，他的主要工作就是保障进藏部队的后勤供给。邦达多吉的具体任务是：积极组织群众砍柴割草，帮助解放军购买粮食，提供牛马骡运输军用物资，保证军队的物资供应和运输需求；遇到牦牛大量死亡、运力出现大量缺口等困难情况时，召开运输支援会议，发动土司、头人组织僧俗群众克服困难，坚持以

① 仲麦·格桑扎西：《康藏商业界支援抗战亲历记》，中国人民政治协商会议西南地区文史资料协作会议编《抗战时期内迁西南的工商企业》，云南人民出版社，1988。

② 俄东瓦拉：《邦达家族风云录》，昌都地区文史资料编纂委员会编著《西藏昌都地区文史资料》第 2 辑，西藏人民出版社，2011。

人力、畜力积极支援人民解放军进军西藏，并奔赴各地督促检查，落实运输计划，完成运输任务。

1951 年，邦达多吉代表人民政府很好地解决了芒康境内天主教教民与佛教徒之间长期存在的纠纷。盐井乡现属芒康县，原有县级建制，那里有西藏唯一的纳西族民族乡，还有西藏境内唯一的天主教堂。盐井还是滇藏茶马古道进入西藏的第一站，邦达家族最早就是在此起家的。这里的澜沧江两岸有丰富的卤水，这里的人们世代以取盐井卤水晒盐为生。史诗《格萨尔王传》之《姜岭大战》曾讲述了格萨尔王与纳西族"姜"为争夺盐井、盐田而进行的战争。邦达多吉和妻子信仰佛教，但他们尊重不同民族的不同信仰。他不仅尽力促成了佛教徒与天主教徒之间的和解，还通过组织邦达朋友会，或亲自参加其他行业团体和联谊组织，广交朋友，加深彼此的了解和情谊。由此可见，邦达多吉兼具商人和政治家的风范，为各民族间的交流沟通、理解融合，做出了难能可贵的贡献（见图 5 - 18）。

图 5 - 18　邦达家人与云南商人后代的联姻合影

1959 年西藏进行民主改革时，邦达昌已基本停止了商业活动。

诚如作家马丽华所言："邦达昌的家史，就是一部西藏现代史。"在西藏近现代史上，邦达昌与十三世达赖喇嘛、摄政热振呼图克图，以及十三世达赖喇嘛贴身随从土登贡培、噶厦政府高官桑顿、色拉寺举麦扎仓堪布、活佛、噶伦赤门等僧俗上层关系密切，邦达饶嘎等人还是三民主义的忠实支持者和国民政府的蒙藏委员会委员。1939 年秋至 1940 年夏，民国政府代表、蒙藏委员会委员长吴忠信率团经由印度进入西藏，携带 300 多驮包括川茶、杭绸、库缎、湘绣、福建瓷器漆器、景泰蓝等在内的内地礼物，参加十四世达赖喇嘛坐床典礼，至噶伦堡时，受到当地汉藏侨胞"甚盛"欢迎，并由藏族接待，他们的下榻处，就是邦达昌商号。①

在邦达昌整个运作期间，他们与在藏区经商的各民族商号更是往来密切，交易互动不断。1945 年抗战胜利时，在拉萨经商的北京等地汉族商人就在八廓街邦达昌的大院里表演了两天的节目，包括京剧、滇剧、小魔术等，以示庆祝。② 邦达昌在藏区及相关地区广泛的活动及联系，使它在藏区、内地和英印等地的商业发展迅猛，在前后数十年的经营中生意越做越大，成为藏区首屈一指的大商家。但随着时代的剧烈变革，邦达昌三兄弟散居各地，邦达昌事实上裂成碎片，最后成为一部落满尘埃的历史。

正如曾跟随邦达昌叱咤风云，历经兴盛辉煌、磨难和起伏，甚至在后来入狱 20 年的仲麦·格桑扎西对前去采访他的马丽华所说："没有兴衰就没有历史。"③ 这是一个智慧老人一生沧桑的感悟，也是邦达昌近百年历史的总结。

早在康熙年间，青海和硕特部颁发给到汉、纳西地方经商人员公文一件："王部（案：指和硕特部）所属区域内僧俗强弱人等，蒙藏和硕牧民到汉、纳西等地经商之强弱人等，各驻宗（案：指城镇）官员、持文公差人员等，一体知照：

"凡属（正当）经营牲畜、珠宝、绸布、氆氇毛织等所有商业行为，俱有益于地方福利。唯在交易过程中，应一律公平交易，不准有任何仗势撞骗行为。蒙藏僧俗宗馆等，不论任何人，不准以强权经商，以权势谋利，巧取豪夺，禁止各种违法活动。特发此照。

---

① 吴忠信：《西藏纪要》，西藏社会科学院西藏学汉文文献编辑室编《使藏纪程、西藏纪要、拉萨见闻记》，全国图书馆文献微缩复制中心，1991。

② 韩修君：《北京商人在拉萨经商略记》，西藏自治区政协文史资料研究委员会编《西藏文史资料选辑》第 3 辑，1984。

③ 马丽华：《藏东红山脉》，中国社会科学出版社，2002，第 185 页。

"水鸡年（公元 1693 年，康熙三十二年）八月二十五日于青海（盖蒙文红色图章一）"。①

由此可见，早在清初，藏区各民族的商业往来已很普遍，并得到了西藏地方政府的保护和支持。

20 世纪初，不仅各民族商人商号间有着密切的来往，而且西藏地方政府已正式授权佛教寺院经济、商业、贸易等方面的种种特权。② 其实，在西藏长期的政教合一历史中，这些特权早已为各地有势力的寺院所自行掌握并自行实施，藏政府此举只是走个过场而已。

热振昌的历史就很有代表性。

摄政热振活佛手下人开设的"热振昌"，在热振活佛任西藏摄政的短短数年间，一跃成为西藏实力雄厚的三大商家之一。该商号跟十三世达赖喇嘛的亲信随从土登贡培关系非同一般。热振摄政在西藏掌权多年，时间大约在 1936 年赤门噶伦隐退到 1941 年初热振因各种原因辞职让位期间。热振让位的原因之一，就是在他执政期间，他的热振喇章的商号迅速扩展为西藏最大的三家商号之一。很明显，如果不用巧取豪夺、欺行霸市的手段，不以权谋私，不垄断经营，热振昌完全不可能那么快发达起来。遗憾的是，我们现今已很难找到与热振昌当年的经营状况有关的资料。但它在生意方面的声誉实在不佳，连云南商号中与之有密切生意往来的恒盛公的张乃骞先生，都将其商业经营斥为"乱来"。后来热振活佛在激烈的争权夺利的倾轧中，因被指控策划并指使谋杀他所举荐的达扎摄政未遂而被捕入狱，被毒死于狱中，热振昌也就随之垮了。③ 在美国著名藏学家戈尔斯坦眼中，热振活佛及热振喇章的行为，也是导致西藏喇嘛王国覆灭的原因之一："热振则放纵自己，耽迷于自己的喇章之中，并且经常以暧昧的手段获取资财，从而使热振喇章发展成为西藏三大羊毛商之一。"④

拉萨当时就是这样充满了各种阴谋和争斗，这只不过意味着西藏的喇

① 西洛嘉措、瑟格·苏郎甲初辑录译注《中甸县藏文历史档案资料辑录译注》，中甸县志编纂委员会办公室编《中甸县志资料汇编》（5），1991。
② 诺布旺丹：《西藏商业档案资料》，中国社会科学院民族研究所、中国藏学研究中心社会经济所、中国藏学出版社著《西藏的商业与手工业调查研究》，中国藏学出版社，2000。
③ 参见廉湘民《劫难：1947 年春热振事件》，中国藏学出版社，2004。
④ 〔美〕梅·戈尔斯坦：《喇嘛王国的覆灭》，杜永彬译，时事出版社，1994，第 849 页。

嘛王国已经走到了尽头。

但一般的商人们可管不了那么多，他们照样做他们的生意。他们有商人之神罗布桑波的保佑，才管不了那么多呢。

曾在拉萨帮丽江仁和昌做生意的丽江商人黄俊杰认为："巴塘人太滑，做不成生意。理塘一带的康巴人生意做得却非常红火。据说拉萨的财政紧不紧，就看他们中的两家人，一家是甘孜人开设的'桑多昌'。掌握这家商号的家族被称为'周康巴'，他家曾经捐资修建了甘孜著名的大金寺——大金贡巴，千百年来就做西康打箭炉（今康定）到拉萨的生意，后来他家的人当了后藏的税官，那一带的羊毛都归他家经营，一年有两、三万吨羊毛运到英国的毛料公司，西藏吃的大米也是他家买进来卖的，云南帮要吃的米都要到他家买。"① 其实，大金寺就是桑多昌的大股东。藏区许多有实力、有势力的寺院，都曾是各商号的后背和出资者。因为藏区的资金基本都集中于寺院。

抗战期间，不仅那些占据有利地位并拥有大量资产的大小藏传佛教寺院大肆经商，而且拉萨及各地有实力和雄厚资金的一些贵族，也大做起生意来，即使缺乏资金的，也想方设法筹款，尽力挤进经商的行列。他们有的有自己的专业经理人，如管家之类，有的还拥有自己的马帮运输队。他们纷纷派出管家、亲友乃至仆役奔赴各地，做各种生意。在西藏近代史上有举足轻重作用的擦绒·达桑占堆就是其中的佼佼者（见图 5 - 19）。

生于 1935 年、被称为"西藏导游第一人"的雪康·顿珠卓玛在其回忆文章《我是察绒家族的女儿》中提到：十三世达赖喇嘛 1912 年从印度回到拉萨之后，虽然授权邦达昌独家承包经营羊毛和贵重药材，同时也大力提拔不顾生死全程护卫达赖喇嘛的出身于造箭差巴家庭的近侍达桑占堆，不但令其入赘擦绒家成为大贵族，还任命他为藏军总司令，接着又担任噶厦政府的噶伦，但后来因"龙夏事件"被排挤出西藏权力核心，但仍拥有"扎萨"头衔，负责一些重大的政府工程，并负责铸造藏币。按藏学前辈柳陞祺的看法，"扎萨"为"一种官阶，品级甚高，仅次于噶伦"②。于是，精明能干、权势炙手可热且很有经商天赋的擦绒·达桑占堆也大做

---

① 李旭：《遥远的地平线》，云南人民出版社，1999，第 420 页。

② 柳陞祺：《热振事件见闻记》，《中国藏学》1996 年第 4 期。

图 5 – 19　青年达桑占堆因保护十三世达赖喇嘛有功，被赐予
老擦绒家族的名号及财产，晋身贵族

图 5 – 20　中年后的擦绒历经西藏近代风云，横跨官场与
商场，成为西藏巨富

起生意，在印度销售西藏的羊毛和牛绒。雪康·顿珠卓玛说："阿爸的文
化水平不高，却有一副了不起的经济头脑。他从藏政府财务局借了一笔
款，派出佣人和助手，先到印度销售西藏的羊毛和牛绒，买回来大量黄
金、白银、丝绸和毛料，又在西宁、成都、康定、大理等地开设商号，组
织大批骡帮马队，出售西藏的土特产和印度运回来的洋货，再将换回来的
瓷器、茶叶、绸缎，在拉萨和日喀则销售。"①

————————————————

①　雪康·顿珠卓玛：《我是擦绒家族的女儿》，《西藏人文地理》2005 年第 1 期。

曾为擦绒秘书的甘典先生也撰文《我所了解的擦绒达桑占堆其人》，详细记述了达桑占堆的经营历史。擦绒虽然有亲西方倾向，但遇贸易有利，也断然不会拒绝与内地的生意。达桑占堆入赘擦绒家时，这一贵族世家正因为老少主人噶伦擦绒·旺秋杰布、噶准擦绒·桑珠次仁不幸惨死而处于入不敷出、债台高筑的困境。达桑占堆认为："靠借债度日，无异饮鸩止渴；若要发家致富，除经商外别无他途。"他凭借达赖喇嘛的亲信身份而向其内库举债，用百十条织有"十"字图形的黄色钱袋，装满了藏银"章噶"（币值一钱五分银子），派藏兵运回家中，用这笔巨款还清了债务，并大做起印藏间的羊毛、山货生意，不仅贩运丝绸织物等，还炒作黄金、白银、绿松石等贵重物品，同时不放过任何商机，包括做佛事活动的机会，没几年就成为西藏的巨富。其管家仆从们都说："我家老爷就是聪明能干，生财有道。"（见图 5-21）他甚至与素昧平生的美国人大做生意。奥地利登山家、纳粹分子海因里希·哈勒和其同伴彼得·奥弗施奈特从英印集中营逃亡，并翻越喜马拉雅山至西藏，就是由擦绒·达桑占堆热情接待并引进拉萨上层社会的。擦绒·达桑占堆安排这两个逃亡者在拉萨酿酒出售，"酒酿造出来了，在拉萨市场出售，起初每瓶售价五两藏银。因为质量好，销售得快，酒价提高到七两五钱，又上涨到十五两藏银一瓶。这项酒生意一直做了两三年。"[1] 海因里希·哈勒在拉萨还教会了擦绒·达桑占堆用农家肥种菜。海因里希·哈勒还在西藏考察地质、探矿。有一种说法，认为他是奉纳粹头子希姆莱之命，到青藏高原寻找所谓的"地球轴心"。海因里希·哈勒 1951 年才离开西藏，最后在列支敦士登定居。

擦绒昌的大生意是在抗日战争期间进行的。他们由英印进口各种战争期间的紧俏物资，贩运到四川和云南抗战大后方，获取经济利益。

1943 年，擦绒·达桑占堆请了颇雪商店家的贡嘎及其亲属普阿南、洛桑江央，率领四个骡队，采购驮运共 800 驮、价值 35 万印度卢比的毛料、呢子和各色布匹等货物，长途跋涉到康定做生意，虽每驮运费高达 1240 两藏银，但仍赚了不少钱。随后，他又派洛桑江央率领 800 多匹骡马的骡队再到康定，驮有克什米尔和美国产的各色毛织品、棉织品，价值约 40 万卢

---

① 甘典：《我所了解的擦绒达桑占堆其人》，西藏自治区政协文史资料研究委员会编《西藏文史资料选辑》第 5 辑，1985。

图 5-21 擦绒（中）与子女及女婿车仁·晋美

比，每驮运费 1250 两藏银，但因为都是进口抢手货，获利颇多。据说洛桑江央因为迷恋上康定莫家锅庄的两个姑娘，没有返回拉萨，只有马锅头斯达在几年后空手返回，擦绒做了一次蚀本生意。但这似乎并未影响到财大气粗的擦绒，1944 年，他又派出亲信仆人登巴曲扎和三名随从，以及六名马锅头，率领多达 1200 多匹骡马的庞大驮队，驮着枪支、毛料、呢绒、各色布匹、香烟、缝纫机等，前往更为遥远的云南贸易，成本就达 60 万印度卢比。货物运到云南后，布每匹以 180 万元（国民政府发行的法币）的价格出售，待所有货物销售完才返回拉萨。事后结账竟花去一年多时间，最后由甘典负责核查，这一趟生意就净盈利 60 多万卢比①由此可见西藏贵族经商的规模之大，以及当时滇川藏之间贸易额之巨。

---

① 参见甘典《我所了解的擦绒·达桑占堆其人》，西藏自治区政协文史资料研究委员会编《西藏文史资料选辑》第 5 辑，1985。

下篇　藏区各民族商号的互动关系

　　从以上藏区各民族商号的经营中，我们可以明显看出其间密切而频繁的互动关系。这一互动关系不仅源远流长，而且牢不可破。

　　王尧、黄维忠先生就指出："9世纪吐蕃王朝崩溃后，藏区与中原的交往并未断绝。五代时兴起的'茶马互市'，使晚唐开始的'缣马互市'为主的汉藏贸易有了大的发展。仅前蜀王建在汶、黎、维、茂州所市之马，就有1.2万匹之多。到了宋代，更将这种互市制度化、扩大化，从而使政治、经济、文化的交流伴随茶马互市而加强。元代以来，因中央王朝对藏区的治理加强，藏区与祖国内地的联系，藏族与中原各民族的交往亦随之发展，大批政府官员、戍军、商贾、技工进入藏区，有的还通婚，长期定居藏区，而藏区的僧俗首领到内地朝贡，藏族高僧到内地传法，一些藏族人在中央政府中供职，以及大量藏商往来于内地、藏区，使藏族与内地文化的交流进入新的阶段。"① 这还是早期的事。到晚期，也就是有清以来，随着边疆的巩固和各民族关系的稳定，藏族与内地和边疆各民族的交往和互动就更为密切和频繁。在这些互动关系中，当然以政治互动最为耀眼夺目，也最为重要。这方面已经有连篇累牍的论述。笔者在此主要关注的，是经贸互动。其中以滇藏间各民族的商号商帮往来较为突出和典型。

　　对此，陈汎舟、陈一石两先生指出："随着滇藏关系的密切，清代西藏地区历次发生的政治、军事事件中，滇军均派兵进驻西藏，事件平息后，滇军常驻昌都，今昌都通云南之桥即为当时驻军架设。滇军的驻防进一步开拓了滇藏交通，促进了商人的往来，滇西北的丽江、中甸、德钦等

---

　　① 王尧、黄维忠：《藏族与长江文化》，湖北教育出版社，2005，第455页。

地都变成了滇藏贸易的重要城市和物资交流的集散市场，各族人民来往其间，滇藏商人满载物资的马帮，络绎不绝，奔走于途，给滇藏人民带来了生产、生活必需品，丰富了各族人民的物质文化生活。滇商善于经营，清代拉萨的汉商有二千多户，'其中以滇人最多，川、陕人次之'。（洪涤尘：《西藏史地大纲》第 42 页——原注）特别是地当川、滇、藏三者通道的丽江、中甸成为互市集镇之后，商人云集，贸易畅通，进出康、藏的物资于此荟萃。近现代以来，滇藏贸易虽受帝国主义侵略的影响，英商企图独占西藏市场，极力排挤川茶并与滇茶竞争，但他们一直受到我各族人民的抵制，滇藏商人不仅利用川、滇、藏的交通线通过崎岖的山道，使物质交流得以继续，并且还利用了从滇西北经缅甸、印度至拉萨的交通线，使传统的滇藏贸易的主要商品源源进入西藏。民国时期，在英帝国主义煽动分裂西藏的情况下，滇商在拉萨的贸易仍十分活跃，'滇商如仁合昌（可能为丽江束河人王树桐开创的"仁合号"——引者注）、恒德利（可能为丽江纳西族周石奇家族开设的"恒德和"——引者注）、李永兴（丽江"达记"老板李立三的父亲——引者注）在西藏经济场合中占相当地位。'（吕治平：《西藏现代经济资料》——原注）"① 就这样，近代以来，丽江、中甸、鹤庆、喜洲等地的各民族商人成为藏区最有实力的商帮之一，频繁往来于西藏地区和内地之间，构建起密切的互动关系。

如从市场经济产生和发展的角度看，藏区与内地之间的交流往来也是势所必然。据 1911 年 6 月（宣统三年五月）的《时事新报月刊》第一号载："藏货之昂贵，不知者鲜不惊骇失色。例如粗纸一捆，实数只八九十叶，而出售时则作百叶，其价值须银八钱；酱油每两须价八九钱，山水即土酒，每斤须价一两二钱。此外如丝、布、针、线及制成之衣帽鞋袜等类，凡为人生所不可少者，莫不昂贵异常。较之中国内地，几无比例之可言。"② 这巨大的价格差异，显示着资源的稀缺度，势必导致两地间的商业流动。各民族商人，绝对不会无视这个有着巨大利润的商品市场。

由于西藏地区不少物资需要外地供应，西藏地方政府、贵族、寺院和

---

① 陈汎舟、陈一石：《滇藏贸易历史初探》，《西藏研究》1988 年第 4 期。
② 见卢秀璋主编《清末民初藏事资料选编（1877～1919）》，中国藏学出版社，2005，第 196～197 页。

平民多经营商业贸易，西藏地方政府商人、贵族的势力更是强大，像达赖喇嘛派出的商队，不仅要求各地民众免费供应"乌拉"差役，而且各地还要缴纳"马鞍税"。由各地到藏区经商的各民族商号的商人也很多，因而藏区的商品经济也相对发达起来。"卫藏地方为外番往来贸易人等荟萃之所，南通布鲁巴克；东南通云南属之番子；东通四川属之打箭炉以外各土司；北通青海、蒙古，直达西宁。唯西通巴勒布及克什米尔，缠头番民，常川在藏居住，设廛兴贩者最多。"① 基于这样的商业基础，汉藏两地间的来往互动就成为必然了。

四川省档案馆刘君指出："藏汉各族人民在长期的经济交往中，彼此加深了了解，消除了隔阂，增强了团结。大批汉商深入康区各地，许多与当地人民通婚定居其地，促进了民族间的经济文化交流，为康区社会经济的发展，做出了重要贡献。综览史籍，汉人在康区营商经历了两大历史时期：一为唐宋元明时代，一为清代民国时期。唐宋茶马互市，推动了康区商业的初步发展，一些小商小贩出现在康区商业的活动中，他们经营资本与规模均很小。'唐宋时期因交通不便，人口不多，康地与内地商务交易懋迁均不频繁，商品运销之数量亦殊不大，而就场贸易者更属不多。故在此时期康地汉商不甚发达，类多为小商贩式，其活动范围亦殊有限。'至清时，汉人来康经商者日益增多，经营规模与资本均有较大发展。据《打箭炉志略》《巴塘志略》记载，清初顺治、雍正时，汉商即在康区东路活动，同治、宣统间，汉商更深入到康区北路。特别是赵尔丰经营西康之时，重视农商，奖励移民，一时各省来康经商者不下数百家，资本近千万元，推动了康区商业向前发展。民国时期，尹昌衡经略康区，陆续移民数万人入康，其中多数成为就场贸易商人：'民初以来川人入康经商因而成为赘婿遂成为就场经营之商人者，其数亦即不下数万人。'汉商经营脚迹，几乎踏遍康区每个角落。'于是汉商影响所及，分布之区域日益扩展，不但康东各地，且更深入康西、康南各处，于是除雅安、康定、巴安等商业要地而外，其他如甘孜、理化、道孚、炉霍、丹巴，更及于稻城、盐井、宁静、昌都、硕督、太昭、石渠、怀柔、邓柯等地。'因此，在清末民初，不仅是汉商在康区的迅速发展时期，也是康区商业的繁荣时期。特别值得

---

① 《卫藏通志·贸易》，商务印书馆，1937。

一提的是由于毗连康区的地利条件，四川汉族人民在商业人才、资本、货物诸方面，对康区商业及社会经济的发展做出了重要贡献。至民国中期，康区商业中心康定'县属汉民，多系安岳、灌县、江北、遂宁、东至诸县籍，中江、崇庆次之，全县共约七千余人，夷人约九千余人。'"①

滇康藏方面的情况也不输川康，这一带本来已形成一个完整的商贸区域。"譬之藏为川滇之毛，康为川滇之皮，藏为川滇之唇，康为川滇之齿，且为川滇之咽喉也。"② 在滇川藏唇齿相依的情况下，近代以来，无论是晚清王朝，还是民国政府，都在欲安藏先安康、欲固西藏先经营川边的方略下，改土归流、屯垦、练兵、兴学、开矿、通商，积极经营川边（包括云南边疆），大力支持地方商业，拓展滇康、川康间的商贸往来，使这一区域的商业贸易达至了一个新的层面。

及至抗日战争期间，中国各条对外通道均被日寇封锁，陆上通道唯有经过西藏地区达印度一条可与盟国沟通，于是，由中国西南横断山脉地区连接喜马拉雅山脉地区的传统交通线，成为当时最为繁盛的商贸区域。正如周智生所言："抗日战争时期，通过滇缅印、滇藏印这两条主要交通线，将滇康川藏与缅甸、印度等国家间的商贸交流关系更加紧密地联结在一起，形成了一个特有的跨国、跨区域商贸经济圈。而连结这个经济圈的一个个链环，就是奔波于这两条商道上的云南商人。"③

总而言之，要认识西藏地区与内地各相关区域各民族的互动关系，需要将政治、经济、婚姻人口与以宗教为核心的文化等方面结合起来观察分析，尤其必须从商业经济的互动方面着手。

在本书中，笔者的立足点即在商业经济方面，而商业经济与政治、文化等又是不可分的。有了商业经济关系这一基点，就更易于脚踏实地地去叙述并理解各种互动关系。笔者认为，只有从基本的、具体的、翔实的商业经济历史关系以及相关的社会情景中，才能有效地看出差异性民族主体间的真实关系。

在此，我们拟通过对各民族商号间具体而真实的历史互动关系的梳理

---

① 刘君：《康区近代商业初析》，《中国藏学》1990 第 3 期。

② 吕昭义：《英属印度与中国西南边疆（1774～1911 年）》，中国社会科学出版社，1996，第 274 页。

③ 周智生：《抗日战争时期的云南商人与对外民间商贸》，《抗日战争研究》2009 年第 2 期。

和总结，去展现并理解一种自生自发的社会力量是在怎样的经济、政治、文化乃至情感基础上形成的，并寻求把握其转化的理性途径和合理机制。

笔者将通过经济上资源的互补和相互依赖、手工艺技术的实在传播、宗教信仰的相互影响、文化上的认同感、人员的往来结合，以及情感上的亲和关系等，揭示这一区域各民族间的共性和统一性，说明其历史渊源，说明其生存根基，这样就更有利于认同感及亲和关系的建立、发展与巩固，有利于民族的融合与国家的统一。

一　经济互动

自 20 世纪 80 年代始，笔者频繁往来于茶马古道各线路上的各地，拜访了不少当年奔波于内地与藏区间的各民族商人、马锅头及赶马人，在他们清晰、深刻而生动的叙述里，当年各民族间贸易往来和经济互动的轮廓逐渐清晰地呈现出来。

早在明末时期，云南各民族进行了 17 年的抗清斗争，因战乱，对藏族的茶叶供应少了，后来一俟清兵入滇，藏族立刻要求恢复茶马贸易。于是，在平西王吴三桂的主持下，大规模的茶马互市就此展开。刘健《庭闻录》记载："（顺治十七年）三月朔，北胜边外达赖喇嘛、干都台吉，以云南平定，遣使邓几墨、勒根赍方物及西番蒙古译文四通入贺。求于北胜州互市茶马。"[1] 可见藏族对茶叶的需要是多么迫切，更可见经济的市场交换网络不能长期断裂，资源的转输是由供求关系决定的。《清史稿》也记载："顺治初元，定茶马事例。……十八年，从达赖喇嘛及根都台吉请，于云南北胜州以马易茶。康熙四年，遂裁陕西苑马各监，开茶马市于北胜州。"[2] 北胜州即今云南丽江永胜县。

从清初到康雍乾盛世，清王朝几代君主，均积极而主动地经营藏边事业，不仅在西藏地区及内地沿途派驻军队，设立粮站等军供单位，还派出驻藏大臣，执掌西藏军政事宜。与此相应，商业贸易也蓬勃兴起，内地各

---

① （清）刘健：《庭闻录》，方国瑜主编《云南史料丛刊》第 8 卷，云南大学出版社，2001。

② 《清史稿·食货志·茶法》，方国瑜主编《云南史料丛刊》第 7 卷，云南大学出版社，2001。

民族与西藏地区的商贸往来达至新的局面。直到清朝末年，日薄西山的清王朝仍在苦心经营西藏，而且刻意从经济上用力，想方设法促进两地的经济互动。例如，入藏查办事件大臣张荫棠在藏主持政务期间，就力主自立自强，兴学练兵，开办实业。他在一再向清廷提出巩固清廷治藏主权、兴办西藏文化教育、提高藏民自卫能力的同时，还要求改善西藏经济环境，开办西藏各种实业等。督办川滇边务大臣赵尔丰更以强悍的态势，大刀阔斧地在川边改土归流，开征粮赋，甚至派兵护送商队进藏。再如，中央政府已议在西藏设立税关，减收西藏的关税；户部银行决定在西藏设立分行，并招匠铸币，意欲整顿西藏混乱的币制；四川总督锡良和驻藏办事大臣有泰会衔电奏："今拟建筑川藏铁道，以与川汉铁道联络。此路将来完成，则西藏之矿山以及其他商业必盛发达，既可为设行省之基础，又得借此以杜英人要求，一举而有数善。"① 可惜这样的动议在一个多世纪后才得以实现。在政府如此大力支持、民间商人踊跃参与的较为自由的商业背景下，藏汉两地间商品的种类和数量均有大幅度的增加，经济互动的程度加深。从藏区进入汉地市场的大宗商品有金，银，牛、羊等牲畜，还有皮毛、麝香、鹿茸、虫草、贝母等各类山货药材，小宗的还有氆氇、璎珞、酥油等；从内地输入藏区的物资品种也很多，最为大宗的就是茶叶，另外还有布绢、绸缎、哈达、大米、面粉、粉条、腊肉，以及铜铁器皿、瓷器、工具和日用百货等。两地间的经济贸易量缺乏完整和可靠的统计，但从各地贸易规模看，应已经十分可观，对两地的经济运作都具有决定性的影响。

进入民国后，由于辛亥革命造成的剧烈社会动荡，西藏与内地的政治往来和经济交通一时出现阻滞，但一俟内地政局略为平稳，传统的经济往来立刻提上议事日程。据蒙藏委员会档案载，西藏驻京办事处负责人棍却仲尼堪布（后译为贡觉仲尼）1929 年向蒋介石面陈输诚之五个内因，其中第一、二、四三条，就全与经济相关："一，藏人吃茶，全用中国品，中藏绝交，茶价贵至十倍；二，藏边驻兵不能购用中粮，边民困苦，时生怨言；三，……若英俄相争，藏地糜烂；四，藏币重三钱余，英币重七钱

---

① 参见卢秀璋主编《清末民初藏事资料选编（1877～1919）》，中国藏学出版社，2005，第200～207 页。

余，惟藏币十四五元方能兑得英币一元，出口必用英币，经济损失太大；……"① 噶厦政府为了解决西藏的经济问题，只有与中央政府搞好关系、跟内地做好生意。于是，在双方的积极推动下，传统的汉藏间的经贸关系迅速修复并随时代的发展而发展。

可见，西藏地区与内地各民族的经济互动，从某种意义上讲，是基于特殊的地理位置，藏族与中原汉族及周边各民族的交融关系、政治隶属，以及藏区与汉地两大区域经济的相互依赖性、资源互补性等原因而产生的一种特殊关系，甚至可以认为，其经济互动是地域经济的稀缺性而致。这与历史上早已存在的因游牧经济与农业经济之依存关系而产生的交换，有着根本相同的缘由。

因为地缘的关系，也因为族群的关系，云南各民族自古以来就自然而然地做着滇藏间的商贸生意。早在清朝初年，滇西北以纳西族为主的商人便纷纷到拉萨经商。晚清的张其勤在他的《炉藏道里最新考》里就有这样的记载："华商中，滇人为多，往返贸易。唯路途太远，动辄经年，且番匪强悍，时闻有杀人劫掠者。"② 那就是晚清时期的事情。那时的拉萨，不仅是西藏的政治、宗教、文化中心，更是整个藏区人们向往的圣地，同时也是商业繁荣的城市，是整个藏区经济贸易的中心，是各民族商号、各民族商人经贸活动的最大集中地。

及至抗日战争期间，中国的各条交通贸易线路，包括传统的西南丝绸之路和战时抢修的滇缅公路，均为日军截断，唯有经西藏地区通往印度的茶马古道能与盟国交往，于是，国内外的商贾云集西藏，并使拉萨等古城充满了十分世俗化的勃勃生机——那也许是神秘的西藏从未有过的景象。当时仅国内就有上百家大商号进驻那里并设立分号，其中有北京帮、四川帮、青海帮，更有云南帮。云南帮设在那里的商号比其他地方都多，云南的丽江、大理鹤庆、大理喜洲、中甸德钦、保山腾冲等地的商家都在那里设有自己的分号，一共有40多家，其中仅丽江人在那里开设的商号就有20多家。这些商号大都集中在八廓街附近租房子做生意。有些商家虽然没

① 西藏社会科学院、中国社会科学院民族研究所、中央民族学院、中国第二历史档案馆编《西藏地方是中国不可分割的一部分》（史料选辑），西藏人民出版社，1986，第487页。
② （清）张其勤：《炉藏道里最新考》，中央民族学院图书馆（油印本），1981。

有在拉萨派驻专门人员，但他们的商队马帮一样来往这里，其中甚至有滇南石屏人的商队，有沙甸回族人的商队。这些商号商家的马帮络绎不绝地涌入拉萨，给拉萨，也给西藏地区的经济带去了空前的繁荣。当时正好在拉萨学习佛经的汉族喇嘛邢肃芝（洛桑珍珠）生动详细地记述了各民族商人在拉萨的互动情形，甚至摄有照片。①

与此同时，西藏的大小寺庙、大小贵族以及各级官员见有利可图，也纷纷加入这一经商的浩荡队伍。据蒙藏委员会报告："在抗战期间，国际交通线路被阻，一般云南巨商购买外货，多取道拉萨，因之拉萨顿形繁荣。多数藏官已为战时特殊利润所刺激，群起经营商业，如察绒（擦绒）、索康、噶畜巴（噶雪巴）、宇妥、然萨甲裙、夏格巴等，皆直接经营印度与丽江、成都、康定间商业，西藏政府发行之银币（桑松）与纸币，因数目过少，供不应求，逐步上涨。……"②

由此可见，两地间各民族的经济互动往来是如此频繁，规模又是如此之大，以至货币供应亦显不足。

尤为重要的是，两地间各民族的商业贸易往来并没有仅仅局限于滇藏之间，而是通过四川、湖北与长江中下游地区相连，通过四川、陕西、青海、甘肃等省区与西北地区和丝绸之路相连，更通过英国的殖民地缅甸和印度（包括独立后的孟加拉国），还有租借给英国的香港，以及当时仍属马来西亚的新加坡等地，与国际市场相连。

这样频繁而广阔的商业贸易和金融往来所形成的经济互动关系，可由下面几方面大致见出。

1. 对两地经济生产和商品化的相互推动

汉藏间传统的茶马互市贸易，是主要从事畜牧业的高原上的各民族经济生活的支柱。他们养的马、牛、羊以及羊毛等有销路，就刺激了畜牧业的发展；茶有来源，就保证了肉食乳饮的高原民族的生活需求和健康；而内地对麝香、鹿茸、虫草和贝母等山货、药材的大量需求，也促使人们走向山野，将这些世代藏诸深山老林的自然之物，发掘为有用的商品。例如

---

① 邢肃芝（洛桑珍珠）口述，张健飞、杨念群笔述《雪域求法记：一个汉人喇嘛的口述史》，生活·读书·新知三联书店，2008，第219～225页。

② 中国藏学研究中心、中国第二历史档案馆合编《民国时期西藏及藏区经济开发建设档案选编》，中国藏学出版社，2005，第16页。

茶叶销路的拓广，既促进了产茶地区各民族的就业和经济发展，也带动了其他相关商品的产出和流通。

正如王尧、黄维忠先生所说："更为重要的是，茶马贸易带动了汉藏各族各类商品经济的发展，物资交流使各民族各地区之间，在经济上形成互通有无、互相依赖、互为支援的不可分割的整体。所以，藏族人民把茶马贸易视为'金路'，它解决了藏族人民所需的茶叶，也为自己的牲畜等土特产品找到了出路。""清代在停止了茶马贸易之后，藏区与内地之间的商业贸易却更为发展和繁荣，大批的茶叶和内地出产的生产生活资料，如衣服、绸缎、布匹、酒肉、铁器、瓷器等商品都源源不断地运往藏区，藏区的各种土特畜产品，特别是药材和黄金大批销往内地，双方交换的数额更远远超过历史上茶马贸易的规模和水平，从而使藏汉民族经济更牢固地结成不可分割的整体。"①

在清朝时期，内地茶叶输藏的年度数额最高时超过一千万斤，一般年份，也有数百万、近千万斤之数。据陈一石先生研究，"清代川藏民族市场的贸易额，并未留下记录，约略而言，以打箭炉市为例，仅川茶一项每年约值银钱100万两，若加上其他商品总额，当不下200万两，这就是说藏商每年必须用同样价值的商品来交换这批物资。致使各大寺庙、土司、平民商人深入农牧地区采购皮毛等产品，逐步改变自然经济的状态，促进了藏区商品经济的发展。"②

初入民国，因为政治动荡等因素，藏区与内地的经贸交往出现了一些梗阻，致使两地的经济贸易有所下降。据李坚尚先生调查，民国时期，康茶输藏数字每年在24万条包左右，以每包16斤计算，约合384万斤；而滇茶输藏的数字没有准确的记载，"据《边政公论》第11卷第3期所引的《佛海商务报告》的资料称，从1928年至1938年之间数量有增多的趋势，大抵在5000担至18000担之间，若取其中间数，大约为11000担左右，折合110万斤。""据奚伦先生1940年入藏的调查，当年滇茶入藏有7000驮，这个数字偏低，据中国茶叶公司云南办事处准运内销茶叶统计表中所载，

① 王尧、黄维忠：《藏族与长江文化》，湖北教育出版社，2005，第541~542页。
② 陈一石：《清代川茶业的发展及其与藏区的经济文化交流》，马汝珩、马大正主编《清代边疆开发研究》，中国社会科学出版社，1990，第325页。

自 1940 年 10 月至 1941 年 3 月的 6 个月中，运藏紧茶为 8725 市担。"综合估算下来，1950 年前每年滇茶进藏约 110 万斤。① 进入西藏地区的"云南商帮亦有较长的历史，抗日战争时期，因海路不通，加强了云南和西藏的商业往来，期间云南商户有较大的发展。据西藏商业厅 1954 年档案资料记述，云南骡帮进藏匹数的发展情况为：1942 年约有 2000～3000 匹；1943 年为 3000～4000 匹；1944 年为 4000～5000 匹；1945 年为 6000 匹；1946 年后才日渐减少，到 1949 年时减至 3000 匹"。② 可见，茶叶的生产、贸易，带动了产茶地区的经济发展，促进了民间农业生产和市场繁荣，扩大了就业领域，使传统农村中从事经济作物生产、运输物流和贸易的劳动力大为增加，同时也大大加强了各民族与西藏地区的经济联系。

到抗日战争中后期，作为抗战大后方唯一对外陆上运输通道的茶马古道竟陡然进入一个高峰时期，像四川康定、云南丽江这样的古城顿时繁盛起来，连西藏昌都这样只有数百户人家的小城镇也再度复兴，从多年战乱后的沉寂萧条中振作而起，成为内地与藏区间的贸易中心、川青甘滇藏五省藏区的重要物资集散地。当时仅有五百多户人家的昌都，每天都有 20 多个客商驮队经过，每年来自康定的大茶约有五六万驮，从云南运进的沱茶有近千驮，由藏区腹地拉萨经昌都转运滇、川两地的英印进口商品也达两万驮。当时整个昌都地区每年征收的茶税、盐税、牛羊毛皮张税及药材税等约有藏银 50 万两。③ 由此一斑，可见两地间往来互动的频繁和经济贸易的兴盛。

作为在中国从事过好几代茶叶贸易的俄罗斯商人的后裔，顾彼得当时参与了由新西兰友人路易·艾黎和宋庆龄组织并主持的国际工业合作社的工作，在丽江工作生活了 9 年，不可避免地注意到了当时中国和印度之间急剧增长的贸易热潮。据他描述："当所有中国沿海地区落入日本人之手，而缅甸正在迅速陷落时，中国与外部世界的商业往来，就只有两个'入口'了，即云南的丽江和西康的打箭炉。另一端是印度的卡里姆邦，货物

① 中国社会科学院民族研究所、中国藏学研究中心社会经济所、中国藏学出版社编著《西藏的商业与手工业调查研究》，中国藏学出版社，2000，第 15～21 页。
② 中国社会科学院民族研究所、中国藏学研究中心社会经济所、中国藏学出版社编著《西藏的商业与手工业调查研究》，中国藏学出版社，2000，第 36 页。
③ 马丽华：《藏东红山脉》，中国社会科学出版社，2002，第 45 页。

从加尔各答和孟买用火车运到那里。拉萨是货物集散地，而天生是商人的西藏政府官员们、大小喇嘛、寺院长老和更小的头面人物毫不犹豫地抓住这个自然而来的极好机会，迅速动员其所有财力。我甚至被告知，达赖喇嘛的相当一部分私人财产已经投入到这个相当赚钱的事业中去。信用状、汇款单和普通的货到付款书源源流入印度。藏族商人和其他小商贩组成的大军从冰天雪地的西藏高原下来，进入加尔各答闷热的商场和旅店。一切都订契约、立合同，能用牦牛和骡子运走的东西就立即购买。缝纫机、棉布、高级香烟，不管是英国造的或是美国造的，威士忌和名牌杜松子酒、染料、化工品、罐装煤油、梳妆用品和罐头，以及成千上万各种小商品开始流成一条不断的河，用火车和汽车运到卡里姆邦，迅速重新包装分发，用马帮运到拉萨。在那里这股商品流涌进宫殿和喇嘛寺的厅堂和院子，转交给一大群分类工和职业包装工。最不易碎的货物挑出来放在一边，由北路用牦牛运到打箭炉；其他货物打包后运到丽江，特别是到昆明，那里挤满了干渴的美军和英军……

“据估计，战争期间所有进入中国的路线被阻时，这场‘马帮运输’曾使用了八千匹骡马和两万头牦牛。几乎每周都有长途马帮到达丽江。生意如此兴隆。甚至多雨的季节也无法阻止那些具有冒险精神的商人。这是极大的冒险，由于他们贪婪，他们才这样干。西藏雨季很可怕，在边界上所有的马帮和香客来往交通通常停止一段时间。山路变成泥潭沼泽，江河暴涨，大山为云雾所笼罩，冰雪崩落和滑坡与其说是例外，不如说是常规。许多旅行者被永远埋在几十吨重的岩石下或葬身于急流中。

“印度与中国之间这场迅猛发展的马帮运输是多么广阔而史无前例。但是认识它的重要性的人极少。那是独一无二非常壮观的景象。对它还缺乏完整的描述，但是它将作为人类的一个伟大冒险而永远铭记在我的心中。此外它非常令人信服地向世界表明，即使所有现代的交通运输手段被某种原子灾难毁坏，这可怜的马，人类的老朋友，随时准备好在分散的人民和国家间又形成新的纽带。”①

位于滇川藏三省区交汇地带的云南省中甸县（今香格里拉市）中心镇（今独克宗古城）、德钦县升平镇和维西县保和镇同样如此。清康熙二十七

---

① 〔俄〕顾彼得：《被遗忘的王国》，李茂春译，云南人民出版社，1992，第136～140页。

年（1688），西藏地方政府即要求在中甸互市，得到清王朝的批准，中甸正式立市，各民族商号，包括喇嘛寺藏商和古宗马帮驮队相继出现。及至近代，中甸的矿业、手工业也得到发展，外来的各民族客商逐渐在中甸落脚，位于县城关口的独克宗古城成形，成为滇藏贸易的主要市场和商品集散地；松赞林寺的喇嘛商更形成实力庞大的经商堡垒和商队。[①] 各地各民族商贾云集这里，来自汉地的汉族、白族、纳西族、回族等商人将茶叶、绸缎、布匹、丝绒、棉线、瓷器、铜器和铁器、糖、米、面等运到藏区，来自其他藏区的藏商们将藏地的麝香、虫草、贝母等药材，藏香、氆氇等手工业品，羊毛、酥油等畜产品运到中甸，双方进行交换，互通有无，藏地的藏币和汉地的银币、铜币同时都可以在这里流通无碍，促进了各民族经济的繁荣和发展。

2. 促发各地地方土特产和服务业等

由于茶马古道的通行，近代滇西北与藏区来往频繁，带动了相关的手工业、土特产生产加工以及服务业的兴起甚至繁盛。

当时的滇西北丽江、鹤庆、中甸一带，几乎家家养骡喂马，以适应马帮贩运的需求；许多人参与加工生产一应与长途马帮贩运相关的产品，如包装茶叶的皮具、竹篾器具，用于骡马的缰绳、马垫子、马掌、铃铛等，人穿戴、使用的服装、鞋帽、口袋等，不仅为自己和家人谋得生计，也发展了地方生产。

从古到今，随着经济的发展，丽江、大理地区出现了不少手艺人，如铜匠、木匠、皮匠、漆工、缝纫工等，他们不仅在当地积极从事与茶马古道相关的手工业劳动，更有许多人进入藏区谋生，直接参与西藏许多寺庙和民居的建筑，并为藏族的日常生活服务，同时将其他民族的文化带入藏区，也将西藏文化带回自己的家乡。有的手艺人干脆就在西藏安家落户，成了雪域草地的一员。

很多年后的今天，又有许多大理鹤庆的白族工匠到西藏各地，有的几个人一伙，有的一家人一地，在西藏从事银器和铜器的加工，也有人把在云南做好的各种金属器皿和装饰品带到西藏去销售。仅在拉萨八廓街东孜

---

① 潘发生、七林江初、卓玛：《中甸归化寺僧侣商业概述》，《西藏研究》1993 年第 2 期；杨桂红：《中甸松赞林寺寺院商业经济研究》，《学术探索》2002 年第 2 期。

苏路一带，就有四五十家鹤庆人开设的金银铜器具加工店。在拉萨全市，则有上百家店铺、数百人从事银铜器手工加工和产品销售。

服务业中较典型的就是旅店业。据李瑞泉先生回忆，大研镇北的双善村，成为主要接待藏族马帮的村落，仅那一片地方就有17家旅舍马店，从业人员有40多人。其中著名的"玉龙旅马店"在清代中期就已经开业，随着茶马古道上经济贸易的兴衰而时兴时衰。这家马店原先只有位于河西的两间楼房和一个带天井的店房，只能容纳三四十匹骡马和旅客，后来生意越来越红火，又在河东扩建了三坊一照壁的院子，马店的接纳能力大大增加，马店主人也发展成为"元德和"大商户。"瑞春旅店"也是一家老店，店主人是赵宗英老人，他带儿子边开店边学藏语，数年后已成为精通藏语的纳西人，自己也发展成有二十多匹驮马的马帮商人。

大研镇里的"现云阁"也有13家旅马店，从业人员约有30人。他们大多以空房和走廊作为火塘，由旅客围火塘做饭住宿，天井就作为拴马场。

而在大理行商落脚最多的"建洛阁"，盛传着开店经验丰富的女店主阿余命妈的故事。据说阿余命妈能说藏话、白族话、汉话和纳西话，而且说得都还比较好；她待人诚恳、热情，能体贴马帮的困难，收取的店钱比较低，开水、盥洗水早晚都不缺；而且她对大研镇的商铺、商情都较熟悉，马帮托她采买东西，她经常能带马帮去看货，一看就是三四家，能保证买主挑选到价廉物美的货。马帮托她卖货，她也能通知买主到店看货还价。由于她能说多种语言，能够尽心为买主选好货，为卖主选好顾客，年久日深，阿余命妈就成为马帮交易的实际中介人，经纪费也只求随意赠予，不曾开口要价，因此，她在行商中的信誉日增，住店的马帮也越来越多，她的生意也越来越好。

另外，大研镇兴仁街上也有十来家旅马店，从业人员有近20人。其中"老龚店"的规模较大，落脚的行商也较多，大多为四川盐源、盐边、木里的马帮商人。这里还有一家藏族商人阿吉庆开设的"吉庆店"。阿吉庆原是到丽江做生意的马帮商人，赚钱后就在丽江建了一处新房，边开店边做生意，后来也就成为在丽江落籍的藏族店主人。在漫长的时日中，许多外地马帮商人就这样在丽江安家落户，一直居住到现在，成为丽江古城中的一员，丽江城区的面积与人口也因此扩展了不少。现在的丽江古城里，虽说大部分居民都是纳西族，但各种姓氏的都有，充分显示了丽江的包容性。

在丽江直通永胜的梓里一线，直通中甸、宁蒗的白沙一线，直通鹤庆的木家桥一线，都有难以计数的旅马店，丽江大研镇只不过是一个中心而已。①

在四川康定，相似的旅店业传统上被称为"锅庄"，那也是与汉藏两地间商贸往来繁盛密切相关的极有特色的服务业。

各民族商号的交易中心是市镇，而茶马古道市镇的核心不是政府机构、土司府之类，而是马帮客商的落脚处，在云南被称为马店，在四川康区被称为"锅庄"。康区锅庄业历史悠久，自元代起设，至民国时已有五六百年的历史。丽江的马店要晚近一些，大约在清代中期才出现。锅庄是茶马古道上特有的一种商业经营组织，它集旅店、货栈、商贸中介机构等多种功能于一身，经营方式都是客商入住并将货物堆放于店中后，待价而沽，不用交住宿费，并由房东供给住宿期间的柴、米、油、盐等部分生活必需品。极为熟悉商情的房东负责为商人居中介绍买卖，成交后收取一定比例的佣金，称"抽头"，一般为4%。如银款不足，房东还常为客商担保赊账，并代雇驮脚，包运货物。原先康区的锅庄业主要面向藏族客商经营，后来服务对象扩大，其他民族客商也入住锅庄。但凡外地客商来往汉藏两地经商，就必与马店或锅庄发生联系。这已经是服务业、银行业和商业中介的综合体了。

在西藏昌都，近代居民从事的各种职业中，主要就是商业与小手工业，这无疑是由于各民族商号商业互动的带动。②早在1846年，法国传教士古伯察等被清政府驱逐出西藏时，途经昌都并停留3天，发现那里几乎没有农业，居民们的生活手段是什么？那里有两条路，一条叫四川路，一条叫云南路，"云南之路平时几乎荒无人烟。大家在那里只会不时地遇到某些汉族商人"。这位观察细致的传教士猜测："很可能是麝香、野牛皮、大黄、蓝宝石和金粉向这些居民提供了从事少量经商并获得生活必需品的

① 李瑞泉：《丽江旅马店》，丽江县政协文史资料委员会编《丽江文史资料》第12辑。
② 王川：《西藏昌都近代社会研究》，四川人民出版社，2006，第168～173页。

资源。"① 在相关注释里，古伯察更明确地记载："现在，察木多的贸易达到了年 8 万英镑，主要是用鹿茸、麝香、黄金和白银来交换丝绸、棉纺品和家庭日用品。"②

来往西藏的马帮商人的行囊里还会带上一些药品，主要是一些治疗感冒、拉肚子的草药，尤其是像今天仍在使用的"十滴水""藿香正气水"之类的药液，那时他们都管那十分难喝的药水叫"圣灵水"。它们常常就以高原上出产的山货药材制成。据说它非常管用，赶马人常常靠它救了性命，所以它也就有了那么一个有着宗教色彩的名称。万金油也是必带的。那是新加坡的胡文豹、胡文虎兄弟生产的万金油。他们生产万金油的原料，像麝香之类，又是往来于茶马古道上的马帮从西藏运来又转运到新加坡的。在那个时代，各种物品已经通过最原始的运输方式在上万公里的距离之间相互流通。所以，各民族商号马帮的运行，不仅促进了各种物资的流动交易，并且使许多在当地常为普通之物的产品，具有了很高的经济价值，从而成为商品，在全国市场乃至世界市场上流通。

3. 扩大和深化了两地间的经济交流

近代以来，藏区各民族商号的商业互动往来日益密切而频繁，这无疑扩大和深化了汉藏两地间的经济交流。

陈一石先生在论及清代川茶业发展及其与藏区的经济文化交流时说："历史上以川茶为主的藏汉物资交流在促进藏族地区社会经济的发展中无疑起到了重要的作用，在清代这种进程更为显著。这表现在川茶的商队驮行于荒山断流之间，逐渐开拓了川藏茶道；商旅的运行，打箭炉等城镇亦应运而生，察木多、拉萨、江孜、日喀则等茶市亦因之兴旺；藏汉的物资交流逐渐打破了藏区的自然经济，促进了商品经济的发展；经营川茶是西藏茶商的利薮，商人阶级势力显赫，达赖、班禅商上除派商官经营商贸外，寺庙、贵族、平民亦多经营商业。商官控制金融，办理汇兑，开展银行业务。凡此说明川茶业在藏族地区社会经济发展中具有重大的影响。"陈一石先生经过多方面翔实分析，得出结论："清代的实践证明，开辟民族互市市场，发展民族贸易是边疆开发的有效措施，民族间的物资交流必

---

① 〔法〕古伯察：《鞑靼西藏旅行记》，耿昇译，中国藏学出版社，1991，第 641 页。
② 〔法〕古伯察：《鞑靼西藏旅行记》，耿昇译，中国藏学出版社，1991，第 683 页。

然打破民族地区的自然经济，促使其商品经济的发展；商人的活跃，城镇的兴起，亦带动着农、牧、工业的发展。所谓'实边以商'是有一定道理的。"① 也就是说，藏区各民族商号商人的商贸往来，大大促进了汉藏两地间的商品市场拓展、交通和城镇建设、物资交流品种和数量的增长，以及各民族商号商人势力的成长等多方面的经济互动交流。滇藏方面的商贸经营也是如此。周智生就指出："近代滇、藏、川边地区，以各民族商人的商贸活动为链环，彼此间的经济联系与合作日益密切，从而初步奠定了这一地区经济协作和发展的基础。""以民间商贸为纽带，推动着下关、大理、丽江、康定、中甸、巴塘、西昌、昌都、拉萨等地方商贸市场间形成彼此密切联系的一个跨区域的市场互动机制。这一跨区域经济合作机制的形成，既是滇藏民间商贸发展的一个结果，同时也促进了近代滇藏民间商贸的进一步发展。近代滇、藏、川各民族商人既是这一合作机制重要的缔造者，同时他们自身的发展壮大，也离不开这一良好的区域经济合作环境所提供的种种有利条件。他们的商贸经营活动，冲破了各种地域及不同民族文化间的封闭与局限，或将原本一个个相对较少联系、相对孤立的地方市场联结在一起，或以各种商贸活动催生了边远山区的商贸市集，促进了滇、藏、川民族地区近代社会经济的发展。"②

4. 对两地金融流通的归置和疏导

对于生意人来说，资金的流通与物流同样重要。

由于西藏地区地处边陲，不仅交通不畅，而且长期有着自己的独特而封闭的经济模式乃至零乱残缺的金融货币系统，更导致金融融资和资金货币难以顺畅地流通和周转，而且流通周转的周期很长。加之金融市场完全操控在达官贵人、寺庙头人、富豪巨贾之手，非经过他们，金融汇兑就难以完成。各民族商号在这一地区的贸易，不论规模大小，就都面临一个难以解决的问题，那就是货币和金融如何周转流通。

早在清末庚子年间，云南大理恒盛公的创始人张泽万就意识到了这一问题的重要性，曾亲率得力助手，经由缅甸、印度进入后藏，力图找

① 陈一石：《清代川茶业发展及其与藏区的经济文化交流》，马汝珩、马大正主编《清代边疆开发研究》，中国社会科学出版社，1990。
② 周智生：《历史上的滇藏民间商贸交流及其发展机制》，《中国边疆史地研究》2007 年第 1 期。

到一条金融汇兑的通道，结果无功而返。之后，他对此一直念念不忘，直到恒盛公在后来的生意拓展中设分号于印度噶伦堡，与西藏上层巨商热振昌和西藏地方政府驻内地官员建立起信任合作关系，才真正将这一问题解决。

也就是说，由于西藏政府、上层贵族和寺庙巨商的介入，西藏地区的金融汇兑有了疏导打通的可能性。如，本书上篇中述及的擦绒·达桑占堆就可以利用达赖喇嘛的信任，从其库中借出大量资金用于经商。又如，一些势力强大的西藏茶商，就可以通过借贷藏军军饷的方式，控制藏军首领和兵丁的生机。"盖藏帅借用番钞，给予印票，赴炉厅领茶，以抵藏饷。是藏饷须借商力接运。不仅茶也，藏帅及兵丁生机，实系于此。"① 不仅如此，从打箭炉（今康定）到拉萨沿线粮台兵站饷银的汇兑，也受藏商的控制。清末驻藏官兵额设 670 人，每年饷银 5.4 万两，这些饷银过去便由藏商在打箭炉厅银库提运，至沿途给各粮台支付军饷，由清政府补助一定的运费，到光绪二十七年（1901），西藏银价大跌，藏商不愿意再承运饷银，经驻藏大臣裕钢同意，给藏商 10% 的汇费，从此成为例规。"西藏金融机关绝不完备，内地银币不能通行。凡军饷政费皆领于打箭炉，以现银交番人之商上易换藏钱，方能使用。易换之时必须按九折计算，每库秤银一两，换藏钱九钱，须按期分交。在打箭炉交银之日起，四十日后始在藏中开交，无论款项多少，总匀着十二个月交清。层层剥削，利权逐倒置于番人之手。"②

近代以来，康定（旧称打箭炉）成为汉藏间商贸中心。据 1934 年康定市政公所对康定商业情况的调查，当时康定从事茶叶、麝香、黄金、药材等各种生意的商家就有 240 户，各商号中资金雄厚的，分别在雅安、成都、重庆、宜昌、武汉、上海、广州、香港、昆明、拉萨、西宁及印度加尔各答等地开设分号，有的还发行"本票"，代行银行业务，顾主可以凭票到异地商号兑取现金。③ 西藏最大的商号邦达昌就曾利用其商业贸易之便，在康定大肆进行金融及外汇汇兑业务。可见，各民族商号的商业经

---

① 《中国海关与缅藏问题》，北京大学历史系等编著《西藏地方历史资料选辑》，生活·读书·新知三联书店，1963。

② （清）陶思曾：《藏辅随记》，清宣统三年铅印本。

③ 四川省档案馆、四川民族研究所合编《近代康区档案资料汇编》，四川大学出版社，1992，第 219～230 页。

营，带动并开拓了相互间的金融流通，起到了相当于银行的作用。

抗日战争胜利后，关于当时西藏许多政要和寺院大多在内地存有相当的资产一事，国民政府蒙藏委员会就向行政院和蒋介石提出，应设法利用这些藏官和寺院在内地拥有的大量资金，使之与中央金融界发生联系，一方面可以通过经济联系促使西藏政治上内向，加强同中央政府的关系，另一方面也可以控制西藏金融，使之逐渐与在藏区占着很大风头的英印卢比脱离关系，减轻英国人对西藏的经济侵略。[①]

总的看来，各地各民族商号商人在进入西藏地区贸易后，只有尽力尽心与藏商建立至诚互信的关系，才有可能解决银钱往来、钱款和货物的互易关系。所以，长期以来，由于双方频繁的、具有一定规模的生意往来，在缺乏法制基础和现代银行机构的情况下，就只有依托相互间的信托信用关系，于无形中打通两地间的金融关系，疏通各种货币之间的汇兑渠道，促进双方的互动。而金融的互动，也大大有助于加强西藏地区与内地及中央的联系。

5. 开拓了滇、藏、缅、印大区域国际经济合作

近代，与中国西南地区相邻的印度和缅甸先后成为英国的殖民地，而越南、老挝、柬埔寨等也成为法国的势力范围，与之毗邻的云南和西藏，成为英法进一步觊觎的目标。他们力图由越、缅、印进入云南和西藏，并由此连接四川、湖北等地，进而与中国经济也是亚太经济的核心地带长江中下游相连。在其经济和武力等多方面的不断撞击下，云南和西藏先后成为中国西南边疆对外开放的前沿。[②]

与此举相呼应，出于商业的本能和敏锐，历史悠久的滇藏间各民族商号的商贸互动，在各民族商号商人的努力推动和拓展下，使这一区域的经济往来合作展现了一个全新的局面。"近代众多云南商人和西藏、西康等地各民族商人或将羊毛、珍贵药材、茶叶、矿产、牛羊皮等物资输送入缅甸、印度等国市场，或是借道缅、印输入东南亚及欧美等国际市场，从而使地方土特产品有了更广阔的市场空间。同时，近代滇、藏、缅、印跨国

---

① 中国藏学研究中心、中国第二历史档案馆合编《民国时期西藏及藏区经济开发建设档案选编》，中国藏学出版社，2005，第14～17页。

② 参见〔英〕H. R. 戴维斯《云南：联结印度和扬子江的链环》，李安泰、和少英等译，云南教育出版社，2000。

贸易的蓬勃发展，激发和培育着更多的各民族商人走上了商贸舞台。近代
云南和康藏地区藏族、纳西族、汉族、白族等民族的不少商人，就是借助
滇、藏近代社会对外开放格局形成后所开辟的商贸新渠道走出国门，成为
纵横近代南亚、东南亚国际市场的新生力量，也为近代滇藏民间商贸的蓬
勃发展注入了新的活力。"就是近代这些充满活力和冒险精神的各民族商
号商人，逐渐将滇缅、缅印、滇藏、藏印打通为一个围绕喜马拉雅山脉的
环形国际商贸圈，"使滇藏间的商贸发展为滇、藏、缅、印跨国贸易的一
部分，并依附于与缅甸和印度等英属殖民地间的地缘区际贸易，间接地与
世界市场联系在一起。"① 可以说，传统的滇藏间各民族商业贸易，已经进
入了一个更广阔的空间，已经拓展到滇、藏、缅、印大区域国际合作的状
态和层级，滇藏各民族商贸具有了更丰富的交流内容。这从本书前述的丽
江杨家、大理鹤庆张家"恒盛公"、大理喜洲帮严家"永昌祥"、中甸马家
"铸记"以及西藏"邦达昌"等商号的经营事迹中就可清晰见出。笔者认
为，此点是藏区各民族商号互动关系的突出特点和极大亮点，完全可以成
为我们新时期发展跨地区、跨国际经济合作，加强湄公河次区域经济协
作，建设丝绸之路经济带和海上丝绸之路，以及孟中印缅经济走廊的借
鉴，很值得深入探讨。

二　经济互动的民间特色和性质

通过前述考察，我们可以明显看出，藏区或曰滇藏间各民族商号的经
济互动，还有一大特色，即民间性。这一区域各民族的商贸交往，除有一
些政治、军事特色外，更多地体现出民间交往的性质和特点，而民间交往
本身，也更能体现各民族互动的动因和能量、自发性和积极性，以及旺盛
而强劲的生命力。

在这里，笔者尝试从一个新的角度，即商贸互动的民间性质入手，梳
理并揭示过去不为人们关注的藏区各民族的民间交通和商业贸易往来。虽
然，过去汉藏之间的交通道路难于上青天，而且遥远得不可思议，但由于

---

① 周智生：《历史上的滇藏民间商贸交流及其发展机制》，《中国边疆史地研究》2007 年第 1
期。

两地间的资源不同、优势不同，互补性很强，汉藏等各民族间的商品贸易仍然有利可图。人们为了生存，为了发展，总得进行相应的贸易交流。所以，这一带一直存在相当规模的民间贸易，并终于流淌成两地间相互沟通、频繁往来的大动脉，成为联系中国大西南地区乃至喜马拉雅山脉南北国际商贸区域的纽带。这种一定规模的长程民间贸易，一方面使得每个地区、每个社会都在某种程度上分享了世界上所有的资源和智慧，使得人们都能改进各自的生产生活方式；另一方面，也借民间商贸交流这一相对来说更合理、更公平，而且也更含有感情因素的活动途径，使得不同地区、不同民族的文化有了更为人性化的、更普遍的、更有弹性的空间，从而相互包容和吸收，形成文化上的多元一体格局。

笔者曾在过去的研究中发现："在中国古代，官方驿制的时兴时废一直是交通方面，也是社会发展方面的大问题。在王朝初期，有为的帝王为了开疆拓土、掌控全局，都很重视驿道的修筑，但每到王朝中后期，官方驿运就衰败不堪，民间运输商贸的作用在这时就凸显出来，成为驿道交通的主导力量。而西南的交通，又跟边疆特性结合在一起。因为边地天高皇帝远，往往政令不及，管辖不达，老百姓也就钻了空隙，靠了自己的商业嗅觉，靠了自己的冒险和勤奋，自发地奔走各地之间去发掘各项资源和财富；又由于由东而西，由北而南，有发达地区的经营经验和模式可以借鉴，西南边地也就形成了民间化的较为自由的经济形态和交通模式。"①

这一民间性有着源远流长的历史传统。林超民教授就曾指出："蜀身毒道不像张骞通西域那样是为政治目的，在已有经济条件下，由政府的力量而凿通的。而是中、缅、印三国人民，尤其是巴蜀人民和西南夷诸部族人民，在长期的经济生产中，根据经济发展的需要自发地开拓的。往返于蜀身毒道的，最初主要是'巴蜀之民'、'蜀贾奸出物者'。"②

许倬云先生也发现："（汉代）开发西南地区有一个特殊的现象，就是行政单位叫作'道'。道是一个直线，不是一个点，也不是面。从一条线，

---

① 李旭：《西南古道的民间性及其经济、文化双重价值》，《中华文化论坛》2008 年 12 月增刊。

② 林超民：《蜀身毒道浅探》，《云南省公路史》编写组编印《云南省公路史参考资料》第 2 期，1982。

慢慢扩张，然后成为一个面，建立一个行政单位。这个过程也许是跟着贸易一步一步向前走，紧随贸易活动跟进去的是移民，移民后面跟进去的是军事力量和行政力量。"① 也就是说，在西南地区，民间贸易往往是道路的开拓者和先驱。而且不管官方如何折腾打斗，政治上亲疏远近，西南地区的民间交易一直在顽强进行，民间商道一直畅通无阻。

到了清代，过去一直由官方严格控制和实施的茶马互市基本废弛，各地各民族商人纷纷私自来往于汉藏之间贩运茶叶，因为茶叶向来是西藏地区最受欢迎的民生物资。在西藏方面，民间藏商更是看好茶叶的高额利润，自发组织大量驮队来往汉地贩运茶叶，各地藏传佛教寺院的喇嘛商也纷至沓来，在汉藏间的茶马古道上频繁往来，积极经营包括茶叶在内的各种商品。这时，官方已很难掌控茶叶贸易，这一区域的商业贸易互动，呈现出日益浓厚的民间色彩。正如笔者在上篇中讲述的，这一时期的云南茶叶生产，因边民们的积极拓殖开发而大为发展起来，后来还出现了"永昌祥"等民间商号商人，将茶叶的生产和销售中心，扩展至更邻近藏区的临沧、大理一带，其出产的茶叶大量销往藏区。早在1799年，清人檀萃辑撰的《滇海虞衡志》卷11就记载："普茶名重于天下，此滇之所以为产而资利赖者也，出普洱所属六茶山，……周八百里，入山作茶者，数十万人，茶客收买，运于各处，每盈路，可谓大钱粮矣。"②

在川藏商业贸易方面，虽然有清以来所谓康藏大道一直是中央政府连接西藏地区的主要官道，但这条路上，又衍生出经道孚、炉霍、甘孜、德格至西藏昌都的"北路"，民间各民族商号商人，因这条路更为平坦，多选择由此入藏。在有清一朝乃至民国时期，这条路上的民间商帮络绎不绝。即使作为官道的经过理塘、巴塘、察雅的"南路"，也充斥着民间商旅。

清代时，巴塘就有《竹枝词》唱道："听来乡语似长安，何事新更武士冠；为道客囊携方便，也随袴褶学财官。"歌词里说的，正是清代陕西籍商人到康藏贸易经商的情形。在历史上，在康藏地区从事商贸经营的汉族人，主要就来自陕西、山西、四川和云南等省区，其中人数最多、来得

① 许倬云：《万古江河》，上海文艺出版社，2006，第99页。
② （清）檀萃辑《滇海虞衡志》，方国瑜主编《云南史料丛刊》第11卷，云南大学出版社，1998。

最早、实力最强的当推陕西籍商人。康藏一带，随时随地能见到他们辛勤做生意的身影。对这些民间商人的活动，来作中先生早在 20 世纪 80 年代就有精彩的记述："由于甘孜地区曾经一度归属陕西府管辖，有不少陕西籍军人长期驻扎在这一地区，久而久之，对这里的风物出产、民情习俗比较熟稔了解，不少乡党也就随之进入，加之他们吃苦耐劳、适应能力强，而且经营方式又比较灵活、讲究信誉，长期以来就受到当地藏族的喜欢和信赖，愿意将自己采集、出产的土特产品和农牧产品，与之进行交换。这些陕西籍商人就此扎下根来，逐渐由行商变为坐商，进而开拓其他产业，并形成商贸网络，将经营范围扩展到内地的成都、重庆、武汉，甚至沿海的上海、广州和港、澳地区，成为影响深远的巨商大贾。如住道孚的陕商严朝六，他自小就随父亲到康区经商，原只是小本经营，有一定盈余和积累后，就到青海玉树设立商号，采购川茶到青海藏区出售，数十年下来，竟盈利数百万元，成为道孚的巨商大贾。再如陕商张宝实，从河南购进绿松石，到白玉销售，仅仅数年时间就盈余数十万元，成为当地富商。这样民间经商发达的事例，在康区各县都有代表。"①

这些来自各地的民间商人，还在康定、巴塘、甘孜、昌都等经商地建了具有浓郁乡情的会馆和具有浓厚汉族特色的关帝庙等，甚至在一些繁华闹市区形成了"陕西街"和汉人聚居区，一方面积极与当地的宗教上层、土司头人及官员建立起良好关系，另一方面不辞辛苦，艰难深入许多偏远地区拓展生意，用以物易物等有实效、藏民也乐于接受的方式，推销外地货物，收购当地土特产，想方设法满足藏族和市场的需求。他们还特别赶在寺庙集会和民族节日的时候，增加物资交流，以非常民间的形式，实现了各民族间的商品贸易交流和文化的相互影响和融合，充分体现出这一区域商业贸易的民间特色。

很值得一提的是，在这一带，大多数道路的修筑以及维修，也是依靠民间力量来完成的。这也是这一区域商业贸易民间性质的一种体现。例如，笔者当年在考察中就了解到："清代道光二十年（正好是鸦片战争爆发的 1840 年），为了更方便地将茶山的茶叶输送到作为茶叶集散地的思茅

---

① 参见来作中《解放前康区商业简述》，中国人民政治协商会议甘孜藏族自治州委员会编《甘孜州文史资料》第 7 辑，1988。

（今普洱市），云南西双版纳普洱茶六大茶山的各家茶庄商号就自己出资，雇用当地民众出工，从四五里以外的地方开采石头并背来铺设道路，先后整整干了5年，终于修通了从易武（民国时属镇越县，并为镇越县政府所在地）起始，经过曼罗、麻黑、象明、曼撒、倚邦过小黑江，再经勐旺、普文，直到普洱茶集散中转中心思茅、普洱的石铺驿道，全长240多公里。当地一直把它称为'茶叶之路'。"① 而像云南德钦县溜筒江上横跨澜沧江的铁索吊桥，也是由丽江仁和昌商号的老掌柜赖耀彩先生主持募资，并监工完成的。这些民间商人，为了自己生意的便利，也为了方便当地民众，在力所能及的情况下，自觉自愿地担负起交通道路的修筑和维修，充分体现了这里商贸的民间精神和特色。

　　总之，从古代直到近现代，在人们视之为高寒偏远甚至不适于人类生存的藏区，早就有各地各民族勇敢智慧的商人不辞辛苦地经营。因为这里有资源的比较优势存在，有不可或缺的市场需求，有很高的利润。人们为了生存，为了发展，进行相应的商业贸易势在必行，这是任何自然的因素、社会的因素和文化的因素都无法阻挡的。藏族著名史诗《格萨尔王传》中，就收录有这样的吐蕃古谚："来往汉藏两地的牦牛，背上什么东西也不愿驮，但遇到贸易有利，就连性命也顾不得。"② 连牦牛都如此，何况人呢？于是，各民族商人不惜拎着脑袋走上漫漫长路，与雪域高原恶劣的自然环境展开卓绝的抗争，翻越无数雪山，跨过无数江河，年复一年不辞辛劳地往来于供需各地，常常逾年不归。金克木先生曾撰文提到这一区域的交通贸易，认为"官走不通，民间商人走得通，汉人不能通过，货物可以经他人转手通过，民间对外贸易往来比官府早得多"。③ 据笔者多年来对茶马古道的考察研究，事实的确如此。

　　可见，在藏区，汉藏间的商业贸易大部分是以民间形式进行的，各民族的商帮商号，在这里扮演着主要的角色。尤其是近代以降，这一区域的商业贸易始终以民间商号资本、民间运输力量、民生民用物资为贸易的主要内容，即使在抗日战争的非常时期也不例外。茶马古道就是这么一条典

---

① 据笔者2004年4月对西双版纳勐腊县易武镇老镇长张毅先生的访谈笔记。
② 范文澜：《中国通史》第4册，人民出版社，1978，第54页。
③ 金克木：《秦汉历史数学》（上、下），《读书》2000年第7、8期。

型的民间商道。茶马古道极少运送官方物资，过去顶多有一些军队、粮饷和发配的官员，以及传递公文的驿卒从这些路上走过。这使得西南古道成为名副其实的民间商道，具有它自己独有的淳朴、原始的风味，一种与民众生活息息相关的乡土气息，一种文化上的原生态。它为我们观察研究跨地区甚至跨国不同民族的经济、文化的传播、交流，提供了难得的案例。

由于这一区域商业贸易的民间性质和特色，世代生息在西藏地区及其周边地区的各个民族，就有了必不可少的和平交往、现实沟通、平等互利以及合作发展的桥梁和渠道，有了你来我往、和谐共处的传统和习惯，有了相互了解、相互熟悉、相互接纳、和合共融的因素和机制。这无疑是我们今天都应该学习和借鉴的。

当然，笔者在此强调互动的民间特色，并不等于说这些互动不涉及官方和政治。事实上，在某些方面和某种程度上，各民族商号间的互动，也与官方存在一定的联系。

三　商业文化互动

内地长期以来都有"工商不能入仕"的惯例，以农为本、以商为末，重农抑商、重本抑末的政策几乎贯穿于中国传统社会的始终。不只内地，在西藏地区，传统的贵族庄园经济也排斥商业，也有排斥和禁止善于经商的康巴人做官的不成文规定。这些，都体现出两地间很相似的轻商、抑商倾向。

但到近代，无论是在内地还是在西藏地区，重本抑末的政策都有所松动，这也是大势所趋、人心所向。

中国自秦始皇统一、实行郡县制起，一直是一个贬商、抑商、不重视商业的国家，因为商业与中央集权的郡县制有着难以调和的趋向。因而，商业在国民经济中，被视为无足轻重的角色。直到进入近代的清王朝晚期，内地和西藏基本不征收商税，只对一些商品收一点厘金。国家和地方的财政，基本上由农税和人头税来支撑。西藏地区也历来有轻商、贱商的传统，只是在康区才有所例外。大约20世纪30年代末至40年代初，西藏才出现商业税票。西藏地方政府的商业税收原先由"盐茶列空"管理，

1931 年在十三世达赖喇嘛执政时期成立扎西列空后，将税收转交给扎西列空管理。①

在近代西藏地区，虽然商号商人的势力还较为弱小，但与以前的时代相比，商人们已经崭露头角，并占据了一定的社会地位，在社会上发挥着越来越大的作用，如邦达昌等。带有浓重官方色彩的热振昌就更不用说。出现这种情况，跟内地商业的繁盛、商帮的崛起，以及商号商人的成熟也不无关系。换句话说，正是由于内地与藏区日益密切的商业往来，促进了两地间的商业文化互动，才出现了两地在近代商业文化领域的一些同质特征。他们在各个商品领域，努力摸索乃至创新着如何交易、如何借贷、何为信用、何为合作的问题。

也就是说，藏区与内地的商业文化，几乎呈现出某种不同时代、不同地域的同质特征，这正好体现出二者间的一种互动关系。

例如，在近现代，西藏地区和与之相邻的云南，商业方面都出现了对外贸易的趋势，进出口贸易在这一地区商号商帮的经营中，占据了越来越重要的地位，而这种特征，都与英法殖民扩张的压迫或引诱有关。19 世纪中叶后，英法殖民者加强了由南亚、东南亚向中国西部边疆扩张的势头，他们不仅修通了接近中国西南边境的铁路和公路，还修通了抵达云南腹地的滇越铁路，迫使云南开放蒙自、思茅、腾冲等五口通商，而且以武力强行进入拉萨，迫使西藏开放亚东和江孜口岸。在民间商号商人的积极响应下，从此，这一区域的商业就有了外向型特征，进出口和转口世界市场的贸易成为巨商们的经营强项。西藏的邦达昌、桑多昌和云南的"永昌祥""恒盛公""铸记"等都是如此。他们相互之间，也互动合作、关系密切，形成了一定的诚信基础和密切往来的商业机制。

再如，内地与藏区的商业文化，都有一定的官方色彩，都具有官商勾结、官商一体的特点。

云南的商号商人跟热振、擦绒、索康和噶雪巴，以及邦达昌、桑多昌等这些西藏权贵、寺院上层和民间商号都有着很好的关系。因为在西藏经

① 诺布旺丹：《西藏商业档案资料》，中国社会科学院民族研究所、中国藏学研究中心社会经济所、中国藏学出版社编著《西藏的商业与手工业调查研究》，中国藏学出版社，2000。

营商业的藏商多属宗教上层或世俗中的贵族世家,与他们进行平等交易的内地各民族商人自然也受到尊重,何况"川陕商人入康皆在中华武力张扬之后,番敬汉人,故敬汉商"。①自清朝就开始的治藏先安康的策略,给包括汉商在内的各民族商人在康藏地区的经营,带来了政策优势,更带来了方便,而他们的广泛经营又极大地促进了康藏社会经济的发展。

丽江束河人王树桐开创的仁和号,最早是在德钦制皮鞋,继而到拉萨找出路,并发展到印度。由于经营有方,机会又好,几年之内就迅速发达起来。他家在全盛时期,马帮多到有百余匹骡马。束河村里流传着这样的说法:当他家的马帮从西藏贩运回来时,头骡已到自家门口,尾骡还在丽江城数里外的黄山哨。王树桐死后,他的两个儿子王文典、王文谟仍在拉萨、德钦设号,但已逐渐衰落。但在拉萨定居的王文训、王文榜两人,在拉萨置有田地房屋,虽没有自己设号经营,但得到了邦达昌的极大信任,两人都在邦达昌当主要办事员,他们的子侄也继承了他们的事业,跟邦达昌的合作一直持续到西藏和平解放时。笔者前述的云南迪庆藏回商人马铸材的"铸记"更是如此。

其实,在藏族的商号里,有不少云南商人帮他们看货、算账、做事。他们常常在一起做生意。云南的商家大都明白这样的道理:在西藏经商,没有藏族权贵的支持和帮助,很难有什么发展,甚至还会倒霉。很早就在西藏有钱有势的丽江杨家"永聚兴",就输得很惨。当然,"永聚兴"的失败有许多原因,跟西藏政局的变化也有关。西藏地方政局的变化,对商业经济的运作,自然有着很大甚至至关重要的影响,像红极一时的热振昌,随着热振活佛的被囚禁和屈死,很快就垮了。

所以,丽江商人总是想方设法与西藏的上层保持良好关系。鹤庆"恒盛公"就曾帮助热振昌在印度打开羊毛的销路,从而建立了双方互信互利的商业关系。丽江"恒和号"的赵鹤修,就曾替索康噶伦家验收货物。赵鹤修可以随便出入索康的家,而且常常被他家请去吃饭、打麻将。丽江赖家"仁和昌"的总经理黄嗣尧先生也跟索康家关系很好。黄嗣尧、赵鹤修、李子芳三个丽江商人曾跟索康三兄弟合过影,是李子芳请来的尼泊尔摄影师拍的,可惜笔者未能找到这张照片。这些足见他们之间的密切关系。

---

① 任乃强:《西康图经》,西藏古籍出版社,2000,第243页。

商业文化的一个最基本特征就是买卖双方诚信关系的建立。这在藏区各民族的商业文化互动中尤为显著。诚信，是商业文化互动中的一种主要表现，这在特别讲究信誉的藏民族中更显突出。加之交易路途和时间的漫长、通信的不便，诚信关系就极关至要。因此，各民族商号通过在藏区的长期经营，跟西藏本地藏族的商人之间，跟有生意往来的普通藏民之间，都建立了一种"不言而喻"的诚信关系。

在漫长遥远的商贸路上，各民族商帮肯定要采购一些给养，诸如酥油、糌粑、马料等，这些东西，驮载能力有限的骡马是无法负担的。于是，他们无一例外地要在沿途的一些村子里选择一些人家做他们的"主人家"，请他们为马帮提供各种后勤保障服务，甚至为商人提供一定的商业服务。这样的人家，马帮们用藏话称之为"乃布"。

像丽江纳西族商号"达记"的马锅头赵应仙，在每一个村寨都有一家信得过的人家做"主人家"。而且这些人也愿意为马帮做事情，一般双方关系都很不错。马帮一到了这个地方，在村外扎好帐篷，放好骡马，人就熟门熟路地直奔"主人家"去，带上些茶叶、红糖什么的，去换糌粑等物品；马帮一到，"主人家"也马上知道了，并早有准备，很快将马帮需要的东西好好办齐。这样马帮既方便又放心，"主人家"也有好处，两厢得益，大家都很高兴。有时候，"主人家"还可以帮马帮代销一些货物，别的人家需要什么东西，就可以到马帮的"主人家"去买或换。最为重要的是，马帮要请自己的"主人家"将回程的粮草备好，他们一路给沿途的"主人家"留一些茶叶，定下所要粮草的数量，"主人家"就一定会办好，很讲信用。

这种诚信关系跟商业关系一样，都是双向的。陈汎舟、陈一石两先生很早就对此进行了细致的考察研究，他们记述道："到抗日战争时期，东南沿海贸易中断，中缅交通被日寇封锁，丽江进一步成为西藏与内地往来的枢纽，商业兴旺发达，有大小商户1200余家，拥有资金一二百万银圆的商户即达十余家。除此之外，各种服务行业也很兴旺，旅店、马店接待过往的客人也很忙碌。在丽江专门接待藏商的旅店就有十余家，其性质同于四川康定从事民族贸易的锅庄业，每年来往于此住宿的藏商即达1000多人。马店业服务周到，招待热情，一般来说，藏商初来住于谁处，今后来往亦于此住宿，绝不改变住处。凡藏商往来的第一天，店主必须备酒招待一餐，表示洗尘，此后还要供应柴火给他们熬茶煮食之用。锅庄业或马店业对藏商存销货物有搭桥成交的业务，是滇藏商人货物成交的场所，也是藏商信任的中间人。当每批货物经店主人介绍成交之后，店主要从中收取每元二分的报酬，收入多的每年可达二三千元。因此，店主对藏商是热情欢迎的，即使是在冬季住宿紧张、旅客已满的情况下，店主都要想尽办法，不管是向别人租房或借房，都要满足他们的住宿。这种服务行业为远道而来的藏商在购销业务上带来了方便，解决了语言的障碍。锅庄主要熟习货物的品质、市场的行情。在他们的撮合下，买卖双方成交的价格一般都较为合理，因而也赢得了商旅们对他们的信任，在某种程度上，他们为促进滇藏贸易的发展和各族人民之间的友好往来起到了积极作用。"①

王恒杰先生对此也深有研究："藏区来的客商不仅需有房东作保，而且包括了解行情、同所在地商号谈判，也都是通过房东来进行的。所以，这里的房东非同内地的一般客店，他或她（锅庄或马店主人往往是能干、善人际交往的女性——引者注）又起牙人的作用，但由于不收旅店费，而只是根据替客商出外交涉买卖，然后根据成交额收一定的牙钱，这里称之为牙用。也就是说，客商成交的货额多，房东得的牙钱也就多，而房钱及饭费也从中得到补偿了。'牙钱'并不由卖货者出，而是买方出，所以主人也积极为客商联系交易，如客商卖了还买，主人则又可得一份，自然房东也是千方百计为客商活动，客商既卖又买，主人则得双份牙用钱。所收牙用费，像买一件价值数元的白色毛布衣服，房东可抽五角牙用钱，但如买十元以上或至二十元的毛布衣服，房东可抽一元或两元以上的牙用钱。有一些传统商品如茶等，则有古例，一般一驮茶抽两元牙用钱，及到 1948 年时，随着税务的增加，又按筒计算，通常一驮茶合三十六筒，每筒收一个白章（藏银币），一驮要收三十六个白章，实收六元'敦市洋'（详后）。沙糖通常以盒计，每一百盒糖收牙用钱一元。米则二十五筒抽牙用米一筒，不足者仍以买二十五筒计量。每只鸡抽取一角，一两黄金抽取牙用钱三分。因为物品珍贵，再加吃一元，故虫草和贝母等珍贵药品，每一斤收牙用钱三分，同时还要外吃，合计要吃到十分之一。这样，客商会给房东带来一笔可观收入，而且这笔收入主要是在十月、冬月和腊月，即土产可上市及朝山季节获得，其他时节生

---

① 陈汎舟、陈一石：《滇藏贸易历史初探》，《西藏研究》1988 年第 4 期。

意淡季，也是靠它来添补。所以房东对客商是竭力照顾，有时要为客商垫款或出保，遇有敲诈，则负有保护之责，各房东都以照顾好自己的客户为荣，故尔形成一种特殊关系。一些客户和房东还结为固定的关系，来时要欢迎，走时要欢送。客商再来时，也会给房东带来一些礼品。这种房东与牙用制度，历史古老，至少可以追溯到元朝。"①

正如陈汎舟、陈一石两先生所说："滇藏贸易的方式有着它自己的特点。滇藏两省各族人民素以忠厚朴实著称，这种品德在贸易活动中也有着反映，在交易上严格遵守以信为本、诚信待人的朴质的风尚。特别是藏商千里跋涉来到云南，他们首先是熟悉地域，确认商号，选择最好的主客关系，这就是他们只承认第一次与其业务成交的商号或个人。自此之后一切交易均与其来往，买卖双方说定价格，有无现款支付都无关紧要，只要买方说明何时交付，即可将货物运走，但必须遵守诺言，到时一定付清。这种信誉建立之后，尽管成交的数额很大，都不立合同，勿需证据，只是一言为定，在交易中一般均能信守诺言，较少出现欠债、诈骗等纠纷。买卖双方大都建立'信得过'的关系。"②像束河的王鉴"精于计算，性忠直，又好佛，为人讲信义，重然诺，深受藏商信赖，交易场中，只要王鉴出面承保，丽江、鹤庆等地的商人，即使身无分文，也能'启口'（即赊到）几万元的商品"③。

亲身经历过藏纳贸易的赵净修先生后来感慨地说："藏族同胞重声誉讲信用。对进藏马帮都要进行检查，唯独对丽江古城的巨商赖家的马帮给予'特准免检'的殊遇。凡是插有'闪赊赖家充空'（丽江赖家商号）标旗的马帮一律免予检查放行。"④ 显示了对其高度的信赖，也体现了深刻的互动关系和一定的互动机制。

四　手工艺及技术互动

早在五世达赖喇嘛阿旺罗桑嘉措时期（1617～1682），"西藏的手工艺

---

①　王恒杰：《解放前云南藏区的商业》，《中国藏学》1990年第3期。

②　陈汎舟、陈一石：《滇藏贸易历史初探》，《西藏研究》1988年第4期。

③　杨福泉：《纳西族与藏族历史关系研究》，民族出版社，2005，第324页。

④　赵净修：《茶马古道与丽江商贸的繁荣》，夫巴主编《丽江与茶马古道》，云南大学出版社，2004。

就有了铜匠、镂刻、铸造、泥塑、镶嵌、画工、施工、木匠、铁匠等9个工种，并且有了西藏地方政府建立的行业管理机构'雪堆白'。民国时期，这一机构发展为噶厦的'雪堆白勒空'（即手工业局），作为手工业、五金业的主管"[1]。与此同时，汉藏间的工艺美术交流达到了一个新的层面。对此，吴明娣在其论著中进行了专业而深入的探索，可惜没有论述清代以后的情况。[2]

然而，在旧西藏，从事手工业的工匠地位低下，尤其是五金匠人中的铁匠，被视为"黑骨头"，为五等"贱民"中最低贱者。这样的传统观念，无疑对西藏的手工艺产生了很大的制约。所以，大量的市场需求，吸引着大批内地手工艺人进入西藏谋生，促进了两地间的手工艺及技术互动。据吴忠信1940年入藏报告记载，五金工匠多为在藏之汉人，只有少数藏人从事手工艺。[3] 在各民族手工艺人和商人的互动与推动下，西藏地区的手工艺及各项技术有了长足发展。据不完全统计，到1959年，西藏的手工业已发展到45个行业，能够生产1000多种产品，从业工匠及艺人达到8000多户。[4]

其实，汉藏两地间的手工艺及技术互动更为源远流长。陈汎舟、陈一石两先生指出："公元9世纪吐蕃和南诏政权之间和睦相处，联系密切，大批吐蕃军民进入滇区，把比较发达的高原农、牧业、水利、冶炼技术传入滇西北地区，而滇省的传统工艺和茶叶亦开始为藏族人民所喜爱，中甸、维西地区成为滇藏经济、文化交流的枢纽。"[5]

杨毓才先生指出："从公元19世纪到20世纪初，由于生产力获得进一步发展，丽江地区与大理、昆明、西藏、印度贸易往来的频繁，商品经济进一步发展，出现了具有资本主义性质的工商业和一些商业资本家，其发展程度虽不如大理白族，但在云南各民族中仍处于领先地位。"[6] 就在这一

① 郭卿友编著《民国藏事通鉴》，中国藏学出版社，2008，第456页。
② 吴明娣：《汉藏工艺美术交流史》，中国藏学出版社，2007。
③ 中国第二历史档案馆、中国藏学研究中心合编《黄慕松、吴忠信、赵守钰、戴传贤奉使办理藏事报告书》，中国藏学出版社，1993，第199页。
④ 苏发祥：《论民国时期西藏地方的社会与经济》，《中央民族大学学报》（哲学社会科学版）1999年第5期。
⑤ 陈汎舟、陈一石：《滇藏贸易历史初探》，《西藏研究》1988年第4期。
⑥ 杨毓才：《云南各民族经济发展史》，云南民族出版社，1989，第471页。

时期，由于大批纳西族商号商贩进入藏区经商贸易，在你来我往的繁盛的经贸互动中，也就将相对先进的手工艺及技术带到了藏区。

丽江地区的永胜县早在南诏时期就以出产铜矿著名。铜矿经过初炼后，运至丽江进行加工，并打制成铜锅、铜盆、铜水缸、铜勺、铜剑、铜饰品、铜壶、铜火锅和著名的"丽锁"（丽江铜锁）等生活、生产用具，深受远近各民族欢迎和喜爱。而随着马帮运输业的兴盛，跟马帮有关的手工行业，如打制铜鞍蹬、马掌、马料锅等，也日益发达起来。天长日久，丽江就出现了一条铜匠街——金鑫街，分布有40多间店铺，专门制造和销售各种铜器。这些铜器深受远近各民族的喜爱。

在抗日战争胜利前后，丽江从事打铜手工业的就有100多户、400多人，成为当时丽江纳西族中最大的一个手工行业。经过锻冶的铜有红铜、黄铜、青铜、紫铜和乌铜等，其中最为著名的是"乌铜走银"的工艺品，表明纳西族的冶铜技术和手工艺已达到较高水平。上述铜制产品除在本地销售外，还远销至大理、昆明，以及藏区的拉萨、昌都、康定、木里和盐源等地。其中拉萨各大喇嘛寺，以及昌都、迪庆、甘孜等藏族地区藏传佛教寺院里的铜佛像、铜法号、酥油灯等宗教用品，以及熬茶大铜锅、酥油茶壶、铜制大水缸、水瓢等生活用具，很大一部分是丽江纳西族工人制造的。这些手工产品经过商人们的沿途贩运，遍及藏区各地。

从云南输入西藏地区的手工产品，如铜锅、铜壶、铜盆、铜盘、铜桶、铜瓢、铜水缸、铜锁等，都技艺精湛，深受藏族人民欢迎。特别是丽江生产的铜瓦、马料锅以及木制银碗都是远销西藏的产品，藏商订购数量动辄数十驮。这些不仅解决了西藏寺庙建筑用品的需要，而且还满足了藏民日常生活用品的需要。除上述银铜制品外，还有藏靴、腰带、藏帽、皮绳、藏刀鞘及刀柄、皮鞍、马饰等输入藏区销售。这些都出自大理、丽江各民族手工艺人。这类手工商品虽不是很起眼，但都是藏族人民生产生活必需之物。而且这类产品的原料多数来自藏区，经过大理、丽江的手工业者制成成品之后，又返销藏区，或由进入藏区谋生的手工艺人专为他们制作。这无疑大大促进了两地间各民族的交往。另外还有红糖、粉丝、面条和辣椒等云南特产，年销西藏地区约千驮。藏族人民向来是一个热爱生活、善于装饰自己的民族，对这些手工制品有着大量的需求。不仅如此，云南商人还按藏族喜爱的样式和种类，采办各种各样的装饰品，如"河南的毡帽，西安的绿松石，江西的瓷器"① 以及妇女头上的银饰等都远销西藏。

在滇、藏、川一带，丽江纳西族等民族的毛皮业也十分著名。1949 年前，仅丽江一县就有经营和制作毛皮业的手工业户 40 多家，有毛皮作坊 20 多家，师徒合计有 200 多人。他们从丽江本地和中甸、维西、宁蒗、盐源各地收购大量牛羊皮张，并将上等羊羔皮制成裘皮，另外还用牛皮、狗皮、狐皮等制作鞍具、糌粑口袋、藏靴、藏皮帽等，销往西藏各地。他们鞣制染色的红、绿皮革是一项绝活，不使用任何化学染料，工序复杂，染成后的皮革久不褪色，广泛适用于藏族僧俗大众乃至贵族上层，供不应求。丽江纳西族走西藏草地的马帮和商人，也都穿着和使用这些皮毛制品。

在这些手工皮革匠人中，有一位很著名的回族皮革师傅马鹤仙。马鹤仙祖籍四川西昌，他家世世代代都以制作皮革为业。他在 1927 年时落籍到丽江，将一些加工皮革的家传绝技带到了丽江。马鹤仙能熟练地制作一种红、绿颜色的羊皮和红色牛皮，还会火熏牛皮的技术，并能用自己鞣制的皮革制作马龙套和藏族最为喜爱的腰带钱包等。他染制皮革用的是五倍子、苏木、纯菜籽油等植物原料，染出的皮革色彩鲜艳，不易褪色，所以很受大家的欢迎。他染制的皮革除在当地使用外，也随着茶马古道远销到西藏地区和尼泊尔、印度等地。在这条路上经商的李达三、李立三、杨修、李光全等人的马帮每年都将马鹤仙的红绿羊皮运销到藏族地区。也有藏商和尼泊尔商人直接找他订货，而且每年都愿意预付数目可观的订金。由于红绿羊皮既漂亮又结实耐用，在藏区声名远扬，藏商将马鹤仙称为"三朵颂露公美柔"，意思是丽江红绿羊皮生产者。这些手工艺人中还有人纺织羊毛氆氇，供中甸、德钦和四川甘孜以及西藏的藏族人使用，也有纺织羊毛地毯、卡垫和床毡的，主要供当地上层人物和藏区喇嘛寺院使用。

当时在丽江生活了 9 年之久的白俄顾彼得如此记述："丽江没有大工厂，可是在最近几年里。随着中国工业合作社运动的到来，小规模的工业

---

① 张相时：《云南恒盛公商号经营史略》，中国人民政治协商会议云南省委员会文史资料委员会、中国民主建国会云南省委员会、云南省工商业联合会合编《云南文史资料选辑》第 42 辑，云南人民出版社，1993。

有了长足的发展。许多小工厂散布全城，用手工进行毛纺、织布和编织。漂亮的西式鞋袜和运动用品，都用本地原料制成，陈列在许多商店里。白族家具店能生产出从麻将桌到相当现代化的衣橱。藏靴和鞍囊成千上万的生产出来，实际上真正的好藏靴不是西藏生产的，而是从丽江出口到那里的。除了这些还有红铜器、黄铜器和精湛的手工镂刻黄铜挂锁。战争期间通过西藏进行的巨额贸易和新发展的工业，丽江变得很繁荣，新的建筑物开始像雨后春笋般出现在各处。"①

即使在过去那段时光已经逝去半个多世纪的现今的丽江街头，不仅依然可见当年的城市格局和房屋建筑，也还可以看到不少的缝纫铺、皮革加工店和制鞋店，那就是丽江纳西族祖祖辈辈传下来的。当时马帮需要的各种皮制马具以及人们穿戴的藏服、藏靴等，就由这些店铺生产出来。

值得一提的还有造纸业。丽江地区过去因为林木茂盛，有丰富的造纸原料，又拥有一批造纸专业技工，造纸业相当发达。当地的产品，有一部分就远销藏区，供藏传佛教寺院印经使用。

也有纳西族、白族木匠专门从事遍及各地的藏传佛教寺庙的门楼雕刻和藏民家佛堂、水橱等的雕刻，技术精湛，甚得藏族的好评。像位于昌都，始建于1164年的藏传佛教噶玛噶举派祖寺噶玛寺，就是藏族、纳西族、汉族三式合璧，明显可见各民族工匠的互动影响。②

近代以来，受益于大理剑川白族的木器加工和漆器工艺传承，迪庆尼西上桥头、奔子栏有汉族血统的"藏族生产的木碗、酥油盒、糌粑盒等，既有全木上土漆的，也有银制木碗、银包边盒等，品质繁多，经久耐用，美观大方，原料质地优良，工艺考究，不仅适用于本地藏区的需要，也为川、藏地区藏族人民所喜爱，因而成为滇藏贸易的重要商品。"③

从古到今，尤其是近现代，丽江、大理有不少手工艺人，如铜匠、木匠、皮匠等进入藏区谋生，直接参与西藏许多寺庙和民居的建筑，并为藏族的日常生活需求服务，将其他民族的文化带入藏区。有的手艺人干脆就在西藏安家落户，成了雪域草地的一员。

---

① 〔俄〕顾彼得：《被遗忘的王国》，李茂春译，云南人民出版社，1992，第52页。

② 马丽华：《藏东红山脉》，中国社会科学出版社，2002，第89~99页。

③ 李旭：《香格里拉县上桥头村文化资源调查》，郭家骥、边明社主编《迪庆州民族文化保护传承与开发研究》，云南人民出版社，2012。

很多年后的今天，又有许多大理鹤庆的白族工匠到西藏各地，有的几个人一伙，有的一家人一地，在西藏从事银器和铜器的加工，也有人把在云南做好的各种金属器皿和装饰品带到西藏去销售。仅在拉萨八廓街东孜苏路一带，就有四五十家鹤庆白族人开设的金银器具加工店，在整个拉萨，起码有上百家、数百人。这些手工匠人更遍布整个藏区。①

据丽江纳西族商人杨守其的后人说，他家祖上一位叫杨永蠼的，能在西藏山南站住脚，并拥有一定的土地产业，就是因为他最早到泽当的时候，发现当地藏族还没有水磨坊，于是他便将水磨坊磨面技术带到那里，建起一排水磨坊，并独家经营，所以才得以发家致富。后来一度在西藏经营大规模商业、创设有名的"永聚兴"商号的杨聚贤，就是杨永蠼的侄子。而杨家后人于20世纪40年代在丽江老家建的三坊一照壁大院，第一次在丽江古城使用了昂贵的玻璃窗户，那些玻璃，竟是从印度购买并用马帮运送回来的。同样，位于束河古镇的王家大院，使用的钢筋窗格栅，也是从印度购买并运回的。西藏左贡县位于茶马古道上的碧土寺，还有雕刻有"囍"字样的雕花门窗。②

据在滇藏间茶马古道上走过无数趟的丽江纳西族马锅头赵应仙老先生讲述：在左贡田妥过去一点点的地方，在怒江边的牟门，那里居然出产葡萄，甜的葡萄，有食指头那么大，很好吃。赵应仙住在邦达的时候，曾经到那里采买当地藏族自己酿造的葡萄酒，买了来过年喝。那是个有百十户人家的大村子。那里还出产一种最好、最体面的毛料，叫"牟门拉瓦"。拉瓦就是毛料布的意思，完全用手工纺织成，最好了，在丽江都很出名，丽江人去哪儿做客带上一点"牟门拉瓦"作礼物，就不得了啦。给人家做坎肩什么的最好，纳西女人最喜欢它。那毛料细细的，跟现在的细毛呢一样，"他们会搞呢，不得了呢。"多年后赵老先生还赞不绝口。那时牟门的好多人家都做那"牟门拉瓦"，一般都是妇女搞。牟门的毛料好，与当地的羊有关。他们的羊毛最好了，羊绒长长的，比棉花都细，妇女从早到晚都拿个纺锤纺线，然后再织成布，最后还自己染色，染得最多的是藏族最

---

① 据笔者1998、1999年在西藏各地的访谈笔记。
② 据笔者1998年访谈笔记。

喜欢的紫红色。①

由上述可见，在各民族频繁密切的商贸往来中，各地各民族的手工艺以及相关技术的互动传播，也是一项重要内容。

这些手工艺及技术的互动传播，具有很强的实用性，非常容易与法国年鉴派史学大师布罗代尔所谓的当地的"骨干技术"结合，因而也就更易于为各族人民喜爱和接受，从而也就更易于在各民族间建立深厚牢固的互动关系。

五　人口及婚姻互动

由于汉藏两地茶马互市的发展和茶马古道的通行，有汉族、回族、纳西族及其他民族的手工业者和商人逐渐移居藏区。与此同时，也有藏族商人移居汉族和其他民族地区。各民族间商业上的相互往来，不仅加深了各民族间的认识、理解，促进了友谊，而且为了生意经营的便利、生活的入乡随俗等，各民族还常常相互结亲通婚，成为一家人。这便是笔者在此要探讨的人口与婚姻的互动关系。

据藏学前辈任乃强先生研究，早在元明时期，就有不少陕西商人到甘孜藏区安家落户，元代时，当地的陕西商人为数已在 300 人以上；明清时期，藏区各地城镇已有不少汉族落籍；清初，巴塘已经"有街市，皆陕西客民贸易于此"，城内有供商旅住宿的行馆，这些行馆"颇高洁，可时眺望，全塘在目，俨如内地"。而且，"现在西康住民，什八九为番，什一为汉人，百分之五六为其他民族。汉人之中，什九为扯格娃，什一为纯粹汉人而已"。所谓"扯格娃"，是藏语对汉父藏母所生子女的专门称谓。据此可见汉藏婚姻结合及共同生育之普遍。任乃强先生认为："是故同化番民最妙之法，莫如提倡汉番通婚。"任乃强先生说这话并非空谈，而是有着实实在在的经验和体悟。他自己便身体力行，娶了藏族妻子，并将他们的婚姻故事记载于自己的著作里。② 马金先生进而指出："汉族人口迁至藏区以后，普遍与藏族通婚，因此，解放前在藏区的交通沿线各主要城镇，都

---

① 李旭：《藏客——茶马古道马帮生涯》，云南大学出版社，2000，第 159 页。
② 任乃强：《西康图经》，西藏古籍出版社，2000，第 421～440 页、第 321～342 页。

有很多汉藏结合的家庭。"①

据李坚尚先生调查："福康安带领清军击败入侵的廓尔喀人后，一些四川、甘肃等地回民战士和随军人员，依据当时准许居留谋生的政令，在拉萨等地定居下来，从事商业活动，这是西藏大量出现从内地去的回族商人之始。这些人主要从事商业活动及磨面、屠宰、饮食等业务，并与当地藏民通婚。"②

云南的各民族商帮商号在藏区经商也有较长的历史，至少在清代中期已具有一定规模，而且，由于云南紧邻东南亚、南亚的缅甸、印度，自古就有西南丝绸之路连通，因而有经过缅甸、印度与西藏地区联系的便利通道。尤其是在抗日战争期间，由于中国对外交流的各条道路，包括海路都被日军封锁，仅剩滇藏、川藏茶马古道经过藏区与盟国相通，这样便大大加强了云南与西藏的商业往来，云南的商号商户也借机得有较大发展。据李坚尚先生调查："云南商户以马世元的资格最老，年轻时就在藏经商，1944年，97岁，在拉萨办了颇具规模的百岁大寿庆祝；以铸记资本较多，估计达十万大洋，经营茶叶、首饰之类，后兼营羊毛；此外马连元、刘富堂、张小周（应为张筱舟，云南商号恒盛公派驻拉萨的经理，后独立经营，最后在拉萨逝世——引者注）、恒盛公、洪记（应为腾冲帮洪盛祥——引者注）等商号，亦较有名，他们中的一些人，也和藏族妇女结婚，有些人的后裔也成为藏族。"③

在藏区经商、生活的汉族商人也有类似情况，如据说最早在拉萨设商号的汉族商人解文会，以及北京商人、兴记的经理梁子质先生，都与藏族妇女结婚，生有儿女。本书前述的杨聚贤、杨训知父子，"铸记"的马铸材等也是如此。而曾在康定当过县长，后来又到拉萨中央政府驻藏办事处任科长的云南鹤庆人华寄天，在担任公职的同时也在拉萨兼职做生意，

① 马金：《略论历史上汉族民族间的茶马互市》，西藏社会科学院民族历史研究所编《西藏史研究论文选》，西藏人民出版社，1984。
② 李坚尚：《西藏的商业和贸易》，中国社会科学院民族研究所、中国藏学研究中心社会经济所、中国藏学出版社编著《西藏的商业与手工业调查研究》，中国藏学出版社，2000。
③ 李坚尚：《西藏的商业和贸易》，中国社会科学院民族研究所、中国藏学研究中心社会经济所、中国藏学出版社编著《西藏的商业与手工业调查研究》，中国藏学出版社，2000。

"和他在康定的兄弟合伙将茶叶运进西藏销售。他在拉萨就讨了一位西藏贵族的女儿做太太，让太太帮手打理生意"①。

各民族商人之所以选择与当地藏族结成婚姻关系，一方面是因为远离自己家乡而产生的生理、心理需求，更是因为生意的需要。西藏"从事于贸易者，男子颇少，多役使妇女掌之，其周到绵密非男子所有"②。娶藏族女子为妻，既可以很快很容易地融入藏族社会，也能得到生意上的得力帮助，并得到日常生活上的照顾，各民族商人也就乐而为之，进而成为一种常见习俗，为大家认可并接受。连后来成为"湘西王"的陈渠珍，也因为有了聪慧能干而善良的藏族姑娘西原的陪伴和照顾，几次三番死里逃生，从而书写了一卷可歌可泣的爱情传奇。③

由此可见，由于藏区各民族商号间的生意往来，促成了相当普遍也有相当规模的人口的流动和婚姻家庭的互动。这是一个很值得大讲特讲的话题。

1. 人口的互动

要讲人口的互动这个问题，当然还得从茶马古道说起。笔者在这里想借茶马古道这条商业贸易线路，对其商业贸易交往和这些商业贸易的主体——商人群体，进行一些探讨。茶马古道毕竟是一条商贸之路，而商人就是一个最容易流动也必须流动的群体。

茶马古道的路线非常长。从云南、四川的产茶地，一直延伸到整个藏区的茶叶消费地，拉萨是这条路线上最重要的一个消费集散地。从云南的产茶地，也就是西双版纳、普洱、临沧、大理这一带，经过丽江、迪庆到西藏拉萨，这是滇藏线；从四川雅安一带的产茶区（成都盆地的西缘），经过康定到拉萨，这是川藏线。不管从滇藏线也好，川藏线也好，到拉萨起码都有两千多公里。这是一种远距离的、风险非常高的贸易。

对于茶马古道这样远距离、高利润和高风险的贸易来说，没有大量资本投入、没有大批人员参与是不可能进行的。商人在远方市场和地方性生

---

① 访谈笔记。同时见邢肃芝（洛桑珍珠）口述，张健飞、杨念群笔述《雪域求法记：一个汉人喇嘛的口述史》，生活·读书·新知三联书店，2008，第248页。

② 尹扶一：《西藏纪要》，铅印本，1930。

③ 参见陈渠珍《艽野尘梦》，西藏人民出版社，2011。

产之间起着必不可少的、极其重要的纽带作用。

　　茶叶在某些特定的地方才能生产。一般来说，海拔 500~1800 米左右、云雾比较浓重的地方才能产茶。过去西藏是不产茶的，藏人要饮茶（具有游牧性质的民族都有饮茶习俗），就得从远方运来。在茶叶的生产地与它的消费群和消费市场之间，就有一段非常遥远的距离，商人在这一段距离中就起到了非常重要的作用。这些商人为什么要走上茶马古道？为什么要走出去？笔者的看法就是：为了生存，为了发展。为他们的生存所迫和发展需要，要走出去。在这种生存发展的压力之下，虽然不同的地理环境和气候环境对人类的活动有极大的局限作用，但是人们为生计所迫，为利益所惑，总要不断地突破这种环境的局限性。商人和商帮就必须用他们那种冒险的进取精神来克服这些高山峡谷，在种种恶劣气候、环境的阻碍下踏出茶马古道，并且塑造出一种不平凡的、全新的人生。

　　我们可以从几个方面来看这个问题。

　　从历史上看，虽然对茶叶、马匹和高原山货等的需求没有导致茶马古道沿线大规模的人口迁徙浪潮，它们的运输交易对全国经济的发展也产生不了至关重要的影响。人们对物的追逐，确实造成了一定数量人的流动。同样，对茶叶、马匹和皮毛、山货的需求，使得茶马古道这条商贸之路，也产生了重心的变化，并产生了这样一些人：从赶马人、背夫、包装工、皮匠、小商贩、马锅头，到出纳、会计、店主、各种经纪人、经理人、放贷者，直到大商人。他们确实环环相扣、相互来往，一切都有迹可循，正如本书上篇里展示的那样。无疑，他们之所以出现在茶马古道上，是因为这些民众在茶马古道上得到了他们所期望的利益。否则，这条道路的遥远和艰险，足以打消他们欲求的念头，阻止他们冒险的脚步。但商人和马帮的冒险进取精神和创造力，使得他们克服高山峡谷和恶劣气候的阻碍，不仅踏出了条条茶马古道，而且前赴后继，产生了很好的互动关系。

　　茶马古道上的商旅大多来自民间，来自仍处于传统的自然经济状态下的农村，即使那些原为手工业者的商人，其不太远的祖先，也还是农民。他们的出走主要是为了生存和发展。那时的农村处于破产的边缘，这就迫使他们走出去寻找新的出路。他们后来都定居在大小城镇里，奔波于城镇之间讨生活、做生意，由农民、手工业者逐渐变成商人，由农村人口逐渐变成城市居民，最终成为创造了极大价值和物质财富的人群。

法国著名的年鉴派史学家布罗代尔提出，近代以前，中国人口刚好有过一个时期的巨大增长——从 1600 年到 1850 年这段时间是中国人口激增的时期。这有几个原因。过去中国都是种植小麦和大米，并以这两种作物为主食，而这两种主食一般来说必须在有水、有平地、土壤条件较好的地方才能生长。大约 15 世纪以后，美洲出产的番薯、土豆、玉米这些高产并且在山区都能够生长的农作物，跨洋越海传入了中国。再加上进入康熙年间以后，社会趋于稳定，民族关系和谐，康熙皇帝甚至于 1712 年宣布"盛世滋丁，永不加赋"。于是，中国人口迅速增长，从 1600 年到 1850 年，中国的耕地只增加了两倍，但是人口却一下子从 1.5 亿增加到了 4.3 亿，大约相当于之前的三倍。这时，人口的压力就出现了，即使开发山地，也承载不了历史上从未有过的巨量人口。人口的增长速度远远超过耕地和粮食的增长速度，这就必须寻找别的出路，要走出去。布罗代尔说了一段非常精辟的话："如果人口增长了，生产和交换就会增长，在荒地、树林、沼泽或高山的边缘地带的种植业就会发展，手工工场就会兴旺，村庄和城市，特别是城市的规模就会扩大，流动人口就会增加。人口增长压力越大，人们作出的反应越多，这是无声的命令。"① 人口的压力就是无声的命令。这个时候，边疆各原住民族关系也比较稳定，越来越多的人得以离开土地，进入新的地域去从事商业经济。商业移民比较多，商人的流动性比较大，这是当时的一个大趋势。这种流动的生活是那些再也无法在土地上安身的人们的命运。只要他们足够聪明机灵，他们就能抓住很多机会——比一辈子守在土地上的农民多得多的机会——发家致富。特别是在一个交通不便和供消费用的商品相对稀少，因而必然保持高物价的地区，情况定然如是。

有地方志资料显示，在过去的藏区，单一结构的经济畸形呈现，交换形式在好多地方还处于以物易物的阶段。在法国导演雅克·贝汉的电影

① 〔法〕费尔南·布罗代尔：《15 至 18 世纪的物质文明、经济和资本主义》第一卷，顾良、施康强译，生活·读书·新知三联书店，1992，第 30 页。

《喜马拉雅》中，我们可以看到，那片高原长期囿于基本上以村庄为单元的半农半牧的文明，即使本村需求的粮食，都得靠自己的力量，用千辛万苦从自然盐湖中采集运来的盐巴，去粮食产地换取。因为生长于高原的青稞，有着不可改变的缺点，那就是产量低下，根本不够人们糊口。这表明，即便是当地也出产的青稞，还需要流通交换。人们只是为了生存，也必须走出家门去豁命奋斗。在过去的西藏，没有茶叶，粮食不够吃，各种各样的生产用品缺乏，人最基本的一些需求都不能满足，必须去交换，于是就有茶马古道上的商人出现。这些商人把茶叶运到藏区，把藏区的一些特产如麝香、虫草、皮毛这些东西运到内地，都是利润非常高的生意。从上篇所述各民族的几家商号可见，清代以后，滇西北包括迪庆、大理和丽江等地区的很多人，都是沿着茶马古道走进西藏，去求利，去谋生。道光年间编撰的《云南志钞》里面就记载："中甸距前藏凡四十七站，站三十里或四十里，多露宿。悬峰峻岭，高入云表，路逢断堑，辄伐木填堑以度。霜降后，雪已封山。丽江、鹤庆、剑川之行贾其地者，每岁以二月往，次岁六月始归，皆获厚利，借以起家。"① 各民族人民就靠走茶马古道，靠走这条路去交易后，获得厚利，发家致富。现在丽江比较有规模的一些老房子，丽江的四方街，沿着四方街形成的放射性城市格局，完全就是因为茶马古道上一些商人的贸易，才使得丽江形成了现在这样的规模，才有了丽江现在那些非常有味道的老街、老房子。这是靠茶马古道各民族商家的运作才建设起来的。②

尽管通过茶马古道进行远程贸易和促成商品增殖殊非易事，但商机的确存在。高原上的人们可以采到盐巴，却采不到茶。中原内地不可能产好马，也没有土地饲养马，更不可能出产虫草、麝香之类的山货。据《甘孜州文史资料》载，过去在康定西路茶马古道沿线的营官寨，两个圆镜可换一斤酥油，五根针或四两碗糖可换四两贝母，一顶呢毡帽就可换一头牦牛；在塔公牧区，一包半茶叶（二十四斤）就可换羊毛一百市斤；在有的地方，一盒火柴就能换一斤酥油，一包针、一束线可换一斤

① （清）王崧：《道光云南志钞》，方国瑜主编《云南史料丛刊》第 11 卷，云南大学出版社，2001。
② 参见李旭《遥远的地平线》，云南人民出版社，1999，第 97～109 页。

贝母……最为突出的是，在藏区，供日常大量消费用的茶叶，需要从数千里外运来销售，利润在数倍甚至十数倍以上。这就给那些善于利用机会的人提供了无数发财致富的机会。因此，对于一个机灵而不怕吃苦的人来说，只要把茶运到藏区，就有利可图。在一段时间之后，这些人就成为较专业的商人，其中有的甚至成为新的富豪，成为一个地区的新贵。同时，他们也会邀亲请戚、呼朋唤友，让更多的人参与到他们的事业中来。

在此强调一点，茶马古道上有一个特别的群体。在茶马古道的中间路段上有四个地区：四川的甘孜藏族自治州、云南的迪庆藏族自治州、西藏的昌都地区以及青海的玉树藏族自治州，这四个藏族地区，历来都被称为"康"，生活在这一带的藏人被称为康巴。这个地区的康巴藏族就处于汉族地区和藏族地区的中间地带。过去西藏也是非常轻视商人的，但是康巴人向来都以特别善于经商而著名，西藏最富有的几大商家，也都出自康巴人。为什么会这样？是康巴人天生就善于经商么？还是因为康巴所处的汉藏之间的一种中间位置，决定了他们必然会成为出色的商人，以完成汉藏间物质资源交换的当然使命？笔者的答案当然是后者。康巴居于汉藏之间，藏族地区没有汉族地区的茶叶，汉族地区缺乏良马，没有高原上的那些特产，比如麝香、虫草这些东西，于是产生了交换，康巴在中间就起到了交换的作用，使他们成为出色的商人。正如布罗代尔所说，历史也造就人，规范他们的命运。① 西藏近现代史上最强盛、实力最雄厚的商帮邦达昌的发展，就足以为例。而且，康巴藏区地处滇、川、藏、青、甘五个涉藏省区交界地，自古就是部落各民族的汇聚地带，费孝通等先生一向称之为"民族走廊"。这一走廊不仅成为藏汉等民族经济、文化交流的渠道和枢纽，并且被历代中央王朝作为治理西藏的战略要地。中央王朝与西藏地区频繁的政治、军事、经济、文化交往，基本上依托这一过渡地带来贯彻实施。与此民族走廊相交汇的民间茶马古道和官方康藏大道的通行，不仅带动了这一地区的商业行为，而且，随着各民族商号商人经济互动的展开，相关的文化交流、习俗侵

① 〔法〕费尔南·布罗代尔：《论历史》，刘北成、周立红译，北京大学出版社，2008，第11页。

染、各种观念的交汇，以及各民族的融合，西藏地区的社会状况必然随
之改变。

茶马古道上兴起的商业贸易，给有进取精神的人提供了无限的可能
性。那些利用了这种可能性的人，足以成为一个有社会影响力的群体。云
南丽江在近现代史上所谓的"习、李、赖、杨"或"习、王、李、赖"
"四大家族"就证明了这点。从其经营历程中，可以看出他们是多么富有
精力、才干和冒险精神，并且是多么活跃。[①]

在本部分，笔者将对这一问题进行集中而较深入的考察。先从现在属
于世界文化遗产丽江古城一部分的束河谈起。

滇西北的丽江是茶马古道上的一个重镇，很大的一个站头，用现在的
话来说，就是当时茶马古道上的桥头堡，从汉地前往藏区的一个桥头堡。
整个丽江古城的形成都跟茶马古道有关系。昔日丽江的几大商家，主要就
是通过与藏区的贸易崛起的。

沿现在丽江市南北向的香格里大道一直往北，经过几公里就可到束
河。束河的七八个自然村落、一千多户人家背靠聚宝、龙泉、莲花三山，
以青龙河、九鼎河、束河三条河溪为带，水到哪里，村到哪里，由北而南
分布在丽江坝子西缘，面对着暖暖的朝阳，斜倚着玉龙雪山，幽静雅致而
不乏活力，生机盎然而不事张扬，实在是一个理想的生息之地。其实纳西
族的祖先早就发现了这片宝地。当他们从遥远的北方跨过许多江河，几经
迁徙来到丽江，最早的落脚处就在适于农耕定居、交通便利的白沙、束河
一带，而那时大研古城所在的地方还是一片沼泽。

束河也叫龙泉村。束河的灵气与活力大概来源于那处汩汩不绝的九鼎
龙潭，来源于那几条奔流不息的河溪，是它们滋养了束河人，也为他们灌
注了走出去的勇气和力量。那条条通向四面八方的驿道，就是束河人作为
龙的子民延伸到各地的触须。

明代时，木氏土司苦心经营丽江，从外地引进了不少手工匠人，安置
在束河。随着经济的逐渐发达，人口的日益繁衍，束河人就不再天天脸朝
黄土背朝天地在土地里刨食，而是争相学艺，代代相传，做皮鞋，从事各

---

① 参见李旭《遥远的地平线》，云南人民出版社，1999；李旭《藏客——茶马古道马帮生
涯》，云南大学出版社，2000。

类皮革加工。到 20 世纪 50 年代初期，束河一带从事皮革业的人家就有三四百户，日产皮鞋 500 多双。束河皮匠不仅在大研古城里占据着一块别人无法动摇的皮具市场，进而"一把锥子闯天下"，沿着日益繁盛的茶马古道走向西北藏区，甚至在中甸、德钦、宁蒗等地形成一个个束河皮匠村落。于是，束河便成为滇西北乃至滇藏川地区有名的皮革加工基地，束河也就有了"皮匠村"之名。

2004 年就已 80 岁的杨沛诚老先生，可说是束河古镇的文化活地图。早在 20 世纪 80 年代，笔者就读过他写的关于束河皮匠和马帮商人的文字。[①] 老先生讲述起束河的种种往事，如数家珍。在老人的述说中，笔者认识到，在皮革业的带动下，束河成为丽江坝子里最早从传统的农耕文明向手工业和商业过渡的样板。明清后的束河，生活模式已不是男耕女织，而是男人在外面闯荡，做手工，做生意，女人在家务农和照管家务。他们就这样里外配合，积累了越来越多的财富，盖起了一座又一座宅院，使得束河居民日多，铺面一家接一家，并有了洞经古乐会，甚至有了热闹的夜市。靠手工业完成原始资本积累的人们又赶起了马帮，做起了商业贸易，以谋求更大的发展。而有了一定经济实力的乡人又积极发展本地的教育和其他文化事业，从外面带回各种各样的东西，使束河成为难得的文化盆地，汇聚了深厚的人文景观，最终成为丽江古城"世界文化遗产"的一个当然部分。[②]

与笔者有着相同爱好但之前一直未曾谋面的纳西族文化人夫巴先生，带着笔者看了乡贤和氏三兄弟的老宅，看了三兄弟之一的和志钧及众多马锅头捐资改造扩建的束河完小（现设有茶马古道博物馆），看了大觉宫保存下来的三面精美壁画，看了现在日渐热闹拥挤的束河小四方街。由四方街转上丽江坝子里最为壮观的一座石拱桥——建于明代万历年间的青龙桥，桥面早被多年过往马帮的蹄掌磨得像镜面一样光滑，作为桥栏杆的是一条条巨石，那是村民眺望雪山、凝视河溪、休闲放松的好去处，也是过去人们交流商业信息的地方。青龙桥的中轴线正对着聚宝山的主峰，桥与

---

① 杨沛诚：《束河的皮匠和藏客》，丽江纳西族自治县方志编纂委员会办公室编《丽江志苑》第 1 期。

② 参见夫巴主编《丽江与茶马古道》，云南大学出版社，2004。

山之间，就是错落有致的民居建筑群落，里面有现为老年活动中心的著名马帮商人王润家的大院，窗户上的防盗钢条还是马帮从印度驮来的；清澈的九鼎河穿过全村，河里还有当年泡皮子的木桩，河边有现为洗衣板的古石碑；西北方向有通往藏区的石板巷道……步履所及，处处是数百年的历史累积下的痕迹，处处有茶马古道多元文化积淀的印记，令人顿生时光倒转、岁月留痕的深切感触。

不知是该遗憾还是该庆幸，昔日满目皆是的束河皮匠如今只余两户，他们还在维系着束河的传统命脉。

时年 64 岁的李金凤个头高大，随时穿着自己手工缝制的皮马甲。他父母为了让他心灵手巧，特意为他取了个女孩子的名字，以便他能继承家传的极细致的拈针引线的手工皮匠活儿。早在李金凤祖父那一辈，他家就背井离乡到澜沧江边的维西，在县城附近一个叫"洛鲁"的地方开起了皮匠铺，生产皮鞋、藏靴和其他马帮用具并销售，为茶马古道上的"藏客"们服务。李金凤读过几年书后，在 12 岁上就学起皮匠活儿，至今他的皮匠生涯已超过半个世纪。在 20 世纪 50 年代茶马古道上的生意终止后，他家又迁回了束河。直到 1985 年，李金凤才开了自己的皮匠铺子，亮出他全套保存下的束河皮匠的各种手艺，成为束河硕果仅存的一家皮匠铺。现在他在大研镇五一街开了一间"龙泉皮革皮毛店"，加工纳西族妇女最为钟情的七星披肩，还可以量体裁衣，为游客包括外国人定制各种皮货，什么都能做，学习能力也很强。李金凤还带出了几个徒弟，他的女儿、儿子都在店里干活，生意十分兴隆。

生于 1925 年的张绍李的经历几乎是昔日束河皮匠的一个缩影。他的祖上像许多束河人一样，很早就沿着茶马古道到藏区闯荡，做皮匠。张绍李就出生在中甸的中心镇，因为生活艰辛，他家六兄弟还流落到四川乡城当了许多年农奴，后来又转回中甸小街子，到张绍贤家当皮匠学徒，又到李崇德家做皮匠帮工。张绍李的皮匠手艺就是在那些年里学会的。成年后的张绍李赶马进了四趟西藏，还曾去思茅驮茶，因为母亲病重才结束了茶马古道上的马帮生涯，22 岁时到张家上了门。1951 年，张绍李结束了他四处漂泊的生活，回到束河老家务农。在此后的几十年间，做皮匠成了"资本主义的尾巴"，沿袭了许多年的传统被割断。直到改革开放后，张绍李才得以重操旧业，帮人缝制皮口袋，做藏靴。他的后人对此已经有些不认同，他将成为束河最后一个老皮匠，一天天继续那古老的行当。

当时已 86 岁高龄的王茂本老先生虽然只走过一趟茶马古道，但他在拉萨一住就是三年，给束河在茶马古道上的大商人王润家做小伙计，学会了一口拉萨藏话。正因为只走过一次，茶马古道给老人留下了终生难忘的记忆，他甚至清楚地记得那一趟进藏他们走了 102 天。说起茶马古道上的事情，老人一下子精神焕发，眼睛发亮，自有一种走南闯北、见过世面的人才有的豁达开朗的气质。

时年 80 岁的杨克刚老人上过四年初小，会打算盘，在当年也算是有知识的人了。他因而成为大研镇四大家族之一的牛文伯家的马锅头，手下有四个赶马人"腊都"，他们一人能赶七八匹骡子，走了无数趟西藏。杨老先生的祖父就是靠做皮匠发的家，到杨老先生的父辈时，兄弟六人都到了中甸住下，继续做茶马古道上的皮匠生意。杨老先生带我们去看了在他爷爷手上盖起来的老房子，算起来该有 200 年了。杨克刚就出生在这座老宅里。在自己垂垂老矣的时候，还能原样看到自己出生的地方，真是件幸福的事情。

后来，束河一度兴旺发达的皮革业和茶马古道上的商业贸易颓然衰落，村民们又像他们很久以前的祖先一样，成了地道的农民，天天背着箩筐、扛着锄头下地干活，只有几户人家还依依不舍地养上一两匹骡马驮点柴火、粪肥之类。过去做皮匠、赶马走天涯的生活完全成为遥远的过去，原来晾晒皮革的地方竖起了一簇簇旗杆般的晒粮架，原来喂养的骡马换成了耕地犁田的黄牛。束河一度热闹熙攘的小四方街店铺萧条，门庭冷落，灰尘几乎完全遮蔽了原来整洁光滑的五花石板地面。

直到今天，束河那已经将一条腿迈入现代商业文明而又突然缩回了农耕文明的独特景况，雕塑般、活化石般地凝聚在了她的建筑、她的格局、她的山水和巷道间，凝聚在了束河人的脸面、笑容和神态举止间。束河由农业而手工业而商业的发展路子，到 20 世纪 50 年代戛然而止。甚至，20 世纪 50 年代土地改革大潮掀起之时，听说家乡马上要土改，一些长期滞留藏区的束河商人和匠人，不得不转让掉他们的店铺和作坊，纷纷回到丽江，以等待和观望自己家土地和财产的命运。据龙泉村的老人回忆，当时从藏区返回束河的人家计达 100 多户。当然，还有一些人家就留在当地。由此也可见，束河此前进入藏区的人户不在少数。

在过去的长年累月中，大大小小的束河藏客在藏区多少也赚到了一些钱，像旧时代的许多土财主一样，他们不想，同时也很难将积聚的资本进行再投资，使生意越做越大。他们大多是将赚得的钱财带回家乡，置购一些土地，盖房子，使家人有份较固定的产业和收入，还有房子住。这些建筑，成为今天束河古镇的重要遗产。

在这里，笔者还想特别提到茶马古道上的一种特殊的现象——一妻多夫的婚姻家庭制。这也与茶马古道上的人口流动有关。

熟悉藏族文化的人都知道，生息于藏东的康巴人，大约包括今西藏昌都地区、四川甘孜州大部、云南迪庆州以及青海玉树州的藏族，在整个藏族中以擅长经商而著称。他们经商的足迹，常常遍及所有藏区，甚至延伸到其他民族地区和其他国家。在这些康巴人生活的一些地区，世代盛行一种比较奇特的婚姻家庭形式，那就是一妻多夫。当然，也有很少部分采取一夫多妻家庭制的，那一般是家里只有几个姐妹，然后共同招一夫婿入赘。

其实过去在西藏，一妻多夫或是一夫多妻的家庭并不少见，尤以一妻多夫的家庭为多。这在藏族地区，原已是源远流长之事。仅从汉文史籍来看，就有藏族先民之一的苏毗人保留了许多母系氏族社会痕迹的记载，他们重女轻男，实行一妻多夫制。《隋书·西域传》"女国"条就说，"其俗贵妇人，轻丈夫，而性不妒忌"，故称其为"女国"。① 《唐会要》记载："其女子贵者，则多有侍男。男子贵不得有侍女。虽贱庶之女，尽为家长，尤有数夫焉，生子皆从母姓。"② 据学者研究，现代藏族大概由吐蕃、象雄、苏毗和吐谷浑四大部族融合而成。吐蕃松赞干布时，受命前往长安迎娶文成公主的吐蕃权臣禄东赞就是苏毗人。苏毗人起源于青藏高原西北部，又称"孙波"，他们最早的故乡应在西藏日喀则地区南木林县的襄曲河谷。后来他们逐渐向东迁徙，一直抵达拉萨河流域和昌都西北部。到公元7世纪，生息于雅鲁藏布江中游雅砻河谷的吐蕃部落迅速崛起，通过北伐、西征、东进，建立起庞大的吐蕃王国。其间征伐的吐蕃军队，主要由苏毗人组成。随着吐蕃的扩张，他们不断向东迁徙。一部分苏毗人从西藏

---

① 《隋书·西域传》，中华书局，1997。
② （宋）王溥：《唐会要》卷99，上海古籍出版社，2006。

昌都迁入四川西北，建立了"东女国"。也就是说，苏毗人东进的路线，与茶马古道是吻合的。至今，在四川西北至云南西北，以泸沽湖为中心，仍保留着浓厚的母系氏族家庭痕迹，人称"女儿国"。在横断山脉的高山峡谷地区，则保留着许多一妻多夫的家庭模式。2004 年 5 月，《中国国家地理》的记者和专家们在采访川、滇、藏"大香格里拉"区域专题时，注意到了从大渡河流域的金川县、小金县和丹巴县到雅砻江新龙、雅江、九龙和木里等地，直到四川与云南交界处的泸沽湖"女儿国"，形成了一条"女性文化带"，多多少少保留着"走婚"的习俗，而古代的"东女国"也就在这一地区。再往西，在澜沧江、怒江的峡谷地区，则有大量一妻多夫家庭存在。① 笔者到过的茶马古道上的左贡县东坝乡，位于怒江边的一片冲积台地上，土地的贫瘠和狭窄自不待言，但他们却盖起了十分宽敞甚至可以说恢宏的住房，生活相当富裕。他们的主要收入，就来自大规模外出经商运输，而不是守着土地。很突出的是，那里一妻多夫家庭占绝大多数，角荣村的一妻多夫家庭占 90% 以上。② 一妻多夫的家庭结构，给他们提供了外出经商跑运输的有利条件。

　　这一特殊家庭模式的范围大致呈东、西方向分布，并没有沿江河南北纵向分布，而与茶马古道的走向大致相当。

　　笔者在考察茶马古道时早就注意到，生活在泸沽湖地区的摩梭人，在茶马古道盛行的时期，男人多有赶马帮走西藏的经历。他们实行的"走婚"方式，一方面可能与"东女国"的传统有关，另一方面是否与在茶马古道上长期行走有一定关系？资深民族学者宋恩常、周裕栋、詹承绪、杨学政等先生的调查给出了肯定的答案。③ 在茶马古道途经的许多藏族村寨，尤其是在横断山脉高山峡谷地区的村寨，几乎都有一妻多夫的家庭。在云南德钦县、西藏左贡县，这样的家庭是很常见的。有些村寨一妻多夫或一夫多妻的家庭，占到总家庭数的 30% ~40%。

----

① 　参见单之蔷《八大重合横断山》，《中国国家地理》2004 年第 7 期。
② 　吕昌林：《浅论昌都地区一夫多妻、一妻多夫婚姻陋习的现状、成因及对策》，《西藏研究》1999 年第 4 期。
③ 　参见云南省编辑组《宁蒗彝族自治县纳西族社会及家庭形态调查》，云南人民出版社，1986；云南省编辑组《宁蒗彝族自治县永宁纳西族社会及其母系制调查》，云南人民出版社，1988。

值得注意的是，在相距十分遥远的喜马拉雅山区，尤其是与尼泊尔交界处，也大量存在一妻多夫或一夫多妻的家庭。当地人都比较推崇这样的家庭模式，因为这样的家庭，生产生活都搞得比一夫一妻家庭好。在这么广阔的地域里，藏族社会都同样强烈地表现出对一妻多夫或一夫多妻家庭的认可甚至是推崇。美国人类学者巴伯若·尼姆里·阿吉兹在其《藏边人家——关于三代定日人的真实记述》里，就通过大量的个案分析，深入研究了这一奇特的婚姻形式。阿吉兹在定日记录了 430 起婚姻，其中 122 起是一妻多夫或一夫多妻婚，占 28%。阿吉兹发现，"这类婚姻几乎都发生在村里最富的人家里；在地位较低、属于'堆穷'阶层的农村人口中几乎见不到这类婚事。"他们认为"住在一起便兴盛，分为两家则贫穷"。经济利益的考量是一妻多夫或一夫多妻婚姻的一个原因。而由于村里"平均每个人和同村人中的百分之六十五沾亲并因此使他和他们之间不能通婚或发生性关系"，"但只要没亲属关系就可以结合"，于是"与自己的亲属分享其配偶乃是天经地义和令人向往的事"。①

1990 年，笔者与木霁弘、王晓松、陈保亚等人第一次正式考察茶马古道时，所雇请马帮的马锅头都吉就与他的哥哥共有一个妻子。我们上路的时候，哥哥让他们的妻子跟着都吉和我们走了几天，晚上那妻子就和都吉睡在一个帐篷里。看得出她比较喜欢都吉，但都吉对她不够热情。他们的妻子还带着一个不满周岁的小孩子，都吉也从来不背不抱那个孩子，尽管山路十分崎岖难行。到溜筒江，在翻越梅里雪山之前，她才折返头回家去。后来都吉告诉我们，他无法知道那孩子是不是他的。他自己在外村有一个相好的，一直在争取跟她结婚，但他哥哥说什么都不答应。碍于传统和兄长的权威，都吉只能和哥哥维持一妻多夫的婚姻现状。如果都吉真要结婚分家出去，家产如何分配？家里的马帮由谁来赶呢？

在笔者看来，藏族之所以采取这种奇特的婚姻制度，主要是出于经济生产方面的考量。一方面藏地山高水寒，农作物产量不高，而且还要面对多种多样的自然灾害，要投入很多劳力；另一方面，藏区大部分地区的家庭都采取半农半牧的生产方式，而且牧业一般都采取半游牧的方式——春

① 〔美〕巴伯若·尼姆里·阿吉兹：《藏边人家——关于三代定日人的真实记述》，翟胜德译，西藏人民出版社，1987。

夏季上高山牧场,秋冬季下到定居谷地。牛羊放养在高山牧场的半年时间里,都必须有专人看护,并挤奶、打酥油等。任何一种单一的生产模式都无法应对那里的自然条件。一个家庭要同时从事农业和畜牧业,那就需要人手;如果他们还要经商做生意,那就得有人经常在外面奔波;还有,西藏在过去很长的历史时期,实行严苛的"乌拉"差役,西藏地方政府、土司头人和寺庙每年都会大量征用乌拉差,派到谁家,谁家就得无偿地听从差遣。所以,一夫一妻制的家庭很难应付家庭经济和社会权势的需求。而且,如果实行一夫一妻制,兄弟姊妹就得分家。根据西藏传统的家庭继承制,并无男女之分,而以长为尊,为主要继承人,其余也能酌情分享一份家产。这样的话,当长辈去世甚至还在世时,一个实力雄厚的家庭就会分裂成几个脆弱的小家庭,很难与西藏高原那恶劣的自然环境对抗,甚至连生存都会成问题。所以,他们就采取了兄弟姊妹共有一个妻子或一个丈夫的办法,尽力避免分家,以保持家庭的经济生产能力。美国人类学家、藏学家梅·戈尔斯坦曾分析比较过印度巴哈里和西藏的一妻多夫家庭,他认为:"西藏一妻多夫制明显地与经济因素相关,它本质上不是对生存的适应,而是对生产力和经济水平导致的社会结果的适应。"[①] 著名经济学家、1992 年诺贝尔经济学奖得主加里·斯坦利·贝克尔更"把微观经济学的研究领域延伸到人类行为及其相互关系"(瑞典皇家科学院授奖词),在家庭范畴全面应用了传统上只用于研究企业及消费者的分析框架,探讨了家庭内的劳动分工和一夫多妻制现象,"认为家庭是由多个人组成的生产单位,不同成员的商品、时间、货币和技能等生产要素的投入会产生联合效用,当一个家庭的时间和货币为既定时,为了使家庭行为最大化,家庭成员就在户主的组织下,对有限的资源进行最合理的配置,进行家庭生产,因此家庭就是一个有效率的经济单位"[②]。而这也正是家庭能够亘古即有、绵延长存的原因。汉藏间的茶马古道上不少家庭实行一妻多夫的模式,显然是对其有限资源的一种合理配置方式。这种配置方式,使得他们的一些家庭成员能够走出家门,去进行更有效率的生产,给这个家庭带来更多的财

① 〔美〕梅·戈尔斯坦:《巴哈里与西藏的一妻多夫制度新探》,何国强译,《西藏研究》2003 年第 2 期。
② 参见〔美〕加里·斯坦利·贝克尔《家庭论》,王献生、王宇译,商务印书馆,1998。

富。

总之，在喜马拉雅山区和横断山脉地区的一些地方，特殊的地理生态环境和条件，迫使其保留了某种程度上的"集体"所有制形式，如过去的"房"、一妻多夫的复杂家庭；核心家庭在这些地区是难以生存的，更提不上发展。笔者是赞成这样的解释的，它符合人类学最一般的规律。任何一种文化现象的背后，肯定有它实现并存在的原因，而这原因往往就是人类要怎样适应自然环境，用最经济的手段，满足自己的生存和发展需求。再说，这些做法也符合历史传统。

这样，那些从一妻多夫家庭里走出来经商的人，就加入了茶马古道上的商旅队伍，长时间脱离农村的农牧业劳动，成为在城镇和市场里流动的人群。笔者就经常在茶马古道各条线路上遇到这群人。久而久之，他们有的虽还与原先的农牧业家庭保持着血缘亲情关系和松散的经济联系，但最终会在城镇里定居下来，成为城市的居民。

另外，还有一个因素促进了茶马古道上人员的流动。生息在青藏高原上的藏族不仅有一妻多夫的婚姻家庭结构，而且他们的家庭财产继承方式与汉族有一定区别。汉族一般是以父系家族作为传承的血缘基础，而且家庭往往是一个扩大家庭，不是核心小家庭，男性劳动力就是家庭中最重要的生产力，精耕细作的农业生产也需要他们留在家庭里，所以一般情况下，几乎每个儿子都留在家里。而即使大家庭分家，他们也都有自己的一份——家庭里的所有男性成员都有大致同等的继承权。所以，他们没有理由走出去。与此相区别，欧洲社会中的家庭实行的是长子继承制，除长子外，其余的儿子都只有离开家，自己去谋生。日本也是这样。藏族则更甚于此，他们一般实行的是长子长女继承制，只要是家庭里的老大，不分男女，就得继承并支撑起这个家庭。其实，这也是藏区一些地方盛行一妻多夫家庭的一个原因。如果家里的老大是女儿，她就很可能招其他家庭的几个兄弟入赘，家里的弟弟妹妹等其他成员，既可以选择到寺庙出家当僧侣，也可以出嫁或入赘其他家庭，还可以作为这个家庭的一员而出外谋生。他们也可以继续留在这一家庭里分享其权利，但一般却不会那么选择。他们有的出去以后还与原来的家庭保持一定的联系，有的则在外自立门户，脱离了原来的家庭关系。茶马古道上的许多马帮商人和赶马人，就属于在这种情况下走出家门和山谷，就此寄身于商业的情况。

还有一部分商人来自贵族上层以及寺庙僧侣。他们看到茶马古道上有利可图，也从原来的社会阶层里脱离出来，去追逐财富和利润。

毫无疑问，在藏区巨大的茶叶市场和其他贵重资源，如皮毛、麝香、虫草等山货药材的吸引下，成都平原西部以及云南西南部、西北部的大部分商业都朝向西边的高原——喜马拉雅山脉，商人基本上都是往那边流动的。现在的态势仍然如此。这里存在布罗代尔在研究 15 至 18 世纪的物质文明、经济和资本主义时经常提到的"压差"现象，也就是说，不同区域间，由于发达与不发达、进步（强）与落后（弱）等因素，再加上资源的互补性，从而造成经济的流动和人口的流动。例如，明代的时候，丽江的纳西族木氏土司势力比较强盛，其农耕文明发展成熟，经济比较发达，实力雄厚，就向北向西扩张，在一个相当长的时段内，控制了几乎整个康区的南部。这里存在一种压差，人口经济就往那里流动。当它势力衰减时，又会退回原有的地域，留下的遗民，则逐渐融入当地民族。民间经济势力的变动就更是如此。因为当时的西藏地区需要的东西很多，也有很多珍贵的出产，所以就吸引着云南的纳西族、汉族、回族、白族的商人往那边走。

这里也存在人文地理学者唐晓峰在谈到长城地带时所提及的"过渡性"特征："在长城地带，人文地理与自然地理一样具有过渡性，它是一个渗透着农业和草原势力的世界，一个两种势力接触并汇合于此，而不能被任何一方永远统治的世界。……在'过渡'社会中，因'正常'社会的统治者无心认真经营'过渡'政治，这里的政治永远是消极的。但'过渡'却是进行贸易的绝好地方，在这里，贸易永远是积极的。……过渡地区的人们有机会较多地受到自己利益的支配。……徭役租税的疏漏，人口的疏散，造成更灵活自由的集市经济，官府更易于同商人勾结，向来严谨的军事活动，在这里，也充满商机。"① 笔者已反复说明，茶马古道正是穿越汉藏过渡地带的走廊，在这一走廊上，渗透着农业和高原势力两方面力量，两种势力交错接触并融合于此，并且任何一方都无法占据永远的优势，高原文明统治不了农耕文明，农耕文明也无法把高原文明完全

① 唐晓峰：《人文地理随笔》，生活·读书·新知三联书店，2005，第284～285页。

压倒。在就此形成的这个过渡地带中，因为官方无心也无力经营这种过渡政治，这种过渡却是进行贸易的绝好地区。行政的成本太高，政府在这一带的控制非常薄弱，所以商人就可以钻这个空子去发财，使茶马古道的商人相当容易形成和流动。自明清以来，不仅有由东向西的四川、云南民众，还有北方的甘肃、青海，甚至北京、陕西的商人、手工业者、军人及其家属，逐渐进入高原定居谋生。清代时，巴塘就有《竹枝词》传唱："听来乡语似长安，何事新更武士冠；为道客囊携方便，也随袴褶学财官。"① 词里唱诵的，正是陕西籍的商人进入康区经营商贸的情形。

笔者就曾有过这样的论述："历史上，在康区进行商贸活动的汉族人，主要来自陕西、山西、四川和云南等省区，其中来得最早、人数最多、实力最强的当推陕西籍商人。由于甘孜地区曾经一度归属陕西都督管辖，有不少陕西籍军人长期驻扎在这一地区，对这里的风物出产、民情习俗比较熟稔了解，不少乡党也就随之进入，加之他们吃苦耐劳、适应能力强，而且经营方式又比较灵活、讲究信誉，长期以来就受到当地藏族的喜欢和信赖，愿意将自己采集、出产的土特产品和农牧产品，与之进行交换，这些陕西籍商人就此扎下根来，逐渐由行商变为坐商，进而开拓其他产业，并形成商贸网络，将经营范围扩展到内地的成都、重庆、武汉，甚至沿海的上海、广州和港、澳地区，成为影响深远的巨商大贾。如住道孚的陕商严朝六，他自小就随父亲到康区经商，原只是小本经营，有一定盈余和积累后，就到青海玉树设立商号，采购川茶到青海藏区出售，数十年下来，竟盈利数百万元，成为道孚的巨商大贾。再如陕商张宝实，从河南购进绿松石，到白玉销售，仅仅数年时间就盈余数十万元，成为当地富商。这样民间经商发达的事例，在康区各县都有代表。他们还在康区的康定、巴塘、甘孜等地建设了具有浓厚汉族特色的会馆和关帝庙等，在巴塘，至今还盛行吃面食，即受当年陕西商人的影响。当时在巴塘经营的汉商就有80家之多。甚至在康定城里还形成了一条'陕西街'。这些商人同时还在边远地区拓展业务，在与当地的民族、宗教上层建立良好关系后，进而组织店伙分赴各乡，深入僻野，通过以物易物等多种手段，

---

① 贺觉非：《西康纪事诗本事注》，林超校，西藏人民出版社，1988。

推销货物，收购土产，多方满足了民众和市场的需求，特别是在寺庙集会和民族节日的时候，增加物资交流，以纯粹民间的形式完成了多民族间的贸易交流和文化融合。"①

20世纪三四十年代长期居住在拉萨学经求法、工作，1945年成为汉人中第一个获得藏传佛教最高学位拉让巴格西的邢肃芝，后来又入世参政，成为国民政府蒙藏委员会委员，并为落实"教育治藏"政策而在拉萨创办拉萨小学，他曾详细记述了内地商人在拉萨的生活和经营情况。② 看到这种趋向，有人甚至提出"实边以民不如实边以商"的主张，因为"多增字号（商家）一家，生活贫民数百"，商业一来，带动"农工自然发达，其余各项实业随之。"③

"四川、云南籍商人来到藏区，有些开始也是随军来的，有的则是来淘金，有的是先从事泥、木、铁、革等手工业，完完全全从草根做起，以后逐渐积累资本，由摊贩转为坐商，或者是与内地有实力的商号取得联系后，在这一带设立分号；有的则是与当地藏民通婚结姻后，安下家来，寻找各种机会，由小到大，逐步兴家发达起来。"④

20世纪初，川滇边务大臣赵尔丰在康区强力推行"改土归流"，客观上强化了藏区与内地的政治联系，并以军力疏通了茶马古道，促使大量陕西、四川、云南各族商人进入藏区经商贸易，有的还定居下来。像西藏的昌都，在清末民初时就已有300多家汉人的后裔，并以各自的职业组织了行帮组织，如三省会等，在当地深深扎下根来。而像康定，到抗战初期，其居民中汉族人口的比例已占47%，泸定甚至高达95%，其他西康各县的汉人也占相当比例。⑤

我们可以看到，各民族商人之所以去藏区，有的是先随着驻军去的，因为军队需要后勤供应，商人就给他们送东西。商人就是灵敏，他们知道

---

① 李旭：《西南古道的民间性及其经济、文化双重价值》，《中华文化论坛》2008年12月增刊。

② 邢肃芝（洛桑珍珠）口述，张健飞、杨念群笔述《雪域求法记——一个汉人喇嘛的口述史》，生活·读书·新知三联书店，2008，第219~225页。

③ 《松潘县志》编纂委员会编《松潘县志·食货·茶法》，民族出版社，1999。

④ 李旭：《西南古道的民间性及其经济、文化双重价值》，《中华文化论坛》2008年12月增刊。

⑤ 参见杨仲华《西康纪要》，商务印书馆，1937，第244~245页。

商机在哪里，就跟着流动，军队到哪儿，他们也跟着走；也有的是到这一带淘金，因为甘孜地区、金沙江沿岸等地产金很多；还有的是去从事一些手工业，当泥水匠、木匠、铁匠、皮匠等，完完全全从草根做起，然后逐渐地积累资本。有点资本后就开店铺或商号，由摊贩转化为坐商，由坐商又成为行商。有了巨额资本和一定信用关系以后，就可以从事高利润同时风险也非常高的长程贸易，然后还可以设分号，把分号沿着某一条线路覆盖过去。在茶马古道上，几乎每一站都有丽江几大商家的分号。最终，正如费孝通先生所言："汉族通过屯垦移民和通商在各非汉民族地区形成了一个点线结合的网络，把东亚这一片土地上的各民族串联在一起，形成了中华民族自在的民族实体，并取得了大一统的格局。"① 也就是说，中国为什么能够形成多元一体的中华民族，为什么虽不像欧洲那样的民族国家，却具有统一性？笔者认为，这跟这些商人，跟这个点和线结合的网络上商人们的经营是分不开的。这一观点，著名历史学家许倬云先生在相关著作里也有精彩论述。

这种人口流动现象，在 20 世纪 80 年代改革开放后，更呈现潮涌之势。在川藏、滇藏一线，乃至藏区各个僻远角落，只要有人烟之处，皆可见川渝人落地生活。

在与藏区相连的广大区域间，人们流动的范围和程度远远超乎我们的想象。

在一般人的心目中，包括过去的笔者自己，都以为中国人是极其安土重迁的。国内外的许多人类学者也总是用"定居"来看待并研究乡土中国。因为惯于精耕细作的中国农民，特别留恋祖祖辈辈辛苦经营的土地，也因为重血缘亲情，离不开祖宗埋葬之地。还因为历代统治者强调以农为本，重农抑商，采取各种政治手段将人口固着于土地上，使其交粮应差，永为顺民。这一传统，也使得中国绝大部分的经济形态停留在小农精耕与市场交换的农村经济。可是，在茶马古道上走动起来，笔者发现事实并不完全是那么回事儿。茶马古道上历来不乏人口流动，这种流动一直是这一区域各民族的基本生存策略。他们为了谋生存求发展，前后相继，背井离

---

① 费孝通：《中华民族的多元一体格局》，《论人类学与文化自觉》，华夏出版社，2004，第 149 页。

乡，从宋、元、明、清到民国时代，直到目前，未有停止。他们的家庭，可以从横断山脉东部，一直延伸到喜马拉雅山，甚至喜马拉雅山南部。丽江大研古镇的纳西族杨守其家族就是如此。

许倬云先生认为："细看中国的历史，没有一个地方的人群是真正的安土重迁，一波又一波大小移民潮，从东到西，从北到南，不断地彼此混合与彼此影响，终于融合成一个大同小异的中华文化。"① 许倬云先生还提出："安史之乱以后，到唐朝灭亡，长安是毁坏得一塌糊涂。当时搬移中国人口进入吐蕃，因为吐蕃人口少，吐蕃帮助唐朝来打安禄山、史思明，回去的时候带走了很多人。唐朝跟他们定的条约是：帮我们恢复两京，土地归我，子女金帛归你。所以，今天吐蕃人口里极大部分是汉人的后裔。"②

在从横断山脉、昆仑山脉到喜马拉雅文化带的广袤地域间，在那险峻壮阔的高山深谷和雪域草原间，都留下了人们你来我往的身影。在这里，许多人都有着流动的经历和经验。那些各民族商人就更是如此。

即使在自然条件优越、相对也比较富庶的云南西双版纳，那些早已定居的当地民族也有很大的流动性。1995年笔者在云南省勐海县布朗山进行布朗族家庭调查的时候，就惊讶地发现，男主人岩宰香老人年轻时候，竟有近三十年的时间是在外地流荡度过的。③ 山川丛林，甚至国界，从来都不足以阻挡他们流动的脚步。以熟谙汉文化，并深得农耕文明之利，且生息在金沙江流域的纳西族、白族为例，他们不仅在自己生息的区域内频繁流动，甚至远走他乡，跨越区域，深入西藏高原，进而又跨越喜马拉雅山脉的巨大屏障，走到了南亚次大陆上的印度。

说起来，四川人、陕西人、云南人等各民族人众出现在茶马古道所通往的西藏高原，是再自然不过的事情。那是商贸和商贸之间的自然吸引，是出于经济目的的自愿流动，以及地域环境自然相连并扩展、历史发展一脉相承的结果。青藏高原上的江河水能够流到横断山脉下的地方，那里的商人就能追溯河流走到上游的人众那里。

① 许倬云：《万古江河——中国历史文化的转折与展开》，上海文艺出版社，2006，第6页。

② 许倬云口述、李怀宇撰写《许倬云谈话录》，广西师范大学出版社，2010，第122页。

③ 参见李旭《丛林深处的精灵·布朗族》，云南人民出版社、云南大学出版社，2003。

对于这些相距遥远的人来说，军事征战甚至抢掠的成本实在太高了，致力于贸易是他们最为明智的选择。

　　我们可以进一步看到，随着茶马古道的延伸，人口流动了，就会在一些重要的点上形成城镇，而城镇对交通、经济贸易往来、民族融合和文化交流起着十分重要的作用。茶马古道上的丽江、思茅、中甸等地，都是茶马古道上的商人行走起来、商贸繁荣以后形成的城镇。像四川的康定、松潘等地，纯粹就是凭借商业文明兴起的城镇，跟农业毫无关系。西方有一种观点，认为中国的城镇跟西方的城镇有很大的区别——中国的城镇是一种乡村集市贸易的集点，而西方的城镇是资本主义兴起的一个结点，中国没有由商业形成的城市。但笔者在康定发现，康定就是一个由商业形成的城市，跟农业和农民一点关系都没有。

　　总之，在商业的影响下，茶马古道沿线诞生了一些城镇，居民人口在增加，就在原来的土司官寨和寺庙的墙脚下，大大小小的市场由于商人们的聚居而形成，它们向广大的农牧区居民提供他们远途贩运来的茶叶等商品，而农牧区居民则将当地出产的酥油、糌粑、皮毛、药材等送到市场里来交换，并由此又转销到远方。这已经不同于传统的中国城镇的功能。在传统的农村经济网络下，中国的大多数城镇只是全国交换网里的集散中心和附近乡村农副产品的交换地，而在茶马古道上，城镇是由远程贸易促生的，它的居民大多来自遥远的他乡，基本上割断了与农村的联系，他们趋利而来，为利而往，成为一个新的社会阶层。

　　通过上述陈述和分析，可以清楚地知道，茶马古道上从来都有一定规模的人口流动。茶马古道的产生和发展，促使一些人，尤其是村落里那些手巧而心思活络的人走出了祖居的村寨，成为城镇手工业者和商人。当这些商人、手工业者沿着交通线到达一个他们属意的城镇，那里既可以维护这些交易路线，又可以种植粮食等，既适宜生活，又有生意可做，他们常常会定居下来，不仅接受当地的生活习俗，而且接受当地的宗教，同时也带去他们原有的文化，从而产生相应的社会和行政组织，并在建筑、服饰、饮食、礼仪、语言、艺术等方面，透露出原有文化的痕迹。这种情况在茶马古道上云南德钦县的奔子栏、西藏芒康县的盐井乡都可以看到。①

---

　　① 参见李旭《遥远的地平线》，云南人民出版社，1999。

在明代，由于明王朝非常保守、封闭，曾发布一条禁令，就是所谓的"汉不入番，番不入汉"。也就是汉人不能到少数民族地区去，少数民族也不能到汉人的地方来。即便这样，事实上仍有汉族移民不断进入少数民族地区。到了明朝末年，这样的禁令就几乎完全失去了效力，人们已经在流动。在中甸的老城独克宗一个藏族老人家的阿布老屋里，古老的佛龛是拼装起来的，能拆卸下的一块雕花板子上，就清晰地刻有"崇祯七年陕西焦氏"的字样。这可以确证，在明代后期的崇祯年间，陕西的手工艺人和商人已进到云南中甸了。到了清代，民族贸易大为开放，因为满人就是原先所谓的"番"，于是一些汉商和其他民族商人就逐渐深入藏区村镇和居民点，开店设铺，而且很受欢迎。丽江地区"藏客"的兴起就足以说明这种情况。茶马古道上著名的"铸记"的创始人马铸材，就是陕西回民的后裔。马铸材 12 岁就开始在一个大理鹤庆的商帮里打工，然后逐渐走到西藏，又一直走到印度去。"铸记"发家的时间大概也是在 19 世纪末 20 世纪初，成为茶马古道上最大的商帮之一。在茶马古道上，一说起"铸记"的"甲米次仁"，人人都知道。现在茶马古道上很多桥梁、道路都是他们家捐资修建的。他们家的第三代移居到中甸，后来到藏族家里入赘，以后就慢慢演变成了藏族。现在他们家的第七、八、九代还生活在中甸，一些成员分布在西藏等地。为了在夹缝中生存，这些商人千方百计走出家门，然后走出了自己的人生之路。

当然，我们也应该看到，由于运输距离的遥远和道路的极其艰险，茶马古道的通行，并没有造成数量巨大的移民和流动人口的出现。这些移民和流动商人，是到了比较晚近的清中后期和民国年间，也就是我们所说的近代时期，才逐渐具备实力，形成气候，对沿途区域的政治、经济和文化产生了一定的影响。

2. 婚姻的互动

在藏区，各民族商号商人间的婚姻的互动与人口的互动相关。

正如笔者曾经所述那样，"并不是所有走西藏草地的'藏客'都像赵应仙和其他一些人那样，在滇藏茶马道上来来往往，来去匆匆，而且最终又回到家乡，回到那片美丽温馨的坝子，回到那座让人无比眷恋的古城。'藏客'中有不少人就在西藏草地结婚安家、扎根落户。赵应仙那死在德钦的伯父赵育杨只不过是其中的一个，就像赵应仙只是走西藏草地的无数

‘藏客’中的一个一样。

"西藏雪域有一种迷人的魅力。我想这种魅力并不仅仅来自那里的姑娘的美丽。而这种魅力究竟是什么，恐怕谁也说不清楚。

"在滇藏贸易兴盛的时候，许多马锅头和‘小伙计’（商号的学徒帮工）以穿藏装和会说藏话为荣耀。而像赵应仙的老板李达三这样的人物，更是靠祖辈走西藏、融入西藏，变得比藏族还藏族，这才兴旺发达起来。李达三自己就十分通晓藏族人的习俗和心理，他的名字在藏区众人皆知。

"有些纳西人就干脆在西藏娶妻生子，安家落户，虽然他们仍被人们视为‘藏客’，但已经名不副实了。距丽江古城大研镇仅四五公里处束河一带的皮匠手艺人，就以走西藏草地并在那儿成家立业而著名。束河是出皮匠的地方，这里的纳西人往往从‘一张皮’‘一颗针’开始创业，散布到藏区各地谋生。当地有一句俗话：‘只要乌鸦飞，必有龙泉人’。他们靠加工皮革、贩卖皮革制品致富后，就购买骡马，开始组建自己的马帮从事商业贸易活动。还在晚清时代，就有我们前面提到的智斗土匪强盗的杨开，从事马帮运输发起家来，成为丽江赫赫有名的大户，在故里建造了大宅院。就是这位杨开，还在西藏娶了一位藏族巨商的千金作妻子，并曾将她带回过丽江。

"杨开肯定不是丽江纳西人里娶藏族媳妇的第一人，更不是最后一个。"①

笔者在上篇里陈述的丽江大研镇杨家的故事，更是典型事例。

前面笔者提到的丽江束河古镇的杨沛诚先生，就曾述及他的外公白晟及藏族外婆的事。他的外公自小丧父，过着贫苦的生活，15岁时就跟随从大理鸡足山朝佛归来的德钦藏族到德钦当皮匠学徒，然后到康区做生意闯荡，一直到了拉萨。他先在丽江听家人之命结了婚，没有圆房就又进了西藏，并在拉萨娶了一个藏族妻子，生下了杨沛诚先生的母亲和大舅。6年后，他花钱在丽江建了两院房，后由原配王氏在丽江奉养老母。后王氏生下杨沛诚的二舅。1912年时，白晟将杨沛诚的母亲和大舅从拉萨带回丽江。杨先生的母亲在1921年举办婚礼时，她的拉萨藏族母亲还到过丽江一

---

① 李旭：《藏客——茶马古道马帮生涯》，云南大学出版社，2000，第172~174页。

次，但回西藏后不久即去世。杨沛诚的外公倦鸟知返，放弃在西藏的生意，返回丽江养老。①

从笔者通过考察掌握的大量材料看，"那时的丽江毫无疑问存在着这样的婚姻家庭现象：走西藏草地的丽江纳西族商人、马锅头和赶马人，有一些在故乡与一个纳西姑娘结婚成家后，又在西藏娶一个藏族姑娘，在西藏又安一个家。用现在的法律来衡量，这当然是犯了重婚罪。但在马帮商人们走西藏草地的时候，还没有这样的法律，即使有，也还管不到地处边疆的边民头上，而且在时人的心目中，那样的婚姻家庭是可以理解的，也是可以接受的。人们对那种双重婚姻没有多少非议。有人甚至认为那是可取的，是必然的。因为在云南丽江和西藏两头结婚安家往往不仅是生理、心理上的需要，也是生意上的需要。到过雪域高原的人都知道，在那里，要作为个人来生活生存是非常困难的，所以才有僧人将那里选择为苦修的场所。除非你想成为得道的僧人，要不长时期在那里一个人生活是难以忍受的。而如果没有当地藏族的帮助支持，在那里要想事业顺利并发达也是不可能的。所以一些'藏客'干脆就在西藏草地又安一个家，使自己成为那里的一员。"②

据说，"西藏惯例，如吾内地之人之赴藏者，无论官民一概不准携带妇女，故驻扎西藏之官吏及商人等侨寓生地者皆娶土人为妇。"③

当然，笔者不否认这种选择里的情感因素。前述中甸的马铸材，在西藏、印度娶藏族妻子，不仅有助于他的生意，而且也有深厚的情感因素。丽江古城的纳西族杨象禹的情况就更是如此。其中不乏离合悲欢的动人故事。

云南省文联的纳西族学者戈阿干先生，早在20世纪80年代就循着早年丽江纳西族马帮商人的足迹，前往西藏考察其事迹。他在拉萨就邂逅过几位有着上述经历的纳西族"藏客"，其中一位，是当时已经有七八十岁的李玉三老人。据戈阿干先生记述："李老先生是丽江束河纳西人，早年在丽江、维西一带作商号的小伙计，后来就到了德钦，在李达三家的永兴

---

① 参见杨沛诚《白晟传奇》，夫巴主编《丽江与茶马古道》，云南大学出版社，2004。
② 李旭：《藏客——茶马古道马帮生涯》，云南大学出版社，2000，第174页。
③ 邵钦权：《卫藏揽要·风俗》，1917年抄本，转引自戴鞍钢、黄苇主编《中国地方志经济资料汇编》，汉语大词典出版社，1999。

号当了近十年的雇员。他27岁那年在德钦结了第一次婚，第一个妻子是他的老乡——丽江束河的纳西姑娘。1943年时，李玉三跟随仁和昌的赖敬禹经昌都来到拉萨，并为了仁和昌的生意前往印度。那时他已有32岁。他在印度前后逗留了3个月，到过噶伦堡、加尔各答等地。从印度返回西藏后，他受命驻守在西藏最南端的边境口岸亚东县的帕里镇，负责进出口货物的转运事务。于是他在那座被人们称为世界最高之镇的地方待了三年。其间他只因为在云南丽江的母亲病故，回过丽江老家一趟，第二年又来到拉萨赖家仁和昌供职。到西藏做事的第二年，李玉三就在拉萨娶了第二个妻子——藏族妻子。随着西藏的和平解放，李玉三也就在拉萨栖身下来，在那里做农民，当石匠，跟他的藏族妻子生活在一起，生养了两男两女，并有了四个孙男孙女。在丽江的纳西妻子也给他生了个儿子，现在云南昭通地区工作。"①

李玉三很有福气，他不仅平安，还在拉萨享得高寿，天天到离家不远的八廓街转转，在广场上晒晒太阳，找几个当年在茶马古道上走动过的老伙计聊聊那远去的往事。

一些云南商人和马锅头、赶马人就这样在两头结婚安家，将遥远的异乡作为家乡，得以度过艰难的时日，在严峻的西藏高原上生存下来。

笔者还了解到一个反向的例子，就是丽江的纳西族嫁给了西藏的藏族。

正当茶马古道上的生意热火朝天的时候，谁也没想到，日本突然投降了，抗日战争胜利了。内地的各条道路一下子敞开在大家面前，通向世界各地的海路也四通八达。然而，还有一批批马帮从印度、拉萨驮着内地已经大降价的货物涌向丽江。其中处境最不妙的要数一个名叫尼玛的青年。

这个尼玛是亚东仁钦岗的藏族人，他还有一个汉族名字叫郭锡宝（音）。尼玛那时还是个英俊而有风度的年轻人，而且十分聪明能干，能讲一口流利的英语。几乎是命中注定，他成了西藏地方政府噶厦里很有势力的新噶伦噶雪巴的私人秘书和生意代理人。在西藏近代史上，生于1903年

---

① 戈阿干：《滇川藏纳西文化考察》，丽江县政协文史资料委员会编《丽江文史资料》第9辑，1990。

的噶雪巴是一个扮演了多重重要角色的人物。在 20 世纪 20 年代，他还是江孜附近一个无足轻重的小人物；在 20 世纪 30 年代，他先是参与龙夏的改革运动，后向噶伦赤门告密，导致龙夏被捕并遭挖去双眼的迫害；在 20 世纪 40 年代，他以同样的方式对待热振活佛，先前效忠热振的噶雪巴这时已是摄政达扎的红人，后来镇压支持热振活佛的色拉寺杰扎仓的喇嘛叛乱，还是由他主动请缨并带兵执行的。据说，噶雪巴之所以能被任命为西藏地方政府四个噶伦之一，是行了巨额贿赂的缘故。当时有一首歌谣流传在拉萨街头，对噶雪巴的升迁和当时西藏社会的风气进行了嘲讽：

> 二万秤藏银白扔，
> 三万秤重打屁股墩，
> 没有藏银五万秤，
> 休想做官当噶伦。[①]

也许这位因行贿而失血过多的新噶伦急于为自己的金库补血（据说噶雪巴为此花去了 50000 秤藏银，每秤藏银合银 50 两。而当时噶伦的年薪为 24 秤藏银，根本不够基本的用度），噶雪巴大做起了滇藏线上的生意。于是尼玛就多次往返于拉萨和丽江之间。

每次到丽江，尼玛总是在离古城四方街不远的积善巷宣明德先生家住下。那是座纳西族式小院，它聪明能干的主人将主楼搭建至三层。这在当时的丽江古城，与四方街的科贡坊一样，算是最高的建筑了，隔窗就能看到玉龙雪山。有白族和藏族血统的宣明德为著名的洛克博士当过随从翻译，还是西方基督教传教士在丽江发展的神职人员。他同他父亲一样，也娶了一位中甸的藏族女子为妻。最早的时候，宣明德只是尼玛的房东，但当尼玛第二次来丽江的时候，宣明德就成为尼玛的岳父了。宣明德家漂亮的女儿三姐嫁给了尼玛。还在第一次住在宣明德家里的时候，这个英俊而能干的藏族青年就与房东的纳西族姑娘相恋，双双坠入情网。尼玛第二次来丽江时，就与宣三姐结了婚。他们在丽江住了几个月后，就一起去了拉萨。由于大家总是称尼玛的妻子为"三姐"，她干脆就给自己取了个藏族

---

① 〔美〕梅·戈尔斯坦：《喇嘛王国的覆灭》，杜永彬译，时事出版社，1994，第 461 页。

名字"桑给"。一年后,他们又回到了丽江,但这不仅仅是一次简单的"回门"。

顾彼得先生跟宣明德是朋友,他通过宣明德认识了文质彬彬的尼玛,并在《被遗忘的王国》里描述了尼玛最后一次到丽江的艰难使命。①

随着和平的降临,上海、香港和广州等口岸重新开放,没有人再需要马帮从印度运来的昂贵的货物。可是马帮早在停战前就已经出发了,并且陆续到达丽江。大多数货物是急于赚钱的西藏官员和藏族商人以托付销售的方式送来的。丽江商人一收到货物就立刻发往昆明,然而已经晚了,这些价格昂贵的货物只有堆在仓库里,赔了大本钱。在拉萨急得发狂的噶雪巴和其他商人连续发电报要求汇款,但货都无法出手,哪来什么款呢?于是尼玛怀里揣着噶雪巴和其他西藏地方政府要员的特别委任状,带着他的丽江妻子又飞回了丽江。

顾彼得先生接着戏剧化地描述了可怜的尼玛与丽江商人们的周旋过程,似乎那些丽江的百万富翁们千方百计想赖掉那笔账。

后来到印度并在那里生活了很长时间的尼玛并没有这样讲述这件事情。

当时在印度并跟尼玛有很好交情的张乃骞先生认为事情是这样的:尼玛负责的最后一批货物的确到了丽江,而且由丽江"元德和"的掌柜和万华经手转卖。尼玛的每笔生意都是与"元德和"合作。在丽江,他最信任的商人就是和万华。

和万华本姓杨,他父亲杨崇兴是"恒足祥"商号杨子祥的马锅头,在清末民初就率领马帮走西藏做"藏客"生意,后来其马帮发展到七八十匹骡子,杨子祥家无人经营,就将全部骡子作价转让给了杨崇兴经营。和万华在父亲事业的基础上开设了"元德和"商号,继续做茶马古道的生意,并与尼玛的东家噶伦噶雪巴建立了很好的商业关系。

由于抗日战争的突然胜利,昆明的物价已经大跌,尤其是咔叽布。尼玛的东家在抗日战争胜利前已经发出的这批以咔叽布为主的货物就成了大问题。和万华根本没有办法按照事先成交的价格付给尼玛货款。可怜的尼玛就被夹在了中间,一头是不依不饶一定要得到货款的噶雪巴(几年后达

---

① 〔俄〕顾彼得:《被遗忘的王国》,李茂春译,云南人民出版社,1992,第164~167页。

扎摄政剪除噶雪巴，将其套上象征耻辱的白衣服逐出拉萨的时候，西藏人才发现他不仅一文不名，而且早已负债累累），一头是拿不出钱来的和万华。因为没有办法向拉萨的东家交差，尼玛就找到了丽江的商会，但丽江商会也没有办法帮他解决，尼玛就一纸诉状告到了云南省政府。不巧的是，省会昆明因为蒋介石得空收拾多年的肉中刺——握有一定实权而从未完全听从中央政令的云南省主席龙云，正乱作一团，哪里有人认真管这十万八千里外的事情？但法院还是受理了这案子，草草判决和万华赔偿一定数额的货款，并以和万华在大研镇的房产作为抵押。正像顾彼得所说的，远方的拉萨人对这种房地产毫无兴趣，而且随着贸易勃兴的结束，丽江古城迅速失去作为贸易中心的重要性，又回到原来的状态：即被遗忘的部落王国宁静的小都城，房价跌得几乎不值几个钱。而就在这几年里，共产党的地下党和中国人民解放军滇桂黔边纵队第七支队已经控制了丽江，识时务的尼玛不得不放弃了收回巨额债务的努力。

顾彼得描述得不太准确的是，和万华的确无力偿还噶雪巴的债务，而不是故意装穷拖延（笔者也不完全否认有那样的可能），以赖掉那笔账。和万华是与腾冲薛家的"美利商行"共同吃下那批货物的，抗日战争一胜利，美利商行撤走了。和万华曾派李永光、李仲宣到腾冲去找美利商行要货款，但美利商行只付了一部分，其余的欠款只能由和万华兜着，到最后他也未能全部付清欠款，后来这事就不了了之。从那时起，和万华的生意就全垮了，连房产都归到了尼玛名下。他最后回到在丽江龙蟠的老家，不久以后，就凶死在那里。

共产党领导的武装力量"边纵"控制丽江是在中华人民共和国成立之前，尼玛想办法从"边纵"那里获得了特别通行证，带着他的纳西族妻子宣三姐，跟洛克博士和顾彼得先生同机飞到一团混乱的昆明，然后转机到缅甸仰光，最后到印度的加尔各答定居。由于事情没有办好，尼玛连西藏都不敢回了。1959年，尼玛夫妇搬到了尼泊尔的加德满都，在那里开了个餐馆谋生。

尼玛比张乃骞大5岁左右，约生于1919年，大约在1994年去世。后来宣三姐还生活在加德满都，前些年还给在丽江的弟弟宣科带钱回来。1999年夏，70多岁的宣三姐又回到云南丽江，天天忙着与多年不见的童年伙伴和老朋友们聚会，精神也比许多年轻人好得多。遗憾的是笔者没能见到她，听她讲述当年茶马古道上的事。

2012年，笔者在昆明听说宣三姐已在尼泊尔加德满都去世。随后笔者到丽江考察，得到她弟弟宣科先生的证实。她生前曾计划回丽江老家养老，但还是觉得不适应。她已习惯在加德满都的生活。

甚至有大贵族娶汉族女子为妻的个例。1936年，大贵族索康·旺钦次丹被任命为昌都"扎萨"。他到任后很快与一位杨姓汉族女子坠入情网，并与之生下了他的第四子。这虽然遭到家族的反对，但作为家长的旺钦次丹并未放弃，而是选择与他的汉族妻子另立门户，成为一个"索康苏巴"（旁系）家庭。他的另外三子则在血统更为高贵的母亲安排下，与贵族宇妥家族的德吉小姐结为一妻多夫家庭，维持原来的索康家族。① 不管怎样，索康这一古老尊贵的家族中，有了汉族的血液。

正如张增祺先生所言："文化传播的最好途径和载体，应该是民族的流动与迁徙。因为只有生活在甲地的民族流向乙地，才能将这一地区的文化（包括物质文化和精神文化）带入另一地区，并带来创造这种文化的思想和生产技艺。因此无论从广度和深度看，都是其他交流途径所不能比拟的。"②

六　习俗互动

任乃强先生早就指出："承平之世，藏境宁谧，（驻藏）官弁员丁，静居无事，多娶番妇；营生业，或设商店，或垦荒土；渐次兴家立业，繁衍子孙。三年瓜代，乐此不归者甚多。大凡康藏大道沿线汉民，十分之九，皆军台丁吏之遗裔也。""此等汉民，造业于中华强盛之世，一切建置设施，皆遵汉地旧俗。其村聚中，率建有市街与关帝庙；门神、对联、花钱、香烛、桌椅、床帐、岁时行乐，婚嫁、丧葬之属，皆存汉制。又每有汉文私塾教育子弟，人行其间，几忘其在番中也。"③

任乃强先生所说的康藏大道，就是我们后来所说的茶马古道，也就是

---

① 次仁央宗：《西藏贵族世家：1900～1951》，中国藏学出版社，2005，第244～245页。

② 张增祺：《滇国与滇文化》，云南美术出版社，1997。

③ 任乃强：《西康图经》，西藏古籍出版社，2000，第435页。

各民族商帮商号由川藏、滇藏各路进入西藏地区的商业贸易通道。在这条路上，由于各民族的频繁往来，乃至定居婚育，不同民族的习俗也就有了相互包容、相互影响、相互融合的现象。这是十分自然的。

在滇藏茶马古道上，"锅头与赶马人之组成马帮，多以家族、民族、宗教、乡邻、伙伴等关系为纽带。因此，赶马人与锅头之间的关系往往十分融洽密切，行动容易协调，运输效率也就比较高。走西藏草地的丽江纳西族、白族商号及其马锅头，大多找滇藏边沿的藏族做马脚子，甚至就请藏族做起马锅头。他们相互之间的关系相当好。这些藏族赶马人，能跟纳西族、白族这样的马锅头用藏语交谈沟通，而像奔子栏、盐井这些地方的藏族，多少也会说一些汉话，纳西话会讲的也有，他们也需要从丽江纳西族马锅头这里讨到饭碗。只有藏族马脚子才吃得起走西藏草地那样的苦。这样双方就形成了相互依存的关系"①，因而也就有了必不可少的互动。

例如，来自滇西北的马帮商人，不论是哪个民族，不论有着什么样的宗教信仰，每次出门上路进藏，都要佩戴银制或铜制的护身符"噶乌"，那是一个真正的宝贝。在藏区，男男女女每个人都戴着这么一个"噶乌"，戴在胸口贴心的地方。那其实是一个技艺精巧的佛盒，上面镌刻有佛像和各种佛教图案，盒子里面装着佛教经文或活佛加持过的符咒。特别珍贵的"噶乌"，里面则有达赖喇嘛等高僧大德的衣服碎片或头发。那已经弥足珍贵。各民族商人马帮在茶马古道上来往了很多趟，有的虽然没有发什么大财，却还算平安顺利，尽管他们自己并不完全相信那是"噶乌"护佑的结果，但他们每次出门都要把它佩戴在胸前。沿途经过寺庙、神山圣地、玛尼堆时，都要进行朝拜和供奉。那时进藏做生意的人们都是这样的，都遵从藏地这样的习俗。滇西北的各民族马帮商人们绝不会在这方面独树一帜，大胆冒险。入乡随俗，这是每个出门人都懂得并遵循的道理。

往西藏进发的时候，这些来自云南的马帮商人都已是一身藏族装束——宽袍大袖的楚巴，用一根腰带束紧，右臂袒露着。行囊里还有兽皮帽、羊皮袍和藏靴。俗话说入乡随俗，"在雪域高原上，也只有藏装才能适应那里的气候，也便于骑马。走西藏的'藏客'都有整套漂亮的藏装。

---

① 李旭：《藏客——茶马古道马帮生涯》，云南大学出版社，2000，第63～64页。

去到西藏境内，他们甚至要换掉从滇西北穿出来的当地生产的皮靴，那对于西藏的大山来说过于笨重，用布和毡子做的藏靴则十分合脚，而且暖和又轻便，连袜子都不用穿，光着脚塞到藏靴里就行"①。

其实，那时的学者并不能将藏族马帮和其他民族马帮很清楚地区分开来。再说，各民族马帮全雇佣藏族做他们的赶马人，他们自己也说藏话，穿藏装，喝酥油茶，吃糌粑，也难怪外人分不清。就连他们自己也认为纳西族马帮与藏族马帮没有任何区别，为了走西藏草地，纳西族马帮完全跟藏族马帮学，从服饰装束、饮食习俗到头骡、二骡、马鞍、马垫、捆驮子都是一样。各民族马帮进入藏区后，身体不适也会到喇嘛寺去请喇嘛看病。有的喇嘛是很好的藏医。藏医里有许多灵验的藏药，有的藏药里居然还会有水银和其他一些矿物。这就是云南马帮商人闻所未闻、见所未见的了。藏医不仅擅长治疗心血管病、风湿病等，解剖学也特别发达。

相关的习俗互动还有很多。

在左贡田妥附近，在怒江边的牟门地方，居然出产葡萄。当年云南马帮商人经过那里的时候，曾经采买当地藏族人酿造的葡萄酒，买了来过年喝。那是个有百十户人家的大村子。那里还出产一种最好、最体面的毛料，叫"牟门拉瓦"。拉瓦就是毛料布的意思，完全用手工纺织成，最好了，在云南丽江都很出名。丽江人去哪儿做客带上一点"牟门拉瓦"作礼物，就不得了啦。给人家做坎肩什么的最好，纳西女人最喜欢它。那毛料细细的，跟现在的细毛呢一样，"他们会搞呢，不得了呢"。多年后，笔者曾经访谈过的马帮商人对此还赞不绝口。那时牟门的好多人家都做"牟门拉瓦"，一般都是妇女做。牟门的毛料好，与当地的羊有关。他们的羊毛最好，羊绒长长的，比棉花都细，妇女从早到晚都拿个纺锤纺线，然后再织成布，最后自己染色，染得最多的是藏族最喜欢的紫红色。僧侣们也大多穿紫红色的袈裟。

笔者访谈过的几个老马锅头和赶马人，无论是纳西族还是白族，至今还能讲藏话。他们甚至用藏语来给自己的坐骑取名字。进入藏区时，"每个走西藏的藏客不仅穿的是藏装，而且大多讲得一口流利而道地的藏话，

---

① 李旭：《藏客——茶马古道马帮生涯》，云南大学出版社，2000，第30~31页。

一讲到西藏，一串串的藏话就迸了出来，尽管他们已经 50 多年没进过藏区，没跟藏族打过交道。他们有的还识得一些藏文，如今还能像我们熟读汉语拼音一样，能将藏文的所有字母唱念出来，'噶咔噶哪，扎查扎哪，沙萨阿雅……'正因为有这种语言及生活习俗方面的便利，云南各民族马帮才得以在藏区通行无阻，就像在自己的家乡一样"①。

在云南丽江大研镇，各民族马帮和当地店家之间形成了约定俗成的规矩："藏族马帮一来，所驮运的货物一概先交给店主（藏语称'乃聪'）照管，由店主介绍出售，老板（藏语称'聪本'）只作成盘（成交）的决策人，要买进驮走的货物，也是由店主一手操办。不论卖出与买进，店主都按照成交的货款数字收取一定的佣金（藏语称之为'八赠'），所以，开设马店是一桩收益较大的买卖。但店主所要负的责任也较大：首先他（她）要保证货款如数收清，其次要懂得鉴别货品的真伪，保证买进好货；再次还要能够合理配搭主次品，比如买进十驮普洱茶，就要搭上最少一驮原山茶（勐库一带出产的乔木老叶子茶）。因为原山茶是普洱茶中的道地货，醇香味浓，活佛、高僧、贵族都爱饮用，所以就特别的珍贵。另外，在藏族马帮商人前来投宿的那天，店主人要以大瓶酒、大块肉和鸡蛋面条热情款待，包括赶马人（藏语叫'腊都'）以及打杂人也都全数一起招待，痛痛快快吃喝上一顿，第二天以后就各自吃自己备的糌粑和酥油茶。在做生意期间，除决策的大老板、二老板外，其他人就到附近的山坡、坟坝放牲口打野。店里的睡床，一律不搭高铺（马帮在野外睡地上惯了），就在楼板上和地板上歇息，但床边都烧有火塘，以便赶马人盘腿坐在床边念经、喝酒，或以酥油茶下糌粑吃。

"店主人还要特别留意藏族马帮起程回去那天，切不可打扫他们的住房和睡床。马帮们认为扫地出门是不吉利的，店家必须严格遵守这一规矩。临行的时候，马帮们要在大门口烧起天香，出门动步时，要一面念经，一面起程。他们下次再来时，一般也就来到原店，宾至如归。倘若店主不守规矩，客人走后马上就扫地收床，马帮们知道了，下次就不再来住此店了，如果在路上遇到了不吉利的事情，他们甚至还会来找店主人算账。"②

---

① 李旭：《藏客——茶马古道马帮生涯》，云南大学出版社，2000，第 31 页。
② 李旭：《藏客——茶马古道马帮生涯》，云南大学出版社，2000，第 43～44 页。

这些习俗与四川康定的"锅庄"完全相同。这似可说明这一区域习俗的互动关系。

　　在汉藏间的交流道路沿途，类似的习俗互动随处可见："走西藏草地的云南各族马帮一上路以后，就没有什么蔬菜可吃。西藏大部分地区又高又冷，没法种蔬菜，藏族也没有种菜的习惯。再说，大多数时日都是在杳无人烟的地方行走，到哪儿去找蔬菜？但滇西北的马帮商人们当年曾从云南大理、丽江带过一些白菜、萝卜、南瓜子去，在茶马古道沿途种过。半个世纪后我们考察茶马古道时，在沿途的村寨里都吃到了蔬菜，有白菜、南瓜、土豆，甚至还有青椒，不知是不是要归功于当年的马帮商人？"①

　　藏地高原上的特产"延寿果比花生米小一点，也像花生一样长在地下，其实是一种植物的小根茎，一节一节的，紫红色，有的长长的，是茶马道上最好吃的野果实，而且名字也非常好，融入了各民族对长寿的期望。在草原上经常可以见到它们，贴地面长着齿状的叶子。可以将它们扒来吃。如果将它煮熟拌上酥油，放点糖就更好吃。西藏人最爱吃这种野果。马帮偶尔带一点回云南，大家也很爱吃，是馈赠亲朋好友的又一种珍贵礼物。无论是进西藏，还是从西藏回来，马帮们的行囊里从来不会缺乏各种稀罕古怪的物品，他们将各种各地没有的东西带来带去，大大开阔了人们的视野，促进了各种各样的交流"②。其中当然包括各种不同的习俗。

　　据笔者过去追踪访谈多年的丽江纳西族赵应仙老先生讲述，他"已无法记清他曾多少次进入西藏草地。进藏时他们都很明确，那儿也是中国的地方，是中国的一部分。那跟翻过喜马拉雅山到不丹、锡金、尼泊尔的感觉完全不一样。去西藏就是在中国自己的国土上走动。从古到今，纳西族一直就在那里走来走去的，没有什么海关，没有什么边防，没有什么明确的界限。每次到那边做生意，只要上一点交易税就行了。税是西藏地方政府收的，只有一道税卡，在洛隆宗附近的路边上。那税就是一点点，视货物的多少来收，没有一定的税率"。因为那就是一点点数额很小的过路费，赵老先生已记不清数目："做生意总是要交税的，从古到今都是这样子。

---

　　① 李旭：《藏客——茶马古道马帮生涯》，云南大学出版社，2000，第157页。
　　② 李旭：《藏客——茶马古道马帮生涯》，云南大学出版社，2000，第161~162页。

从西藏返回云南时，就没有任何税收了。"① 进入拉萨，无论是从云南、四川这边去，还是从印度那边去，都不用交税。

赵应仙老先生说："因为云南和西藏两边来往的历史悠久，他们到西藏也就像到自己的家乡，语言相通，习俗差不多，纳西族和藏族像弟兄一样，亲如一家。在纳西族古老的东巴经里，就记载有这样的传说：藏族、纳西族、白族是一对父母生的三弟兄，他们分别住在金沙江流域的不同地方。马帮就把这三兄弟连在了一起。藏族也把纳西族马帮看作自己的弟兄，那些'主人家'就更是那样。"②

用赵应仙老先生的原话，这是"一样的水养一样的鱼"。

这句话非常通俗又非常贴切精彩地表达了藏区各民族习俗互动的天然基础。

赵应仙老先生说，云南的各民族马帮商人到了西藏，享有很高的地位，并得到非常的尊重。比如，赵应仙这样的马锅头就可以与喇嘛寺的活佛高僧、土司头人平起平坐，在一起喝茶聊天，而一般的藏族老百姓见到活佛高僧、土司头人连头都不敢抬，毕恭毕敬，唯唯诺诺，舌头吐得老长，到寺庙、到头人家不能戴帽、穿鞋，头都磕烂了。

"那时在拉萨，汉人的地位很高，有'见官大一级'的说法。而藏人将云南去的马帮商人都视为汉人，所以尽管那时的西藏是一个等级极为森严的社会，云南各民族商人在那儿却享有很高的地位和声誉。

"各民族马帮经常路过藏族村寨，但茶马古道沿途的村寨大都很小，根本不可能像丽江、康定或拉萨那样有马店或锅庄可供马帮们歇宿，而且驻扎在村里也不方便，一方面人多马多，另一方面驮子货物多，不好管理。所以马帮一般还是打野——即在野外扎营。马帮营地往往建在离村子半里多路的地方。住在野外，货物东西一目了然，不会拉乱，也不会丢失，骡马也可以到山上打野吃草，不至于吃了踏了藏民的庄稼，影响相互的关系。

"各民族商帮在路上肯定要采购一些东西，补充糌粑、酥油、马料等给养，于是，他们无一例外地要在沿途的一些村子里选择一些人家做他们

---

① 李旭：《藏客——茶马古道马帮生涯》，云南大学出版社，2000，第164页。
② 李旭：《藏客——茶马古道马帮生涯》，云南大学出版社，2000，第166页。

的'主人家',请他们为马帮提供各种便利服务。马帮们用藏话将主人家称为'乃布'。

"赵应仙他们在每一个村寨都有一家他们自己信得过的人家做'乃布',另一方面这家人也愿意为马帮做事情,一般双方关系都很不错。马帮一到了这个地方,在村外扎好帐篷,放好骡马,人就熟门熟路地直奔主人家里去,带上些茶叶、红糖什么的,去换糌粑等物品;马帮一到,主人家也马上知道了,并早有准备,很快将马帮需要的东西好好办齐。这样马帮既方便又放心,主人家也有好处,两厢得益,大家都很高兴。有时候,主人家还可以帮马帮代销一些货物,别的人家需要什么东西,就可以到马帮的主人家去买或换。最为重要的是,马帮要请自己的主人家将回程的粮草备好,他们一路给沿途的主人家留一些茶叶,定下所要粮草的数量,主人家一定就会办好"①。主人家都很讲信用。这当然建立在双方都相互信赖的关系上。

赵应仙老先生说:随便相识一些的就多了,也有跟当地女的相好的。赵应仙就见过有的丽江人在路上带了藏族女的一起走,一直领到拉萨。那些女的说是到拉萨朝圣,就跟着马帮一起走了下来。有的赶马人把女的带到拉萨就不管了,也有的又把她们带回她们的老家。到拉萨朝圣是许多藏族人一生最大的心愿,那是他们一生中最荣光、最重要的事情。有的女的自己无法到拉萨,就跟了马帮一起走,这样吃的有了,住的也有了,有的赶马人也乐得带她们一起走。

在赵应仙老先生看来,西藏有些地方有的人还是"够野"的——他们很少有这样能做、那样不好的道德伦理观念,有时不是非要结婚才能跟异性在一起,有时他们显得比较随便,想跟谁好就跟谁好,要跟谁在一起就跟谁在一起,很自由的样子。

在赵应仙看来,"藏族姑娘大多身材丰满结实,脸庞圆阔,碰到像马帮这样的陌生人,她们常常会用一双快溢出水来的大眼睛目不转睛地盯着看,目光中充满了坦率和喜悦,而不会像内地的汉族妇女那样老用怀疑的眼光瞄着你。当她们自己觉察到自己的目光过于大胆的时候,她们会一下子羞红了脸,笑着把脸拧开去。这时赶马人就会跟她们开起玩笑,弄得人

---

① 李旭:《藏客——茶马古道马帮生涯》,云南大学出版社,2000,第167~168页。

家脸更红"。

有些姑娘特别喜欢从远方来的这些藏客，而不管他们来自哪里，是何民族，因为这些藏客往往会带些稀奇好玩又好看的东西。她们也会跟马帮要钱、要茶叶等东西，倒不是因为贫穷，而是她们喜欢。有的寺庙里的僧侣也不完全恪守出家人的规矩，不时跑到外面去。

有时马帮在村外一扎营，村子里的人就会跑出来，来找马帮交换茶叶等，然后就跟赶马人跳起舞来。藏族比纳西族更能歌善舞一些。他们无论男女，扯着嗓子随意唱一声都非常好听，跳起舞来的话，锅庄、旋子，跳得心神激荡，一高兴就昼夜不停地跳。赵应仙不太会跳，就站在圈子外边看热闹。[1]

藏族还喜欢玩他们的"麻将"，是一种骨牌，上面刻有九、八、七、六、五的点子，叫文武牌，文牌和武牌分开，武牌不能打文牌，文牌不能打武牌，各有讲究。丽江纳西族也打这样的牌，但玩的规矩不一样。他们还打一种十八张的纸牌。他们最喜欢的还是围坐成一圈，用木碗掷骰子玩。据说，这些娱乐方式都是由汉地传到藏区的。[2]

滇藏间各民族的习俗互动集中见于民族节日。民族节日可说是各民族习俗的集中体现，"奇特的是，曾为茶马古道一大'码头'的云南德钦县奔子栏的藏族却不像其他藏地一样盛行藏历新年，而是隆重地欢度'汉式'的春节。从农历正月初一至正月十五，整个节庆活动热闹非凡，其情形使人想到这似乎是中原内地某个农村中的春节。他们也很讲究年三十合家团聚，喜过年关；初一则串门访亲拜年，给压岁钱，与汉族民间习俗完全一样；初二则全到喇嘛寺拜佛，添灯敬香，祈请喇嘛摩顶、拴吉祥绳，以示新年祝福；初三、初四是上坟，全家亲属到祖坟上敬供酒祭（值得一提的是，茶马古道上的许多藏族村落有土葬习俗，这无疑是受到移居这些地区的汉族丧葬习俗的影响）；到初五、初六，则是全村人集体进行最隆重的拜山神、敬山神，与神同乐的'拉孜'活动。他们把村子西北方向的日尼山（心山）视为山神，称为'日尼巴乌多吉'，意为'心山英雄金

① 李旭：《藏客——茶马古道马帮生涯》，云南大学出版社，2000，第169页。
② 〔英〕查尔斯·贝尔：《十三世达赖喇嘛传》，冯其友等译，西藏社会科学院西藏学汉文文献编辑室编印，1985，第6页。

刚'，每年春节都要去敬拜祈祷。所以，在奔子栏的节庆活动中，汉族、藏族、白族、纳西族等民族文化中的佛教、东巴教、自然崇拜、祖先崇拜，中原内地的敬神活动等宗教习俗内容综合在了一起，形成了茶马古道上民族文化的一大特色——多元性、融合性"①。

举凡进入藏区的各民族商号商人，都按藏区宗教习俗，对喇嘛寺和僧人，进行大量的捐赠奉献，甚至让自家子弟出家为僧。像丽江纳西族最早进入藏区做生意的李悦，就曾向拉萨三大寺和驻藏大臣大量捐输。云南鹤庆帮张家恒盛公家庭中就有在西藏出家为僧的人。恒盛公创始人张泽万的长孙张孟明长期在拉萨驻扎做生意，还娶了藏族姑娘为妻，他们生养的儿子就在西藏出家当了僧人。邢肃芝（洛桑珍珠）就曾记述："很多茶商把运来的茶整驮整驮地卖掉，将钱拿去布施。商人们流传着这样的说法，如果在每年的慕朗钦波（传召大法会——引者注）念经的时候布施，第二年的生意一定赚钱。在拉萨的汉族商人最初不信这些说法，后来有人试着去布了施，第二年果真赚了更多的钱。消息一传开，大家都开始相信了，于是争先恐后地赶去布施，把做生意赚来的钱在大愿节布施一部分，结果第二年赚得更多。每年到了大愿节时，布施的商人要排队等候布施的排期，好不容易才排到日子。""除了商人，中央政府也有布施。国民政府1934年派黄慕松为特使入藏吊唁十三世达赖喇嘛时，专门留下一笔钱给三大寺作为基金，每年由寺庙在大愿节时做布施之用。从1941年起，蒋介石每年均做布施，向每个喇嘛布施一块美金，一直延续到1949年。"②

各民族商号商人聚集的中心就是拉萨，那里也成为各民族习俗的汇聚之地。

近代以来，拉萨是整个藏区人们神往的宗教圣地。同时，拉萨也是藏区的经济中心，商业贸易相当兴盛。"特别是在抗日战争时期，全国各地各民族的商贾云集那里，使这座古老的城市充满了勃勃生机。那是拉萨从未有过的景象。内地就有上百家大商号设在那里，有北京帮、四川帮、青海帮，更有云南帮。云南帮设在那儿的商号比其他地方都多，丽江、

---

① 李旭：《滇藏茶马古道的宗教文化》，《云南民族学院学报》（哲学社会科学版）1994年第3期。

② 邢肃芝（洛桑珍珠）口述，张健飞、杨念群笔述《雪域求法记：一个汉人喇嘛的口述史》，生活·读书·新知三联书店，2008，第206~207页。

鹤庆、大理喜洲、中甸德钦、保山腾冲等地的商家都在那里有自己的盘子，一共四十几家，涉及多个民族，其中仅丽江纳西人在那儿开的商号就有二十几家。这些商号都是在那儿租房子做生意，地点也都在八廓街附近。有些商家虽然没有派人住在拉萨，但他们的马帮商队一样进出这里，其中甚至有滇南石屏人的，有沙甸回族的。这些各民族商家的马帮源源不断地涌入拉萨，给拉萨的商业带去了空前的繁荣"①，同时也带去了各种习俗。

拉萨不仅有藏传佛教格鲁派六大寺中的三座（哲蚌寺、色拉寺、甘丹寺，另外三座是后藏日喀则的扎什伦布寺、甘南的拉卜楞寺、青海的塔尔寺），也有伊斯兰教的清真寺，甚至有纳西族的云南会馆及"三朵"神像。据说，1864年，丽江纳西族周献奇、牛星田等人到西藏经商，在拉萨八朗学地方筹建了一座云南会馆，藏族人把它称为"云南拉康"。多年后，他们委托西康乡城商人请来一位姚姓的汉族佛像雕塑师，在会馆里塑了"三朵"和关帝两尊塑像。在"三朵"塑像的顶上还有书写着"雪石北岳安邦景帝"的横匾，两边的对联是"向白袍而助阵，秉火剑以斩妖"。经常住在这里和出入这里的大多是丽江的纳西族商人，也有一些大理鹤庆和迪庆的商人。当时在拉萨经商的纳西族商人很多，仅有一定规模的商号就有赖耀彩（其儿子赖敬禹为驻拉萨经理）、牛文伯、杨绍尧、李达三、李烈三等开设的多家。除此之外，还有常年住在拉萨从事皮革、缝纫等小本生意和手工艺的纳西族人，有40户左右，其中以丽江束河人居多。当年的"云南会馆"的建筑格局，还有一些丽江纳西族人的建筑特色，如当初曾经作为会客厅的两壁上的窗户，按照丽江的建筑模式安装有圆窗。这在拉萨的一般藏式宅院里是见不到的。这所会馆显然主要用于为商务洽谈提供便利，同时也成为联络民族感情、遵循民族习俗的一个带有庙宇色彩的地方。每年农历八月，凡是在拉萨的纳西族人，都习惯到会馆里来祭祀"三朵"神。"三朵"是云南纳西族虔诚尊崇的守护神，也是纳西族最大的战神，世世代代为纳西族民众的精神依托。相传他身披白衣白甲，骑白色骏马，手执白矛，随时解人之危急。这对常年往来于艰辛危险异常的茶马古道上的纳西族商人来说，无疑是很大的心理慰藉和护佑。在丽江玉龙雪山

---

① 李旭：《藏客——茶马古道马帮生涯》，云南大学出版社，2000，第191～192页。

下的北岳庙，就供奉有"三朵"神的塑像。云南纳西族还将传统的"三朵节"定为最隆重的民族节日。这样深厚的民族习俗，也被纳西商人等带到了遥远的藏区中心，并存在了上百年之久。至"文化大革命"前，位于拉萨八廓街吉日一巷的云南会馆和"三朵"塑像及横匾对联都仍在。现在云南会馆遗址尚在，但"三朵"塑像等已在"文化大革命"中作为"四旧"被毁。①

在丽江和德钦之间，早就有密切的贸易往来。1920 年前后，丽江纳西族周尚德在德钦设立"德广通"商号，并在任德钦商会会长期间，筹建了第一所丽江与德钦经商点，盖起了德钦的第一座瓦房，同时塑造了一尊纳西族"三朵"神像，成为纳西族与藏胞交往之地。每逢纳西族传统的二月八"三朵节"，那个地方就热闹非常，对当时的通商及各民族间的文化习俗交流起到了很好的作用。

对昌都近代社会进行过较深入研究的王川教授，通过对昌都各民族移民及其居住城镇的物质与精神的考察研究，充分显示了作为茶马古道重要驿站的昌都镇的各民族习俗的互动，也揭示了其多元文化形成的原因和机制，那密切的互动关系既与政府和军队的军政活动有关，也与民间的商贸活动紧密联系。②

在各民族商人密切往来的茶马古道沿途，还有不少"关帝庙"。像上述拉萨的云南会馆，不仅供奉纳西族的"三朵神"，还奉祀有关公。明清时期，随着晋商的崛起并形成席卷乃至主导全中国的商业金融浪潮，作为山西人的关羽，以其诚信义气的光辉形象，演变为商人们崇奉的财神，并被入藏的清军一路带入康藏地区，与各民族的习俗相交融，形成独特的互动景象。如位于昌都地区边坝县夏贡拉（藏语东边雪山）东面山下的丹达神庙，原来供奉的就是关帝。后来，人们将入藏清军中一位过此山时为保护饷银而殉职的彭姓参军，作为丹达山神融入其中，以护佑过往人众。当地藏族则认为供奉的是他们的英雄格萨尔。这一综合而成的丹达山神崇拜，甚至沿交通线向拉萨及康区和成都传播。③ 这也充分表明了贸易交通

① 参见戈阿干《在拉萨祭三朵的旧俗》，丽江县政协文史组编《丽江文史资料》第 9 辑，1990。
② 参见王川《西藏昌都近代社会研究》，四川人民出版社，2006，第 197～227 页。
③ 参见王川《西藏昌都近代社会研究》，四川人民出版社，2006，第 228～254 页。

中的习俗互动关系。

"在西藏左贡县碧土乡，20 世纪 90 年代初仍遗存大片寺庙废墟，完全现出这座当年位于茶马古道多岔道口上的寺院的宏大兴盛。我们冒险钻入一座半坍塌的大殿中，惊讶地发现其内部竟是汉、白、纳西族式的四合院结构，中为天井，楼上是回栏式勾栏，精致的木雕花门扇上赫然镂有双'喜'字样！在茶马古道上，寺庙往往就是驿站，来往马帮商队常在寺里驻足，由寺院提供食宿、马料，许多商品也就在寺里交换出手，由喇嘛再与群众买卖。这样由马帮商队从各地各民族间带来的各种文化因素就沉积下来并扩散出去。这样的例证不胜枚举，足以说明茶马古道对宗教文化的传播及对宗教文化特点的形成所具有的巨大作用与制约机能。"[1] 说明滇藏间的商贸往来对各民族习俗文化融会贯通的深入影响。

在此很值得一提的是，当年任国民革命军 24 军军长和西康省主席的刘文辉，虽较少在藏区活动，却相当尊重和崇信藏传佛教及其习俗。1942 年，他在成都市郊的刘氏祖居地安仁镇兴建公馆，公馆大门有欧洲哥特式建筑的风格，但大门上方的门匾上却雕刻有汉文和藏文的题额，汉文匾是"进德修业"四字，藏文的大意是"佛法永存"。据邢肃芝记述："刘文辉将军也在这个时候（大愿节）布施，他自己本身是个佛教徒，同时也希望借此机会拉拢藏人，每到大愿节他都会派一位手下的参事，名叫贾孟康的藏族人，来到拉萨代他布施。"[2] 可见崇奉藏传佛教的习俗，已经浸染至四川盆地。

1945 年抗日战争胜利，在拉萨经商的北京等地的各民族商人还在邦达昌位于拉萨八廓街的总号院子里，表演了两天的文艺节目，如京剧、滇戏、小魔术等，以示庆祝。[3] 从习俗方面，也可见各民族商号间的密切互动关系。

其实，藏族与祖国各民族的关系，跟茶马古道一样源远流长，甚至更

① 李旭：《滇藏茶马古道的宗教文化》，《云南民族学院学报》（哲学社会科学版）1994 年第 3 期。

② 邢肃芝（洛桑珍珠）口述，张健飞、杨念群笔述《雪域求法记：一个汉人喇嘛的口述史》，生活·读书·新知三联书店，2008，第 208 页。

③ 韩修君：《北京商人在拉萨经商略记》，西藏自治区政协文史资料研究委员会编《西藏文史资料选辑》第 3 辑，1984。

为深远。藏族与滇西北的各民族都属于氐羌族群，他们的语言属于同一语族，人种体格完全一致，身体里面流着相同的血液。他们的祖先同为游牧民族，都生活在高原上，他们之间的习俗互动，也就是很自然的事情。正如有学者指出的"滇藏茶马古道民族文化交融范围广、影响深，交融要素突出体现在各文化层面。由于滇藏茶马古道是因各民族互通生活必需品的客观需要而不断发展起来的，文化的相互影响亦多围绕日常生活习俗，加之马帮运输机动灵活和深入村寨的特点，使民族文化交流效应显著。以滇藏茶马古道为桥梁的民族文化交融现象涵盖文化系统诸多方面，涉及范围较广，既包括深层的精神文化信仰即宗教思想、文化价值观，也包括各少数民族群众生活的方方面面，服饰、饮食、建筑、语言、节庆活动、歌舞、文化遗存等"①。

七　宗教互动

在藏区各民族商号的互动关系中，宗教互动是最为集中、最为突出、最为深入的。正如廉湘民先生所言："在西藏民间，一直有汉地也是佛教兴盛地区的传说。按藏传佛教的传统说法，西藏是观音菩萨怙持的土地，汉地是文殊菩萨（Manjusri）怙持的土地，西藏和祖国内地具有天然联系。蒙古族领主、商人是西藏各寺院的重要施主，因此各个寺院和祖国内地有千丝万缕的政治、经济、宗教和文化、心理上的联系。"②

种种迹象表明，滇藏间各民族商号的商业贸易往来始于茶马古道的通行，而茶马古道通行的历史估计有上千年。对这种互动关系，笔者在发表于《云南民族学院学报》（哲学社会科学版）1994年第3期的论文《滇藏茶马古道的宗教文化》中，进行了深入细致的梳理研究，在此不再赘述，只进行一些补充。

在滇川藏区域，宗教文化异彩纷呈。在这一地区的高山深谷之间，网络般延伸着条条古老而神秘的人马驿道。种种迹象表明，这些商贸古道与

---

① 王丽萍、秦树才：《论历史上滇藏茶马古道文化交融及其发展途径》，《学术探索》2010年第4期。

② 廉湘民：《劫难：1947年春热振事件》，中国藏学出版社，2004，第11～12页。

这一区域的宗教文化形成了一种紧密而微妙的联系。

早在唐朝时，樊绰在《云南志》中，就提到过由云南与西藏吐蕃相连接的道路："大雪山在永昌西北，从腾冲过宝山城，又过金宝城以北大赕，周四百余里，悉皆野蛮，无君长也。……三面皆是大雪山，其高处造天。往往有吐蕃至赕贸易，云此山有路，去赞普牙帐不远。"又说："永昌城古哀牢地，在玷苍山西六日程。西北去广荡城六十日程。广荡城接吐蕃界。隔候雪山西边大洞川，亦有诸葛武侯城。"①

事实上，正是这条古老的通道，联系起滇、藏两地间的经济、文化，并成为两地宗教传播的重要途径。换言之，正是两地间悠久而频繁的经济、文化的交流，以及宗教的超常的渗透和浸染，形成了穿插于横断山脉大山峡谷中并连接起喜马拉雅地区的蜿蜒山道。当时，两地间的交往正以难以想象的方式自然而然地进行着。在人类发展的历史中，这种自发形式的经济、文化交流，事实上要比史书所记载的丰富不知多少倍。

就拿茶来说，唐代茶风盛行。在开元以后，内地的人们已经"人自怀挟，到处煮饮，从此转相仿效，遂成风俗"。而且"自邹、齐、沧、棣渐至京邑，城市多开店铺煎茶卖之，不问道俗，投钱取饮。其茶自江、淮而来，舟车相继，所在山积，色额甚多"。更显著的是，茶叶和饮茶之风已"始自中地，流于塞外"②。当时，陆羽所著的《茶经》已经面世，对逐渐形成的茶文化进行了精彩总结，并建立了体系。陆羽也因此被后世奉为茶圣，至今仍在产茶和销茶的地方享受供奉。而在藏地，由于肉食乳饮的人民的需要，加之统治者的提倡，茶像春雨般渗透到藏区的每一个角落，各地出产的茶叶纷纷运销至西藏地区。而由于茶的大量输入，还有西藏高原的各种山货特产的大量输出，各民族商号商人频繁往来，必然带来相应的其他文化。随着强大的吐蕃势力向东和东南扩张，佛教也大规模深入这一地区，通过藏传佛教在滇西北和西康地区的传播，进一步促进了丽江纳西族、大理白族和康区藏族的经济及文化交流，增进了几个民族之间的友谊。信徒和香客们常常在横断山脉和喜马拉雅文化带之间来来往往，"藏客"也因之形成。有些走过茶马古道的老人就认为，云南丽江和四川康定

---

① （唐）樊绰：《云南志》，方国瑜主编《云南史料丛刊》第 2 卷，云南大学出版社，1998。

② （唐）封演撰，赵贞信校注《封氏闻见记校注》，中华书局，2005。

之所以会出现走藏区贸易的"藏客",形成滇、藏、川经济文化的密切交往,从而形成茶马古道,跟转经朝圣的人有密切关系。滇、藏、川大三角地域自古以来就自然存在汉、藏及纳西、彝、白等各民族间的宗教文化的相互交流、相互影响、相互融合,从而形成独具风采的宗教文化特色,这与茶马古道的畅达及兴盛有着密切的关系。

对大理古代文化史有着精到研究的徐嘉瑞先生就认为:"及贞观开元之际,佛教始输入大理。其输入之路线,一为印度,二为缅甸,三为西藏。其他一路,则中国是也。"其中"唯有西藏一路,则在地理、政治、军事上与南诏关系甚密,而风俗习尚及民族迁徙关系亦多,南诏佛教之传说,亦以密教为最多且久,即印度僧人有入南诏者,亦皆为密教法师。……由此种种推断,则佛教输入大理,实以西藏为主流,而影响之大,亦在缅甸与中国之上。"① 大理国后期,即段兴智盛德五年(1180),描工画师张胜温画了一轴著名的《张胜温梵画长卷》,规模宏大,包括以八部寺众为中心的628人。正如有的学者所提出的:"举凡密宗、禅宗、中国、印度、尼泊尔、爪哇一带的宗教影响——都可以据图指点。"精研释典的西南联大教授罗庸居士在其所著《张胜温梵画瞽论》中更进一步指出:"本画卷中所有密教诸尊,其名目与西藏大同。"② 王忠先生在其《新唐书南诏传笺证》中也认定:"《张胜温画卷》中所有密教诸僧,其名目与西藏略同,是南诏之佛教,实由吐蕃传入。"③ 在《白国因由》《南诏野史》等地方史著作中,也记录有许多梵僧及其神迹传奇。④ 这些记载与佛教传入吐蕃时的情况十分相似,尤其与密宗大师莲花生入藏传播佛教,大施法力,降伏各路罗刹鬼怪的故事极为一致。徐嘉瑞先生在其《大理古代文化史》中就曾把南诏梵僧降伏罗刹的传说与吐蕃的罗刹传说进行了对比,认为南诏罗刹传说就是来自吐蕃,而头戴赤冠的南诏梵僧的原始形象就是在西藏大兴佛法的莲花生。这种观点是很有道理的,它点出了在南

① 徐嘉瑞:《大理古代文化史》,云南人民出版社,2005,第112~113页。
② 罗庸:《张胜温梵画瞽论》,方国瑜《云南史料目录概说》第3卷,中华书局,1984,第958~984页。
③ 王忠:《新唐书南诏传笺证》,中华书局,1963。
④ 参见《白国因由》,方国瑜主编《云南史料丛刊》第11卷,云南大学出版社,2001;倪辂集《南诏野史》,方国瑜主编《云南史料丛刊》第4卷,云南大学出版社,1999。

诏、大理国盛行几百年的密教与西藏密教一脉相承的关系。由此可见，就在茶叶输入西藏的同时，藏传佛教也由西藏输出到云南。一般来说，文化的传播往往是双向的，所以出现上述情形不足为怪。

宋宝祐元年（元宪宗三年，公元 1253 年），元宪宗蒙哥命其弟忽必烈率 10 万蒙古大军，由兀良合台总督军事，从川西和迪庆分三路插入云南，灭掉大理国，进而征服南宋，事实上进一步打通了西南通往各地的道路，并在原驿站的基础上设置了驿传"站赤"，多条主驿道四通八达，效率也大为提高，大大促进了西南地区的驿道交通，使西南的商贸物流发生了历史性变化，尤其是扩大了与缅甸及印度贸易的通道。而元王朝与西藏特殊且密切的关系，无疑大大加强了川、滇地区与西藏的联系。特别是忽必烈崇信藏传佛教，将萨迦派八思巴奉为国师，这对藏传佛教在更广大区域的传播，起到了强有力的推动作用。

明代木氏土司统治丽江地区时，其势力向北扩张，占据了西藏东南部、四川甘孜南部的大片地区。在其军队和移民大批进入藏区的同时，木氏为加强其统治势力，大力提倡藏传佛教信仰，不仅赞助印刷藏传佛教经典，请藏区高僧大德到丽江传教，甚至在丽江地区修建了不少藏传佛教寺院，更有不少纳西族人剃度出家，进而进入西藏学习佛法。而频繁往来的僧侣，又常常与两地间往来的商队为伴，更形成了两地间密切的宗教互动关系。

清代历任统治者都极为重视西藏的开发和稳定，对西藏的政教领袖达赖和班禅进行很高规格的敕封。他们不仅在承德避暑山庄修建了笼络西藏上层的外八庙，还在北京建雍和宫，大力支持藏传佛教，同时大大加强了山西五台山与藏传佛教的传统联系。在西南地区，清政府建立了更为完备的驿制和兵站、粮台，开放民间与藏区的各种贸易，在人口和经济总量急剧增长的情况下，加之铜、锡等矿产的开采和运输，西南边陲的商贸物流进入了鼎盛时期，并与四川、云南、西藏的道路形成了整体网络，且有一些相关的人群在这些道路上落脚安家，促进了沿途地区的开发和繁荣，也使得宗教文化的传播更为深远。

进入民国，西藏与内地的关系疏离了将近 40 年，但在此期间，两地的宗教往来反而有了难能可贵的高潮。一些汉传佛教徒变得愿意接受藏传佛教。作为外交官的俗家居士杨文会通过对外交流，认识到其他佛教系统与汉传佛教一样具有很大的正面价值，而且还有汉传佛教里没有的经典和传承。他的学生，著名的太虚法师还创办佛学院，鼓励学生去了解和学习藏传佛教。以大勇、法尊和能海为代表的汉僧陆续入藏求法。曾在太虚法师身边长期受教，并多受藏传佛教高僧影响的邢肃芝（洛桑珍珠），也最终入藏学习藏传佛教，并成为第一位在西藏获得藏传佛教最高学位拉让巴格西的汉僧，是为两地宗教交融的典范。在后来出版的口述史里，邢肃芝详尽而深入地记述了这种交流的历史和当时的状况。① 包括九世班禅在内的一些藏传佛教活佛高僧，如诺那活佛、章嘉呼图克图、白普仁尊者和多杰觉拔格西等在汉地传法，随后，贡嘎活佛、根桑活佛、圣露活佛、安钦活佛、荣增堪布和阿旺堪布等，也纷纷到汉地弘法。国民政府要员戴季陶、居正和国民党高级将领何应钦，以及四川省主席刘湘、西康省主席刘文辉等内地军阀，也大力资助汉藏交流、藏传佛教活动、藏文字典出版、藏族人才培养等，掀起了一股崇尚西藏密宗、了解西藏文化的热潮，极大地促进了汉藏文化的结合。这种交流一直延续到中华人民共和国成立之后。② 必须提及的是，汉藏两地的宗教交流，往往与两地的商旅结伴而行。贸易商队的频繁往来，有助于双方的交流互动。与此同时，康巴藏族精英格桑次仁、邦达多吉等奔走于藏地与内地之间，积极组建康藏、滇藏贸易运输公司，加强了汉藏两地间的传统商贸联系，努力为共同的抗战事业贡献一切。这些活动，都深化了汉藏间的互动交流。

我们还可以从其他宗教活动中见出此间的互动关系。

由于历史上的种种渊源关系，不仅康区的藏传佛教信徒争相到卫藏和后藏地区朝圣学法，藏区各地的民众也常常成群结队从遥远的康藏高原来到丽江，朝拜那里的文峰寺等喇嘛寺，然后再到大理朝拜著名的佛教圣地鸡足山，以及剑川的石宝山。藏民们把这种艰苦而又必要的行程称为"敢朗觉"，也就是我们现在所说的"转经"。他们有的靠沿途乞食完成自己的夙愿；有的带一些自己家乡的土特产，一路交换，回去时又买一些生活必需的茶叶等带走。这无疑启发了内地的生意人。为什么不能把生意做到他

---

① 邢肃芝（洛桑珍珠）口述，张健飞、杨念群笔述《雪域求法记：一个汉人喇嘛的口述史》，生活·读书·新知三联书店，2008。
② 参见〔美〕滕华睿《建构现代中国的藏传佛教徒》，陈波译，香港大学出版社，2012。

们那里去呢？这里的东西带到那里可以卖出好价钱，那里的东西带回来也很好卖，这样的生意为什么不做呢？于是，便有了来往的"藏客"，便有了茶马古道。

藏族宗教文化中的神山崇拜和朝山转山习俗，确与滇藏间的商业贸易存在紧密的互动关系。

对于生息在中国西南、西北各地的藏族来说，神山和山神完全是一体的，并且与他们时刻相伴。他们不仅有自己村寨、部落的神山，也有区域性的、位于更广大空间里的神山。作为神山化身的山神，相互之间也是有联系的，并非完全独立。本来相距遥远的两个地区，可能因为山神与山神之间的关系而发生联系。有的山神地位很高，作为大神，其神通被广大地区内的人们所传颂和承认，于是该山神也会成为更多人群和更广大地区的保护神，在这一广大区域的人们就会流动起来，趋向之以表达崇敬和礼拜。他们在一定的时间里跋涉于不同的神山之间，于是，在不同的祭祀空间里，形成了一定的联系。一方面，这反映出藏族由上古时期的各自封闭隔绝，向氏族和部落制过渡，并最终形成区域性的族群集团，相互之间已构成从属和统辖关系；另一方面，特别有意思的是，这一关系往往与商业贸易道路和后来的旅游目的地及线路重合。对这样的契合关系，有学者以矗立于滇藏边界上的卡瓦格博神山为例进行了精彩的解读："现如今，不管是怀揣一颗虔诚的崇敬之心，不辞路途艰辛前来卡瓦格博的朝圣者，也不管是受大自然美景的吸引，抱着回归自然、释放压力的初衷到此一游的旅游观光者，当到达这一共同的目的地时，身心都会受到程度不一的洗礼。因为这里不仅是一块纯净的、超脱世俗纷扰的人间净土，也是具有殊胜加持力的胜乐金刚的宫殿，更是人人向往的香巴拉圣境。我们在这片土地上既能亲耳聆听到令人动情的传说故事，也能亲眼观赏到神奇不可思议的殊胜胜迹。"[1]

据作家马丽华考察，朝拜卡瓦格博神山的仪式早在几百里外就开始举行，从西藏方向来的香客穿过邦达草原后，在草原南端穿过第一道神门折嘎山，到了左贡县城附近越过第二道神门卓然山，再沿茶马古道旧路过扎玉，再到觉玛乡外10公里处穿过第三道神门多拉山到碧土，由加朗翻越硕

---

[1]　斯那都居、扎西邓珠编著《圣地卡瓦格博秘籍》，云南民族出版社，2007，第47页。

拉山，进入卡瓦格博神山的外转路途。① 这条转经线路与过去滇藏贸易的茶马古道路线完全重合。过去往来于滇藏间的"藏客"商人，也是由同一条道路进出西藏地区的。

在过卡瓦格博雪山北部支脉梅里雪山的时候，随时会碰到这些被当地人称为"阿觉娃"的来朝山转经的藏族人。他们从哪儿来的都有，西藏的、四川的、青海的、甘肃的，一个个一群群不顾死活地来，遇着村寨就靠乞讨果腹，别人也乐于施舍给他们；在没有人烟的地方，他们就靠自己背的一点点糌粑活命。在德钦，还有人专门做这些阿觉娃的生意，他们随便用一点茶叶、酥油，就可以换到阿觉娃背来的虫草、麝香和贝母等，然后又高价卖出去。阿觉娃将朝山转经视为终生的荣耀和幸福，有的还转不止一次，每转一次，就在山上砍一根一人多高的竹竿带回家里，一根根捆在一起放在家里神圣的中柱上。谁的竹竿数量多，谁的功德就大，来世也就会圆满幸福。在路上，还要小心不让别人碰到那竹竿，否则福气就会被别人带走。

在20世纪30年代，刘曼卿女士就精彩地记述了这一商贸与宗教文化互动的情况："阿墩（今云南德钦县城之旧称）商业之盛，每岁以秋冬两季为最。因藏俗男女老幼皆以朝本地有名之白约雪山（应为卡瓦格博雪山，也叫"太子雪山"，今一般称"梅里雪山"），或云南大理之鸡足山为莫大之因缘。苟能朝山三次以上，则罪愆全赎。阿墩为朝山必经之道，远如拉萨、察木多（昌都），近如江卡、乍丫（察雅）一带人民，邀群结伴，不惮千里之劳长途跋涉。其中有黄发之幼童，有妙龄之少女，亦有强健男妇、苍颜翁妪，熙熙攘攘，络绎不绝。每至日暮，则张幕以居，汲水采薪，自起炊爨，至夜相与依卧，杂沓纷陈，阿墩人称之为'阿觉哇'。彼等一至，则墩市妇女全体动员，阿觉哇照例野居于街后地坝，是地妇女即向商店借贷货物，亟待转易。若商店稍有迟疑，则将所佩首饰临时抵押之，立与阿觉哇多方结纳，或以布匹、铜锅，换其麝香药材，或以针线杂货，换其兽皮羊毛，均无不利市什倍。晚来，除将商店货价偿还外，以所得之利中抽一部分与同伴者沽酒欢饮，无不酩酊大醉，高兴异常。阿墩本

---

① 参见马丽华《藏东红山脉》，中国社会科学出版社，2002，第151~155页。

地妇女不农不牧，专靠与阿觉哇交易为生。"①

所以，研究这一地区社会变迁的周智生也得出这样的结论："借助宗教文化的传播交流，促进了滇藏川地区人流和物流的南来与北往，是源远流长的滇藏民间商贸的发展机制之一，同时也是其一大发展特点。"②

正如陈汜舟、陈一石两先生所指出的："滇藏文化交流突出地表现在藏传佛教传入云南中甸、维西、丽江等民族地区。元、明、清统治者对藏传佛教都采取扶持政策，对一些宗教首领封以国师、禅师等名号，给以极高的礼遇和优待，使西藏的宗教文化传入云南，特别是在滇西一带影响甚深。除迪庆藏族自治州外，在纳西族聚居区的丽江亦有着广泛的影响。丽江的七大喇嘛寺，都先后建于明代和清乾隆时期。在纳西族中有不少人进寺当喇嘛，学习藏文经典，或去西藏学经朝佛。而西藏、甘、青地区的藏族僧俗，每年也有一些至丽江或宾川的鸡足山朝拜佛教圣地，从而加深了滇藏经济联系和文化交流。"③ 由此足可见滇藏间的商业、经济联系与宗教文化的互动关系。

综上所述，笔者认为，各民族来来往往的茶马古道，以及道路上的商业贸易，是我们认识和把握滇藏间的宗教互动关系的钥匙和重要线索。

八　其他文化及观念互动

高言弘先生认为，经济运动总是在一定的社会历史和文化传统的背景下进行，这就不可避免地触及各民族原有的文化传统和许多非经济因素，而它们反过来又影响经济运动，使其成为相互交叉，彼此影响和互为制约的复合运动过程。④

笔者注意到，滇西北各民族商人进入藏区经商贸易，并未带有本民族根深蒂固的文化取向，相反，他们都主动地采取了藏族的文化取向：讲藏语、穿藏袍、喝酥油茶、吃糌粑、拜见西藏上层人士并与之结成亲密信赖

---

① 刘曼卿：《国民政府女密使赴藏纪实》，民族出版社，1998，第149~150页。

② 周智生：《历史上的滇藏民间商贸交流及其发展机制》，《中国边疆史地研究》2007年第1期。

③ 陈汜舟、陈一石：《滇藏贸易历史初探》，《西藏研究》1988年第4期。

④ 参见高言弘《民族发展经济学》，复旦大学出版社，1990，第89页。

关系、到藏传佛教寺院和圣地礼佛转经，并按藏族礼节进行大量的布施……尊重藏族的传统文化，自觉不自觉地融入其中，这样便大大有助于他们与藏族的交往，促进了各民族的真正交流。他们深深地懂得，文化的隔绝，精神的隔膜，观念的隔离，对他们的生意毫无益处。从这里也可以看出物质文明交流的润物无声。如晚年的哈耶克所见，资本主义是个误称，它是人类合作的拓展体系。商业贸易在有形和无形中，本质上就是合作互动。① 只要是那些特别有助于商人们在异乡谋生、使他们的生意红火的文化取向，就能获得他们的认可，并具体入微地实施下去。但是，他们又不可能完全不带自己原来的文化背景等，因此，互动融合就是必然的了。我们完全可以这样说：经济互动是其他文化及观念互动关系的基础和途径，在经济互动的同时，各种非经济的互动关系就一起出现了。

语言互动

由于两地间商贸往来频繁，行走两地间的各民族当然需要语言的交流和沟通。

其实早在明朝时，由于内地藏传佛教的兴起、朝贡贸易的发展，上至皇帝，下到黎民百姓，都已学习藏语。皇帝学习藏语的目的是笼络藏传佛教宗教领袖，黎民百姓学习藏语是为了贸易的便易和实利。据《明实录》载："巡抚湖广右都御史李实奏：四川董卜韩胡宣慰司番僧、国师、禅师、剌麻进贡毕日，许带食茶回还，因此货买私茶至万数千斤及铜、锡、磁、铁等器用……边民见其进贡得利，故将子孙学其语言，投作番僧、通事混同进贡。"②

居于汉藏之间的藏东康巴人，更因其地理之便，往来于汉藏各民族间，并频繁与各民族接触和交往，语言的互动就非常明显。康巴人熟悉汉语和运用汉语的程度，远高于其他藏区的藏族。生息于同一地区的纳西族、白族、普米族等，更是人人通四五种乃至六七种民族语言，到哪里都能够无碍地交流。人们也将这些能讲多种民族语言的商人和赶马人称为有多条舌头的人。

---

① 〔美〕艾伦·艾伯斯坦：《哈耶克传》，秋风译，中信出版社，2014。
② 《明实录》景泰四年（1453）八月甲辰记，上海书店，1982。

到茶马古道兴盛、两地商业贸易频繁的清代，为了旅途顺利和贸易获利，云南赴藏的各民族商人及马锅头等，均着藏装、饮食糌粑酥油茶、说藏语、信奉藏传佛教，这几乎成为潮流。笔者访谈过的一些纳西族、白族、汉族商人和马锅头，都能说一口流利的藏语。而像纳西族、白族和汉族等商号商帮，往往雇佣沿途藏族人作为赶马人或马锅头，不仅生意过程中需要使用藏语，管理其藏族赶马人时也需要用藏语进行交流。所以，语言的互动，在两地各民族商号的互动关系中尤为重要而突出，而且十分普遍。

对此方面的互动关系，北京大学中文系的陈保亚教授进行了长期的考察和研究。①

文学互动

云南省社会科学院资深专家王国祥先生在研究民族民间文学时发现，藏族和傣族，一个生息在世界屋脊上的雪域，一个繁衍于热带和亚热带的河谷平坝丛林里，他们的生产方式、生活方式和产物大不相同，但却有不少形式相似甚至相同的文学成果。这种"异常的惊人的类似"的原因，一是因为同为佛教信仰地区，宗教和佛经故事的传播导致了一些文学故事的相似和相同；另一个不容忽视的原因，就是茶马古道上的商业贸易交流。正因为茶马古道的通行，滇茶行销藏区由来已久，使两地间各民族商人往来如梭，"繁盛的茶马互市，提供了藏、傣故事交流的大好机会。另外，汉族、白族、纳西族商人也常来贩茶供应藏区，把自己民族的故事或藏族、傣族的故事相互传播，也是意料中的事"。王国祥先生将藏族民间故事中的几篇，如《木匠与公主》《有犄角的国王》等，与傣族的《樵夫与公主》等进行了仔细比对，发现它们的故事内容和主题都大体相同。王国祥先生认为，这是在茶马贸易中彼此交流的结果。而"贸易需要智慧。茶马古道上的人们对于智者断案的故事更是津津乐道"。这样相似或相同的故事在茶马古道各民族中比比皆是。结论就是："一是分别从佛经接受相同的故事，一是在经贸交往中彼此交流。"② 当然，更深层次的原因，则是这些民族接受的社会生活背景

① 参见陈保亚《茶马古道上的语言文化研究》，超星学术视频，http：//video．chaoxing．com/serie_ 400001736．shtml。

② 王国祥：《论傣族和藏族的同源异流故事》，《西藏研究》1994 年第 1 期。

和社会心理，这也才是各民族各不相同、各异其趣的基础。

类似的文学互动和交流应该还很多，这里就不再展开论述。

其他互动

在藏商常来常往的滇西北地区，藏族与当地各民族有着良好的感情和心理互动关系。在丽江曾亲身经历当时各民族商贸往来的赵净修先生，就撰文说："由于地理的亲近，民族的和睦，在藏族同胞的心目中，'闪赕'（丽江）是一块宝地。'闪赕娃'（丽江人）是'瑶波力'（很好），对丽江人有亲热信赖的感情。认为在丽江买到的茶叶是真货好货，完全放心。卖给丽江商号的价格最合理。所以丽江古城的商贸才如火如荼地炽烈起来。'十笔生意九笔茶，十驮货物九驮茶。'"①

曾在丽江居住 9 年之久的顾彼得先生，也有以下论述："丽江有数量可观的藏族。虽然他们可随意居住在城里各处，但是藏人总是喜欢住在离公园不远处横跨丽江河的双石桥附近的房子里。僻静道路边的草地，把我住的村子和城里的这个地区连接起来，通常是到达的马帮的宿营地。丽江的藏人社会，人少名声大。藏族商人和显贵们住着最好的房屋，纳西人无论大小事都为他们服务，使他们舒适满意。当然这种特殊的照顾和亲热的关系是由于藏族和纳西族之间的语族亲姻关系造成的。后者总是称藏族为'我们的大哥'。"②

同样，到藏区经商的各民族商帮商号，也与当地主体民族藏族长期建立了亲密友好、充分信赖的关系。这点在上篇所述里已充分可见。

另外，各地各民族商号商人还在藏区一些地方，建立起同乡会、宗亲会和会馆之类的组织，以笼络和帮助乡亲从事商贸活动。而中国的同乡会、宗亲会以及会馆之类的组织，其背后都有地方文化的浓厚色彩。这一类组织往往是为了"文化适应"的需要而建立起来的。在茶马古道沿途的巴塘、昌都、拉萨等藏区，各地各民族建立的"会馆"当然如是。其实，它们也是各民族互动关系的一个重要场所，是互动关系的一种空间体现。

---

① 赵净修：《茶马古道与丽江商贸的繁荣》，夫巴主编《丽江与茶马古道》，云南大学出版社，2004，第 260 ~ 261 页。

② 〔俄〕顾彼得：《被遗忘的王国》，李茂春译，云南人民出版社，1992，第 136 页。

如果我们仅仅从社会经济史的角度去看待遍布各地的"会馆",仅仅将之视为经贸往来的会所,就不可能深入了解各民族文化基于此的相互适应、相互融合的深层关系。

笔者认为,藏区与内地在地理及文化等方面的基本差异,必然会使进入这里的各民族产生许多适应方面的困难,因为环境的改变往往会带来生活上以至心理上的困扰。生理上和文化上的"水土不服"都是很常见的。在高原上经商的各民族,除了用婚姻、交朋友等方式寻求适应的渠道外,"会馆"之类,也是其文化适应的重要手段。

九 互动关系的作用和意义

王尧、黄维忠两先生在其《藏族与长江文化》中,简明扼要地论述了从茶马互市到边茶贸易的历史过程,并对茶马贸易对藏族与内地的交流作用和意义进行了如下归纳:"就茶马贸易而言,无论是宋元明清历代王朝,还是藏区各地都得到了相应的'实惠',前者完成了巩固国家统一、维护民族团结的政治使命,而藏区各地则是因此得到经济上的发展。更重要的是,通过以茶马贸易为主要形式的经济贸易往来,藏区与内地之间血浓于水的情感得到进一步增强。"两位先生继而从四个方面总结了这些作用:维护民族团结,巩固国家统一;促进双方经济与文化的交流;促进藏区至内地交通的发展;促进了藏区城镇的兴起与发展。① 这些作用和意义,在本书中应该得到了体现,笔者在此再进行一些必要的总结。

自古以来,西藏与内地就有着频繁而多方面的商贸物资交流,这种商贸物资交流无论是通过政治的、宗教的或其他方式实现,从根本上说,是基于藏区和内地物质和文化生活的迫切需要,而不得不进行的地区经济交流。如西藏对茶叶的需求,内地对畜产品和高原山货的需求。近代以来,两地商业贸易的繁荣兴旺,不仅极大地丰富了交通沿线各市场上的物资供给,保障了西南边疆各民族尤其是雪域高原上的藏民族的基本需求,还促进了这一区域经济和交通的发展,满足了相应社会的物质需求。

正如林超民先生在为周智生的著作撰写的序言里所指出的:"滇西北

---

① 参见王尧、黄维忠《藏族与长江文化》,湖北教育出版社,2005,第539~546页。

是少数民族聚居的地区，也是众多民族相互依存、相互促进、相互交融的地区。商人在各民族之间往来贸易，推动着各民族之间的相互理解与共同发展。滇西北，以大理喜洲为中心的白族商人，以丽江古城为中心的纳西族商人，以迪庆中甸（今香格里拉）为中心的藏族商人，以滇西北为基地，南下东南亚，北上西藏，西到缅甸、印度、中亚，东到祖国内地和沿海城镇。他们的商贸经营，一方面促进滇西北的市场的形成与发展，加强了滇西北与祖国各地的商贸联系，使滇西北市场逐步融入祖国的大市场。商贸联系的广泛与加强与国内市场的巩固与扩大，对于加强各民族之间的友好互助、合作交流的促进自不待言，更重要的是对于民族团结、国家统一起到政治、文化、军事所无法替代的巨大作用。"① 在此，林超民先生特别指出了商贸联系在民族团结、国家统一方面所起到的无法替代的巨大作用。

周智生也通过其论述说明："近代滇西北各民族商人走南闯北、走村串户的商贸经营活动，冲破了各地地域及不同民族文化、不同区域间的封闭与局限，或将原本一个个相对孤立的地方市场联结在一起；或以各种商贸活动催生边远山区一个个正在萌发的商贸市集。在此基础上，不仅促进了滇西北地区商业市场体系的形成与发展，而且将滇藏川（康）边整个三角区域联结为一个市场网络星罗棋布、相互间商贸联系密不可分的区域市场体系，有力推动了云南、西康、西藏、四川等近代中国西南边疆民族地区社会经济的发展，同时为维系并加深西南边陲这个多民族聚居区与内地间的社会经济联系，维护祖国统一做出了不可替代、难以磨灭的贡献。"②

这一区域各民族商号的商贸互动，一定程度上刺激、活跃了西藏地区的经济。在社会经济本来欠发达，商品交换极为欠缺的西藏地区，各民族商业贸易的存在与发展，无疑在一定程度上对原本十分单一的地区产业结构、西藏地区民众贫乏单调的消费物品，均有不可或缺的调节作用。

这些年我国提出了面向东南亚的桥头堡建设、孟中印缅经济走廊建设等理念。其实早在一百多年前，云南和西藏地区的各民族商人，已然闯过无数艰难险阻，跨过无数险山恶水，并已经跨过国界，走出国门，探索出

① 周智生：《商人与近代中国西南边疆社会：以滇西北为中心》，中国社会科学出版社，2006，序，第6页。

② 周智生：《商人与近代中国西南边疆社会：以滇西北为中心》，中国社会科学出版社，2006，第241～242页。

了一条条交通物流路线，踏出了环绕喜马拉雅山脉的条条通商道路，已在自觉自发地从事各种形式、各种内容的开发合作，并摸索出了一套套市场经济的方法和机制，建立了稳定而高效的商业贸易及金融汇兑网络，还创造了令人叹为观止的财富。他们的精神和经验，即使在今天，无疑仍具有相当的意义和价值。

从上篇所述各家商号的事例中，我们可以看出，虽然西藏及其相邻地区的道路交通异常艰难，只能以最为原始、运输成本也很高的人背马驮方式来进行，但由于西藏地区与各地的资源优势不同，具有很强的互补性，商品贸易就存在很高的利润，这就吸引并促使各民族商人投身其中，前赴后继，终至达成一种良性的互动关系。

从青铜时代直到近现代，在整个藏区乃至大西南地区，都有各民族商人不断在其间施展身手。究其原因，就是这一区域存在明显的比较优势。人们为了生存，为了发展，总得进行相应的贸易交流，这是任何自然或人为的因素都阻挡不了的。史诗《格萨尔王传》中所录藏族古谚中就有这样的说法："来往汉藏两地的牦牛，背上什么东西也不愿驮，但遇贸易有利，连性命也顾不得。"[1] 于是，各民族商人们不惜以生命为代价，与恶劣的自然环境进行艰苦卓绝的抗争，翻越千山万水，年复一年不辞辛劳地往来于供需各地，形成了世所罕见的壮观景象——千千万万商人抛家别子，风餐露宿，常常逾年不归地来来往往，从一个山谷到又一个山谷，从一个村寨到另一个村寨，一步一步踏出了一条条山道，甚至还探索开发出了一些前人没有走过的道路，终于流淌成各地间相互沟通的大动脉，成为大西南地区的联系纽带，成为中国与外面世界沟通的又一条通道。他们艰苦卓绝而顽强不息地行走，逢山开路，遇水搭桥，这无疑大大有助于中国大西南地区恶劣的交通状况的改善。而那些商人们经常驻足停留、作商品交易集散中心的驿站，渐渐就形成城镇，如云南的丽江大研镇、维西保和镇、德钦升平镇等，如四川的康定、甘孜、松潘等，如西藏的昌都、帕里、亚东等。这无疑大大促进了各地的经济繁荣和社会发展。

在这里，笔者强调的是藏区各民族商号互动往来在经济方面的价值。

总之，藏区各民族商号商人的互动交往，使得藏汉两地之间形成了机

---

① 范文澜：《中国通史》第4册，人民出版社，1978，第54页。

制性的商道，不仅自身具有稳固、坚实的基础，而且有着一种与广大民众生活息息相关的乡土气息，一种精神性的宗教信仰纽带，一种原生态的文化联系。这为我们研究这一区域不同民族的经济、交通和技术流传等，提供了难得的案例。

当然，各民族商号的互动，也促进了各民族的融合与同化，并有助于国家的统一认同。任乃强先生早就发现："天全六番之地，因茶运与工商业关系，汉、番混居最速，故其同化亦最完全。松、理、茂、汶之地，不当主要商道，汉人深入者少，故其同化亦较缓。黑水一部，为汉人从未入境之区，故至今顽强，俨如'野番'。大渡河流域大小金川、鱼通、孔玉、田湾一带，乾隆以后，始有汉人移住，故其同化程度又较黎、雅为浅。关外自乾、嘉时，于南路各城，设官置戍，渐有汉商，老兵、滞吏落业安居者亦渐多。故巴塘、理塘一带，饶有汉俗。民元以来，川、藏军商交通，倾注北路；南路各城，险远隔绝，殆为边府所弃；而巴、理一带，始终倾心内附，从未失陷者，番民多已汉化故也。"①

在中国西南的西藏及其相邻地区，生息着20多个民族。他们生息在不同的海拔高度和差异极大的地理环境中，各地不仅物产不同，风俗文化更是各具特色。长期以来，他们相互之间也有过矛盾、冲突和征战，但这一广大区域的主旋律，仍然是平等相处、和谐共存、合和交融、合作发展。这正像藏族谚语所说的："不像铁一样相碰撞，就不会像心一样相友爱。"②之所以有这样的情形，跟这一区域存在的民族走廊有关，跟各民族间自古就有的相互贸易、相互经济往来互动有关，跟茶马古道有关。这些商贸通道就像一条条流动的血脉，连接并融合了沿途的各个民族，使他们成为祖国民族大家庭中的一员。③

正如周智生所说的："以丽江、迪庆等为主的云南西北部和包括西藏东南部、四川西南部等地的广大藏区之间，在历史上曾经有过久远而密切的民间商贸交流关系，这一以藏、纳西、白、汉、回等各民族商人为纽带形成的跨区际民间商贸交流，曾经对彼此间的社会经济发展产生过积极而

---

① 任乃强：《西康图经》，西藏古籍出版社，2000，第419页。
② 《格萨尔王传：姜岭大战》，徐国琼、王晓松译，中国藏学出版社，1991。
③ 参见李旭《独步三江》，云南大学出版社，2006。

深远的影响。"他还认为:"就在这样一个无论是地理交通条件还是文化交流环境都非常复杂的广袤土地上,源远流长的滇藏民间商贸之所以能够长续不断,一个重要的原因就是生活在这片土地上的各民族间能够保持并珍惜彼此间团结友好的民族关系,贸通有无、相互交流、彼此团结和信任成为这一区域民族关系的发展主流。因此在这样一个复杂的多民族地区,能够保持这样一种持续而长久的、各民族所共享的民族商贸关系,实为难得。换言之,没有长期以来纳西、藏、白、彝、普米、汉等各民族间团结友好、互助互信关系的维持与发展,滇藏民间商贸将难以为继。而各民族间友好关系的维持与发展,很大程度上也得益于滇藏民间商贸在互贸有无的过程中冲开封闭,促进了民族间的交流与互信。"①

各民族的商贸互动以及随之而来的其他互动,不仅形成了同一个经济区域,而且在有形无形中将来自不同地域、不同民族的人们拉入同一个社会文化空间,从而为他们接触、认知来自其他地域的人们和民族,增进并加强他们相互之间的混杂、联结和融合,创造了极好的条件和机会。这是其他关系无法替代的。

这足可见出各民族商业互动在文化和观念方面的价值。

我们似可这样说:西南地区各民族的商业互动往来,为边疆的开拓发展,为中华灿烂的古文明在边疆的传播和扎根开花,为多民族经济、文化的交流融合,为国际的经济贸易合作和友好往来,起到了难以估量的作用。②

我们更可以这样说:这一特殊区域自然形成的生态格局,孕育了各民族及其文明文化,而西南古道的网状贯通,各民族商号商人的频繁往来,又使这种种文明文化相互渗透,相互影响,相互交融,使得这一地区成了丰富多彩的民族文化的大熔炉,成了文化多样性的典型区域。西南古道就是多民族大交流、不同民族文化大融合、大贯通的传送带。基于民族流动混合和茶马互市而形成的互动往来,正好是这种令民族区域内的多族群达成和谐共存的一项条件,它长期存在的历史性和仍在交往的现实性,正好

---

① 周智生:《历史上的滇藏民间商贸交流及其发展机制》,《中国边疆史地研究》2007 年第 1 期。

② 参见李旭《西南古道的民间性及其经济、文化双重价值》,《中华文化论坛》2008 年 12 月增刊。

为多样性提供了良好的弹性空间。这些民族文化因为条条商贸道路的网状贯通，更由于使用的是马帮、背夫、牦牛驮队这样的亲和力极强的载体，落脚于客栈、锅庄甚至村寨房东家这样的民间深处，他们每到一处，当然要力图融入当地社会，入乡随俗，适应不同文化环境，这样也就更易于交流融合。有的更相互通婚生育，更是直接实现了不同民族、不同文化的融合。虽然他们往来于这些商道上，并没有意识到他们事实上已成为不同地区、不同文化间交流的使者，但他们不仅要跟各地的物产打交道，更要与各地的各民族人民打交道。他们就像一股股流动的血脉，就像活的黏合剂，将各民族及其文化结合在一起。①

各民族商号之间的密切互动，对共同抵御外来经济侵略也起到了一定的作用。由于历史上内地各民族商号在藏区的存在与发展，各民族商人与藏商在商业活动中共同承担起了汉藏经贸往来的历史任务。他们携手合作，在一定程度上抵御了外来的经济侵略。近代英帝国主义在政治、军事上侵略西藏的同时，更积极进行经济上的侵略，中英双方在货币、茶叶和英印货等方面展开了一场渗透与反渗透的激烈斗争。正是由于茶马贸易的广泛而深远的影响，当19世纪晚期英国殖民者企图以印度茶叶渗透西藏时，遭到藏族人民的坚决抵制。印茶倾销西藏之初，普遍不受藏族欢迎，他们宁愿以高出印茶10倍的价格购买川茶和滇茶，而不接受印度茶叶。藏族人民抵制印茶、独嗜汉茶之举，显然是千百年来茶马贸易所形成的经济联系和民族感情所决定的。各民族商号在经营中也无不全力维护自身利益，同时也就维护了国家和民族的利益。

总之，各民族商号的互联互通、互动往来，浓缩了边疆山区种种深厚凝重的历史文化，包括了汉民族和中国传统文化在边疆少数民族地区传播及积淀的历程和内涵，充分表现出中华民族的传统文化在西部边疆的交汇融合与源流承继。于是，各民族文化相互包容，相互吸纳，相互影响，最终作为中华文明的一个个"亮点"而被融为一体。这也正好符合费孝通先生一贯主张的中华文明一体多元的理论。② 费孝通先生反复强调：中华民

---

① 参见李旭《西南古道的民间性及其经济、文化双重价值》，《中华文化论坛》2008年12月增刊。

② 参见李旭《西南古道的民间性及其经济、文化双重价值》，《中华文化论坛》2008年12月增刊。

族多元一体格局"的主流是由许许多多分散孤立存在的民族单位，经过接触、混杂、联结和融合，同时也有分裂和消亡，形成一个你来我去、我来你去，我中有你、你中有我，而又各具个性的多元统一体。这也许是世界各地民族形成的共同过程"。① 顾颉刚先生也曾指出："中国无所谓汉族，汉族只是用了一种文化统一的许多小民族。"②

我们也许可以这样说，遍及大西南的各条商道，正是不同部族集团及文化大板块之间文化交流的渠道。在这些商道上来往贸易、互联互通的各民族商号商人，他们之间的互动产生了广泛而深远的影响。这种互动关系，有助于我们提高对西南各民族与祖国大家庭关系的认识，也有助于我们进一步认识亚洲古文明的形成过程。

享誉全球的科幻作家和科普读物作家艾萨克·阿西莫夫在1992年总结回顾人类万年历史时指出，推动社会前进无非有两种做法，一种就是相互争斗，"从公元前8000年到尚未到来的公元2000年，人类历史时常是政治领袖试图竞相压倒对手引发的武力斗争的旋涡。""人们往往选择战争，特别是当一个社会恰恰缺乏另一个社会所需要的东西的时候。""然而，战争必然具有毁灭性，并且从战败的文明中夺取政权的胜利者很快会发现，如果不能使这种文明延续下去，这种既得利益便是短命的。"同时，更鼓舞人心的另一种潮流也在涌动，这"便是与其他社会进行贸易，即用手头多余的东西换得所匮乏的东西。通过商业和贸易，所有社会都能改进各自的生活方式。""一群体特有而另一群体缺乏的资源，一群体特有而另一群体不具备的技能，可以因此得到传布。通过这种方式，每个社会都在某种程度上分享了世界上所有的资源和智慧"。③

显然，与暴力夺取、武力占有、政治控制相比，各民族的商贸交流是一种更合理、更公平，而且也更含有感情因素的活动。它比战争、比政治，有着更为人性化的、更普遍的、更有弹性的空间，更能体现文明的进程。这正如著名社会学家诺贝特·埃利亚斯在论述"文明的进程"的原因

---

① 费孝通主编《中华民族多元一体格局》，中央民族大学出版社，2003，第3～4页。
② 顾颉刚：《编中国历史之中心问题》，顾洪编《顾颉刚学术文化随笔》，中国青年出版社，1998，第3页。
③ 〔美〕艾萨克·阿西莫夫：《诠释人类万年》，内蒙古人民出版社，1998，第191～192页。

时所言，文明的进程主要包括政府的治安、司法力量的提升，以及经济基础从农业（土地）转向贸易。① 只不过，长期以来，这一"文明进程"几乎是润物无声地在西南边陲进行、发展，终如涓涓细流汇集为浩荡的江河，滋润哺育着广大生民，顽强而富有生命力。

美国学者菲利普·巴格比在论及"文化与交往"与"文化适应"时指出："技术设备总是比观念价值更容易传输；一个占据优势的政治、军事和经济力量总是促进了观念和价值的传输；随着进步和保守派别之间的斗争和特殊混合形式宗教的发展，一个新的观念和价值的采纳总会在接受文化的一方引起一场危机"。② 本书涉及的西藏近代历史，正好印证了这一论断。

史学大师汤因比说得很精彩："人生存在于时间的深度上，现在行动的发生不仅预示着未来，而且也依赖于过去。"③ 过去藏区各民族商号的冒险探索、艰辛进取和难能可贵的互利合作，以及相互信任、相互尊敬、和合共融的态度和精神，仍是值得我们挖掘和礼敬的文化财富；虽然现在各种各样现代交通方式取代了传统意义上的商业渠道，致使这一区域的商贸互动呈现出另一番境况，但这些各民族商号的辉煌历史，在倡导科学发展的今天，仍值得我们记取和借鉴。

十 互动关系的内外困境

近代藏区各民族商号间的互动并非一帆风顺，更不是毫无梗阻。其中明显存在一些里里外外的困境。笔者能够指出的是，尽管存在各种困境，但这些互动关系一直存在并持续不断，且呈现出日益紧密和频繁的态势。在此我们需要关注的是，这些互动关系存在哪些困境？我们从中又可获得哪些经验教训？我们在其间应该注意什么、克服什么？

---

① 参见〔德〕诺贝特·埃利亚斯《文明的进程——文明的社会起源和心理起源的研究》，王佩莉译，生活·读书·新知三联书店，1998。
② 〔美〕菲利普·巴格比：《文化：历史的投影——比较文明研究》，夏克、李天纲、陈江岚译，上海人民出版社，1987，第165页。
③ 〔英〕汤因比、〔英〕厄本：《汤因比论汤因比》，王少如、沈晓红译，上海三联书店，1997，第56页。

从历史上看，西藏地区与内地很早就产生了联系，近代以来的商业贸易关系更为引人注目。与此相应，各种各样的互动关系也应运而生。

但从先天地理环境条件上看，西藏地区地势高耸，河流切割很深，高寒气候突出，深处亚洲内陆，被称为世界第三极，本身具有极大的封闭性。在西藏地区，海拔超过5000米的地方就占总面积的45.6%，这样的自然环境是不适宜人类生存的，更不适宜种植业等，而只有在少数河谷地区，才有面积不多的种植业，且大多数作物只能一年一熟。像主食作物青稞，产量又十分低下，只能基本维持甚或维持不了产粮区的口粮消费，不可能有余粮作为商品进入市场进行交换。而一直作为西藏经济主体的高原畜牧业，也由于大多处于高寒牧场，牧草生长期极短，植株植被都很有限，不可能发展大规模的畜牧业。处于藏南喜马拉雅山脉南北坡、藏东南横断山脉地带的林区，面积虽然可观，其间的生物资源、药用植物资源和珍禽异兽都十分丰富多样，但产地险绝恶绝的地理位置，致使森林产品很难成为大宗商品。而对于交换来说，漫长艰难、多为险峻高山和水流湍急的江河隔绝的交通道路又成为极大的障碍和瓶颈，加之传统的效率极其低下、成本极其高昂的人背畜驮的运输方式，极大地制约着商品的交换。这些，毫无悬念地成为西藏地区与内地互动的天然困境。对此，西藏民族学院的朱普选先生进行了很好的分析论证。①

到近现代，由于英帝国对印度的全面殖民统治，加上帝国主义的政治经济扩张本性，其经济势力，甚至政治、军事势力进入藏区，不断制造事端，挑拨离间汉藏关系，汉藏间各民族的互动关系受到相当程度的冲击和影响。这是来自外部的困境。

例如，民国初期，一方面由于军阀混战，脆弱多变的北洋政府难以顾及西藏，而英国趁机支持西藏上层的一些人物从事分裂活动，挑唆西藏地方政府扩充军备，向相邻的四川、云南、青海发动攻势，致使汉藏关系一度紧张，商道受阻，西藏与周边各地各民族的商贸有所减少。西姆拉会议后，由于川藏之间战事接连不断，川藏贸易受到极大影响，内地包括茶叶在内的商品，除少部分取道青海外，多数改道走海路，跨过印度洋经印度转口进入西藏，经常受到英印当局的刁难和阻挠。晚年的十三世达赖喇嘛

①　参见朱普选《试论地理环境对西藏商品经济的限制》，《西藏研究》1993年第3期。

觉察到帝国主义的野心和企图，而且由于对茶叶等内地商品的需求，转而寻求与中央恢复和改善关系。1933年十三世达赖喇嘛圆寂后，已经大致建立统一政权的南京国民政府极为重视，派参谋部次长黄慕松率团入西藏致祭，改善了中央政府与西藏地方政府之间的关系，才使得内地与西藏之间的经贸交往有所恢复。

19世纪中期以前的西藏，还是一个可以自由出入的世界，商人也好，香客和朝圣者也好，探险家也好，基本上能够自由来往。到19世纪下半叶，也就是近代以来，觉察到外部世界不怀好意的西藏关起了大门，采取了闭户封锁政策。青藏高原从此拉上了一道神秘的幕帷，使这片辽阔而神秘的大地更不为人所知。越是这样，野心勃勃的西方列强越是心里发痒，特别是占据与西藏相邻的印度的英帝国和北方的俄国，想方设法要把自己的脚伸到西藏高原上。他们先后派遣了许多间谍和探险家秘密进入西藏，测算各地的距离和海拔高度，绘制各种地图，了解西藏的各种制度、习俗和文化，以便最终将西藏地区纳入自己的势力范围。

在各种办法想尽用绝而碰壁后，1904年，荣赫鹏上校率领英军入侵西藏，欲以武力打开西藏的大门。在西藏军民进行了悲壮惨烈然而没有成效的抵抗之后，十三世达赖喇嘛出走蒙古，英军长驱直入，占领了拉萨，迫使西藏地方政府订立了城下之盟。噶厦摄政与留在拉萨的西藏其他僧俗官员一道，于1904年9月7日与英国商定：西藏承认英国对锡金的主权，并同意开放与印度的商贸关系；准许英国将商贸中心设在后藏的江孜和锡金的甘托克；允许英国派官员和军队在该处驻扎。

英国人还规定，藏人从事印藏之间的贸易，可以自由出入西藏和印度，而汉人（包括纳西族、白族等）则必须持有英印方签发的护照。所以，走茶马古道的云南各民族商人、赶马人就穿藏装，讲藏话，才得以在这条商路上出入来往。英印方为了得到西藏物美价廉的羊毛，也为了倾销他们的各种货物，1906年、1908年搞了《续订印藏条约》和《修订印藏章程》，免去这条商路上的税。

于是，从印度到西藏的商路就被枪炮和刺刀打通了。跟滇藏、川藏茶马古道不一样，这是一条强制性的、不公平的商道。

商路正式开通以后，西藏往印度出口的货物主要是羊毛、裘皮、牦牛尾巴和麝香等，其他一部分货物则经过印度转口运往内地。当时，羊毛是西藏最大宗的出口货物，美国是西藏羊毛的最大和最后的买主。西藏和印度之间的噶伦堡成了羊毛交易的最大集散地。噶伦堡当时只是个有 2 万人口的小镇，它所管辖的噶伦堡行政区，面积也只有约 500 平方千米，人口有 9 万多。那里成为喜马拉雅南麓大量藏族的聚居生活地，同时也聚集了许多中国各民族商号和马帮。由此发往拉萨的种种货物，就通过马帮先由这里送往中国西藏的边境口岸亚东。所以，噶伦堡向来是印度通往西藏的中转站，以商业发达而著称，虽然卖不出昂贵的商品，但低廉商品的交易额相当高。近代以来，这座既有浓厚移民色彩，又有殖民地味道的城市，有印度人、欧洲人、锡金人、不丹人、尼泊尔人以及中国西藏和内地许多地方、许多民族的人在此落脚谋生，其人口规模已经跟西藏的首府拉萨不相上下。

据云南商号恒盛公的张乃骞先生估计，一年最少有 5 万"扣"羊毛从西藏运出销售到印度，最多的时候每年有 10 万"扣"，平常时候一年有 7 万"扣"。"扣"是印度的计量单位，一"扣"约合 82.28 磅，合公制约 37.35 公斤。也就是说，西藏平均一年有 260 万多公斤，即 2600 吨羊毛出口到印度，再转卖到美国等国家。但由于英印的操控，价格仅为国际市场的四分之一。皮张价格更仅为国际市场的十分之一。

西藏出口到印度的货物大约一半都被出售给美国在印度的商务代理人，再经由他们出口到美国，其余货物则出售给印度人，他们再转手把这些货物销售到印度以外。但美国商务代理人和印度商人在购买货物时是由印度的"储备银行"兑换成印度卢比支付给西藏人，所以西藏人（包括云南商人）得到的是英印卢比而不是国际通用货币美元或英镑。就算来自西藏的这些出口货物所换取的出口金额每年为二三百万美元，印度也从中获取了大量硬通货，并吞掉了其中非常可观的外汇差价。

自印藏之间开埠后，一直存在银钱汇兑问题。这也是近代西藏地区出现的互动困境之一。由于当时中国积弱，不仅在交易里拿不到美元等硬通货，而且自己所持的货币不停地被贬值。英印的银卢比只有 3 钱 1 分 5 厘重，四舍五入就算作了 3 钱 2 分，还没有云南铸的半开（库平三钱六分）重，只相当于中国的大清龙洋银币（库平七钱二分）和袁大头银圆的一半还不到。但卢比的价格不断上涨，而藏银的价格一天不如一天。到 1947

年、1948 年，卢比与银子的汇率已高达一个卢比换 7 两银子，碰到生意不好时，商人就抛出银子和藏银洋，9 两银子才值一个卢比。这会迅速导致一些势单力弱的小商户的破产和大量沿途相关民众的贫困。直到 1950 年新中国接管西藏后，才将汇率定在 5 两银子换一个卢比。

贸易的不公平还体现在其他方面。当时西藏的羊毛 80% 产在藏北牧区，人们把这种羊毛称为"羌培"，就是羌塘的羊毛。有 20% 的羊毛是"玉培"，即产在农区的羊毛。羊毛的质量当然以羌培的为最好。于是这里就有了文章可做。羊毛都是打成包驮运到印度的，一包为一"扣"。当时大量经销羊毛的印度商人有以下几家：能都拉姆、阿炯达司、戈扎莫洛、嘎鲁拉姆、盖乃拉姆，他们从内地及西藏的商家手中收进羊毛，再转手出口美国等地。西藏商家中的老大邦达昌，到 20 世纪三四十年代，又有桑多昌、热振昌等，当然也有云南的杨守其、恒盛公、铸记等，由他们在西藏收购好羊毛，负责运送到噶伦堡或加尔各答，交售给印商。印商接到打包的羊毛后，并不是马上付现，而要拆包检查，他们雇十分廉价的尼泊尔小工分拣羊毛，头等为白羊毛，二等为稍带灰色的，三等为黑羊毛，四等为山羊毛或分不清是什么品种的毛，五等也是最低的一等叫"速宾"，意为粪草垃圾。如果一批货有 100 包，他们就开其中任意 5 包，由这 5 包确定全部货物的等级。这 5 等羊毛的等级和价格完全由印商来定，他们根据英国利物浦的市场价，压级打掉很大的折扣以后才给价。当时西藏的羊毛大量出口到美国的费城，少数出口到意大利，但由于印商操纵，市场定盘却是在英国利物浦。印度商人从中就获取了大额利润。

说起在滇藏印茶马道上遭受的各种困境和磨难，事后半个世纪，张乃骞先生想起仍会心寒。笔者当年拜访他的时候，老人哽咽再三，好几次停下来稳定自己的情绪，慢慢才讲起他所亲历的以上事情。①

近代以来，英印方还在印度、斯里兰卡等地大规模培植和生产茶叶，低价向西藏地区倾销。这对川滇地区的茶叶生产和运销，产生了不小的冲击。云南普洱茶是举世闻名的产品，但后来也受到印度、锡兰（斯里兰卡）茶竞争的影响。据蒙自海关统计，1910 年时有 1810 担出口，1911 年

---

① 据笔者 20 世纪 90 年代对张乃骞先生的调查录音和笔记。

降为1156担。第一次世界大战期间，因英国陷于战争，出口量一度回升，1916年曾达到4514担，但1918年又跌至1516担。抗日战争时期，"采摘一项，亦往往视市场需要之多寡为采摘标准……近年印锡茶一部输入藏境，滇茶市场之被夺取亦不无予滇茶产量以重大影响。……迩年安南（越南）、暹罗（泰国）、缅甸当局积极奖励种茶，安南方面，滇茶几已绝迹，暹、缅二地亦日渐减少。"①

另外，币制的混乱、金融汇兑渠道的不畅也是突出的困境。由于西藏地区处于滇藏川印缅交易圈，商人们为了适应各地不同物资的购销，势必使用当地货币进行交易，又由于各民族商号商人来自各地，不可避免地就得使用国内外各种各样，甚至成色差异很大的货币，造成了西藏地区货币市场的混乱局面，这无疑也给各民族商人的交易与货币兑换和流通带来了相当大的困难。

以上为互动关系的外部困境。

在我们自身内部，也存在种种人为的、政治上的困境。

清朝末年，应驻藏大臣联豫吁请，由川滇边务大臣赵尔丰协助，清廷派遣川军入藏，虽以武力一时稳定了川边形势，奠定了1928年西康建省（筹建）的基础，维护了中国的版图和领土主权，功不可没，"然而赵尔丰以武力为后盾的蛮悍作风，则不但伤害到汉藏民族感情，也影响到清廷与西藏的关系"。而"联豫以中央大员自居，在推动新政时，只知强制执行，不知沟通与宣导，引起了以达赖喇嘛为首的西藏政教集团强烈反弹"，加上入藏清军在年轻的都统钟颖手下缺乏必要的节制，与色拉寺喇嘛发生冲突并造成僧人死亡，导致刚返回西藏不久的达赖喇嘛"再次愤而出亡，这次却是背道而驰，投向英属印度，西藏局势益发难以收拾"。而"达赖离藏后，联豫又未能及时补救，因地制宜，掌握西藏文化特色，起用藏民参政，只是一味高压，将汉人文化与内地制度推行于西藏，加深了清廷中央与西藏地方的矛盾与隔阂，这当是清季整顿藏务最严重的缺失"。② 随着辛亥革命的爆发，驻藏清军派系斗争激烈异常，虽名为响应辛亥革命，

---

① 张肖梅：《云南经济》第12章第4节，中国国民经济研究所，1942。
② 参见冯明珠《中英西藏交涉与川藏边情1774～1925》，中国藏学出版社，2007，第14～19页。

实为相互残杀，成为一场变乱，最终引起藏人反抗，将联豫和驻藏清军全部逐出西藏，而且牵连到达赖喇嘛出亡时留下行政的噶伦擦绒·旺秋杰布父子。因为与入藏川军有过接触和谈判，在十三世达赖喇嘛1912年返回拉萨后整顿政府官员的大规模行动中，连同其担任噶准（相当于接待官）的长子桑珠次仁一起被悲惨杀害。支持过川军的第穆活佛被取消名号，其属寺丹吉林寺的所有财产被没收。而被视为"亲英派"领军人物的达赖喇嘛近侍达桑占堆，不仅被达赖喇嘛任命为藏军司令，而且还入赘擦绒家，承袭了其贵族名号，成为西藏近现代史上举足轻重的大人物。晚清政府这种政策上的极大失误，和入藏清军的骚乱失控，无疑造成了汉藏间各民族互动关系的紧张，尽管各民族的民间贸易想方设法突破困境，仍在继续。

在西藏地区内部，各民族商号间的互动关系也存在种种阻碍。首先是观念上的桎梏，如在藏族传统价值观念中，对商人及商业有一定的偏见，尤其是对比较接近汉地、与内地关系较为紧密的藏东康巴人，西藏上层乃至民间，一贯持不信任态度甚至是歧视；其次是官僚贵族和寺院喇嘛利用特权插手商贸领域，干扰并影响正常的市场运作，像邦达昌、热振昌等就是主要因为享受到专营特权而迅速发达。而任何专营制度一旦执行的时间持久，必然会出现寻租阶层和特权化，官商勾结，形成权贵经济，从而影响各民族商号间的正常、正当交往。

正如苏发祥先生指出的："抗日战争爆发之后，由于国际交通线被阻，一般云南、康区巨商购、卖外货多取道拉萨，刺激了西藏商贸的发展。许多贵族、官僚看到有利可图，群起经商。如察绒、索康、噶旭巴、宇妥、然萨申群、夏格巴，等等，都直接经营印度与丽江、成都、康定间的商业。札萨柳夏设曾投资'文发隆''兴记'等商号，成为东家，从中谋取了大量暴利。然而，同祖国内地的情况一样，西藏的民族工商业从来没有占到主导地位，他们必须依靠官僚的投资或保护，才能得以生存。因此，西藏的贸易商业基本上控制在贵族、寺院和政府官员的手中，其发展水平非常缓慢，而且笼罩着浓厚的官僚资本主义色彩。""西藏地方与内地的经济交流仍然十分频繁，但以民间私营贸易为主。由于帝国主义的政治、经济侵略，加之西藏地方政教上层中一小撮分裂主义分子的猖獗活动，不但严重影响西藏与内地由来已久的正常经济文化交流，也严重阻碍了西藏地方社会经济的发展。"①

　　特别需要指出的是，西藏地区是一个佛教天地。自从佛教由印度传入西藏，并形成了独具特色的藏传佛教，它就成为全体西藏人的共同信仰，使之产生了强烈的宗教感情，后来它还与政治结合为一体，形成"政教合一"的体制，对藏族文化和藏民族的生活方式产生了广泛而深刻的影响。在过去的西藏，几乎全社会的所有精英人才都进入寺院僧侣世界中，只有僧侣能受到完备的教育，就像内地几乎所有的读书人都希望进入科举体制中一样。西藏地区的财富，也基本聚集于寺院之中。所以，说寺院是西藏的文化中心和经济中心乃至权力中心，恰如其分。藏传佛教对全体人民具有至高无上的支配权。佛教教义具有对现世生活和人生的根本否定性，主张四大皆空，号召人们放弃现实中的一切，通过刻苦的修行，去寻求一个超现实的世界。不少藏族人将终身的劳动所得，奉献给寺庙，积德行善，以求来世的超度。这事实上使人们满足于最简单的贫困生活，抑制了人们创造财富、追求财富的欲望和行动，也大大影响了财富的正常积累，更谈不上资本的增值。这种精神观念与西藏传统的贬商抑商的政策观念相呼应，实际上成为商业互动的很大障碍和藩篱。在这样的思想观念下，要进行资本的原始积累，要拥有较为丰富的物质财富，要通过商业交换来产生价值增值，可能性很小。所以说，西藏的一些传统，尤其是其宗教体制和观念，也是互动关系的一个很大困境。

　　但是，能够为了来世而完全放弃现实生活的人毕竟还是少数。绝大多数人仍要生存，仍会想方设法满足他们的各种生存欲望。这是人的本性。而藏传佛教也不是铁板一块，大量僧侣也需要生活，也要喝酥油茶，有的甚至拥有大量的财富。按任乃强先生的观点："盖僧侣为坐食阶级，日用物品，不能自致，固不得不仰给于商贾；点缀寺院，当求华美，以动平民羡慕，势需绢绸等物，须转运于千里之外，亦不得不仰给于商贾。土司头人家装饰，其尊贵亦然。是故各喇嘛寺与土司头人之家，皆委派充本（聪本），经理贸易之事。"② 有学者就认为，近代藏区寺院和僧人大肆进行商

① 苏发祥：《论民国时期西藏地方的社会与经济》，《中央民族大学学报》（社会科学版）1999 年第 5 期。
② 任乃强：《西康图经》，西藏古籍出版社，2000，第 243 页。

业活动，还与他们可以借助种种特权获取高利润有关，"运送商品靠差巴提供乌拉，购买土特产品可以压价强收，推销商品可以高价摊派，还可以免去各种税收，所以利润率很高，这是寺庙热衷于商业活动的根本原因。"① 在过去的藏区，许多藏传佛教寺庙本身不仅是大庄园主，而且是大商家，往往设置专人负责商贸生意。也就是说，藏传佛教的众多寺庙和僧侣也处于商业往来的链条上，他们也完全可能进入互动关系中，这虽然会给互动关系带来一定的负面影响和制约，另一方面，则大大加强和深化了互动关系。毕竟，在藏区，寺院和贵族上层有着极为广泛的支配力和根深蒂固的影响力。所以，只要生命链条还在运转，人生还没有终结，建立在生存基础上的商业贸易就难以切断，互动关系就不会停止。这也是笔者在本书中反复强调商业经济互动重要性的最大理由。

处于汉藏之间的康区更崇尚经商，无论僧俗。"本来，佛教反对贪财图利，但藏传佛教却提倡和鼓励僧人经商获利。康区一般民众也认为寺庙经商务农无可非议，这和康区特殊的地理条件、产业结构有直接关系。在康区，寺庙占地有限，除了信众的供奉，僧众需要开辟更多的渠道筹措其必不可少的各种开支，而一些寺庙所处的特殊的地理位置，使稍有头脑的僧人都会将目光投向可以利用其特殊的宗教、政治优势而获取高额利润的商业活动。这是康区寺庙素有经商传统的主要原因。"②

西藏贵族及其上层人士同样如此。他们一方面是祖先留下的名望、权势、庄园及财富的享有者，也往往由此出任拉萨或各地的地方官员。民国时期，西藏共划分为174宗（相当于内地县一级建置），每一宗的长官由四品至七品官员担任，视所辖人户数额而定。他们的薪俸都没有定额，因此，官员往往就由有庄园的贵族世家子弟担任。这样一来，他们的开销，都得取自民间，都得通过插手经营商业从中牟利，从而往往成为商业贸易的干涉者和垄断经营者。例如，经手由内地运茶分销于民间，居间抬高价值，同时从民间收取麝香、虫草、贝母等土特产，任意定价，从而给西藏各民族商号的互动贸易造成麻烦和困境，甚至造成政治上的矛盾和冲突；③ 但

---

① 况浩林：《中国近代少数民族经济史稿》，民族出版社，1992，第228页。
② 郭卿友编著《民国藏事通鉴》，中国藏学出版社，2008，第497页。
③ 参见黄慕松《使藏纪程》，西藏社会科学院西藏学汉文文献编辑室编《使藏纪程、西藏纪要、拉萨见闻记》，全国图书馆文献微缩复制中心，1991，第227~228页。

另一方面，某种意义上，他们也是贸易互动的参与者和推动者。即便有着高高在上的尊贵地位、世袭庄园领地和华丽光环的贵族世家，也得用心打点经济之事，否则就将面临入不敷出、负债累累的窘迫境况，其尊贵和权势就岌岌可危、摇摇欲坠。正如中国藏学研究中心的次仁央宗所言："他们之所以如此渴求政治地位是为了进一步提高家族的经济地位。显然在西藏贵族社会中，软弱的家族经济很难满足和加强政治权威和势力。"①

总之，在经济利益面前，无论是寺庙商还是贵族头人商，大多也难免俗，他们以各种方式，在不同程度上，卷入各民族的商贸活动中。这从本书对藏区各民族商号的兴起、发展过程的梳理中就已经明显可见。西藏地区寺庙商和贵族头人商大为获利的特别之处，就在于他们能凭借宗教上的地位和政治上的特权，在非公平原则、非市场原则下经商，商品成本低甚至无成本，低税甚至无税，还可以无偿动用乌拉差役运输，乃至垄断市场，故利润额大，且多暴利，他们还更普遍地动用其拥有的巨额资金，向社会和民众发放高利贷，获得巨大的金融利益。这无疑成为藏区各民族商号经营互动的一个困境。

当然，有的商家能够因势利导，借力发挥，化不利为有利，亦能将互动关系向前推进。像云南中甸马铸材的"铸记"商号，就在起始阶段得到了号称"巨商堡垒"的松赞林寺松谋活佛的大力支持，从而在滇藏川印的商贸道路上迅速崛起。

除天然的交通困境和权势经济的困境外，另外的困境出自人为的政治及经济、金融政策。互动关系过度依赖政治及经济、金融等外部条件，也是困境之一。

一般来说，商业贸易往往因外部条件而产生、兴盛、衰落，呈现出一定程度的脆弱性。民国时期康藏关系数度紧张，就严重影响到两地间的商业往来。抗战胜利后，随着海路和其他交通道路的复启，原走滇藏、川藏线茶马古道的商号马上面临物价暴跌、货物滞销的困境，仅云南丽江市场上就有80%的商户因此破产，当地商户数量由原来的160多家锐减到28

---

① 次仁央宗：《西藏贵族世家：1900～1951》，中国藏学出版社，2005，第155页。

家，外地商号更纷纷撤离。① 于是，汉藏两地间战争时期的高利商贸运作难以持续，民国政府蒙藏委员会不得不注意此困境，并上报行政院拟定加强西藏与内地联系的经济、金融政策："查原报告所陈各藏官在内地经商获利，系抗战期间海运封锁，藏官经营印藏驿运情形，此乃战时现象。胜利以后，海运畅通，故又骤感恐惶，纷纷另谋出路。今后加强西藏与中央经济联系之根本办法，端在繁荣西藏与内地土产之运输，尤应着眼于边茶及羊毛之互运。曩时藏人日用之砖茶全恃川、滇产品之供应，后因康藏交通困难，捐税过重，川、滇砖茶大部改由海道经印度入藏，印商遂乘机大量仿造，混入倾销。藏人以其价廉，饮用渐惯，而川、滇砖茶销路乃至日蹙。至羊毛为西藏出口大宗，久为英印之控制。青、康羊毛亦经藏出口至噶伦堡销售，由英商官收购转介出口。由于《英藏通商章程》之优惠地位，故能操纵自如，并借以干预藏事。我欲挽回藏局，除外交方面，应相机与英交涉，由中央政府另订平等新约外，亟须以经济配合政治，齐驱并进，以谋补救。"② 由此也可见两地间互动关系的困境。

当然，过去西藏与内地间互动关系最大、最突出的困境，莫过于遥远而险阻重重的交通。这一点笔者特意没有提及，而是贯穿于整个行文中。当年，许多人因惧怕滇藏、川藏茶马古道的遥远艰险，就从海路乘船到印度，然后由印度经噶伦堡进入西藏。从清朝时的一些驻藏大臣，到民国时的一些达官要员，都有从这条线路入藏的。云南的一些商号商人更特意开拓了由云南南部产茶区途经缅甸、跨越印度洋、经过印度再入西藏的商业物流道路。这一道路的很多路段与古代的西南丝绸之路重合。这条道路虽绕道数国，还要漂洋过海，却便捷了许多，将原来由川藏、滇藏线进藏的三四个月的交通运输时间，缩短为40多天，而且还不受季节和气候的制约。③

在近代100多年的历史上，包括大西南在内的几乎整个中国，基本上仍靠人背马驮的传统运输方式完成交通物流。据学者研究，"在中国，几

① 参见许鸿宝《丽江县大研镇解放前的商业情况》，《民族问题五种丛书》云南省编辑委员会编《纳西族社会历史调查》，云南民族出版社，1983，第32页。
② 中国藏学研究中心、中国第二历史档案馆合编《民国时期西藏及藏区经济开发建设档案选编》，中国藏学出版社，2005，第15页。
③ 马家骥：《回忆先父马铸材经营中印贸易》，中国人民政治协商会议云南省委员会文史资料委员会、中国民主建国会云南省委员会、云南省工商业联合会合编《云南文史资料选辑》第42辑，云南人民出版社，1993。

种主要的运输方式运货的比较费用，估计如下（分/吨·公里）：帆船，2分至12分；轮船和汽艇，2分至15分；铁路，3.2分至17分；大车，5分至16.5分；独轮车，10分至14分；骆驼，10分至20分；卡车，10分至56分；驴、骡和马，13.3分至25分；人力搬运，14分至50分；黄包车，20分至35分。整个民国时期，大宗货物继续使用传统运输方式运输。"① 一份考察报告称："在四川省，从渭河流域到成都平原的大路上，我们可能遇见背负160磅重棉花的苦力。他们背着这些东西，一天走15英里，共要走750英里，一天一角七分钱（墨西哥银圆），相当于一角四分钱一吨·英里。按照这个价钱，把一吨货物运送750英里，要花费106.25元；而铁路运输却只要15元，是人力运输费用的1/7。"② 毫无疑问，汉藏之间穿越整个横断山脉、昆仑山脉等大山巨川直抵青藏高原的交通物流，要比上述的情况艰难得多，也昂贵得多。

而从19世纪70年代起，英国殖民者就开始在其殖民地印度投资兴建几乎遍布印度半岛的铁路，至1914年第一次世界大战爆发前夕，已在印度筑成超过3.4万公里的铁路，后来更将铁路修到了西里古里，甚至已修通了从西里古里到大吉岭的山间小火车路，也就是说，印度的铁路网几乎通到了中国西藏边境。从1889年开始，他们又开始修筑从缅甸当时的首都仰光至北部重镇密支那的铁路，甚至通到接近中缅边境的东枝，缅甸境内的内河航运和公路运输也基本上实现了近现代化。英印、印缅便捷的现代交通运输，自然成为人们的首选。

在现代交通物流通道的建设方面，我们现在已经做得非常好了——20世纪50年代，中华人民共和国成立之初，中央政府就在极其困难的条件下投入巨资，以超过一公里路一条生命的代价，修筑了贯通内地与藏区的青藏公路、川藏公路，于1954年12月25日同时通车；1957年10月5日，由新疆叶城至西藏阿里噶达克，全长1179公里的新藏公路竣工；1973年8月，由云南大理下关至西藏芒康的滇藏公路全线通车；20世纪60年代，进而建起空中航线，拉萨、日喀则、昌都、林芝和阿里先后建起机场并通

---

① 费正清、费维恺主编《剑桥中华民国史》（上卷），中国社会科学出版社，1994，第93页。

② 转引自费正清、费维恺主编《剑桥中华民国史》（上卷），中国社会科学出版社，1994，第92页。

航；到 21 世纪初，代表现代文明的青藏铁路直通拉萨、日喀则，并规划穿越喜马拉雅山……

毋庸讳言，在藏区与内地各民族商号的互动往来中，存在一些困境或曰不利因素，但我们也可以看到，这些困境或不利因素并非不可化解。早在清朝和民国时期，人们就创造性地摸索出了不少解决的办法和途径，积累了相当多的经验，当然也留下了不少教训。

结　论

正如美国学者杜赞奇所指出的："在空间的民族模式下，文化和政治权威被努力地协调一致"。① 近代以来，在藏区各民族商号商业贸易的积极运作下，开通并运行了上千年的茶马古道焕发生机，塑造出一个内地与西藏之间的区域性空间，在此统一的、有相当弹性的区域空间里，包括汉藏文化在内的各民族文化相互沟通交流、相互影响融合，"文化和政治的权威被努力协调一致"。这也正如祝启源先生所说："我国各民族之间的关系发展表明，其政治、文化关系的发展，需要经济发展作为先导。也就是说，没有相互间的经济交往作基础，政治、文化等各方面的关系发展不可能牢靠，但经济交流又受到政治关系发展的制约。在中华民国时期，西藏与内地的经济交往就明显地反映了这一规律。"②

汉藏间近现代各民族商家相互的商业贸易，已然超越了唐宋时期的茶马互市和明朝时期由礼仪关系建构的"朝贡"体制等社会交往形态，在清朝时期，尤其是在近代以来，已经形成成熟的资源互补、相互依存、你来我往、你中有我、我中有你的统一体。

这一区域体系形成的一个重要标志，就是云南的丽江、四川的康定和西藏的拉萨等地方，已然成为滇、川、藏地区各个层次的货物交易市场与集散分流中心，这些市场和集散中心不仅与云南大理下关、昆明等地相联系和呼应，同时因应于近代云南既有的面向国际市场的五口开关（思茅

① 〔美〕杜赞奇：《亚洲归来：建构我们这个时代的区域概念》，《读书》2010 年第 5 期。
② 祝启源著、赵秀英整理《中华民国时期西藏地方与中央政府关系研究》，中国藏学出版社，2010，第 356 页。

249

关、昆明关、腾冲关、蒙自关和河口关）通商之便利，近代云南还有滇越铁路和滇缅公路等方便快捷的对外联系通道，对滇、藏、川大三角地区的商贸物流和人流南下，起到了强大的吸引作用；同时，这些市场和中心也与四川雅安、成都、乐山、宜宾，乃至湖北宜昌、武汉和长江中下游地区、中原地区相连，其中一些线路，如松（潘）茂（县）道，还与西北丝绸之路相通，从而将这一区域整合进更大的商业经济体系里；差不多同时，在英国殖民者的武力开拓下，西藏地区也开放了亚东、帕里、江孜等口岸，吸引着云南、四川等地的各民族商人大量进入藏区，并翻越喜马拉雅山脉与印度、尼泊尔等国互联互通，最终形成了南北围绕喜马拉雅山脉的滇、缅、藏、印环行商贸物流通道。各民族商人在此通道上来来往往，频繁贸易。

其实，在民族与区域关系中，贸易才是一种在尊重差异的前提下，真正导向平等关系的实践活动，是真正意义上的合作体系，并初步形成了社会中互动关系的机制化保障。正是在平等互利的经贸关系和一定的合作机制下，互动关系不是作为统治秩序的需要而被建构起来的，而是基于资源互补、人民生活的日常需求；互动关系也不是作为行政指令而强加给社会的，而是出自人们自发自生的自然行为和理性选择，并且建立在诚恳互信的基础上；另外，这些互动关系与民族意识、民族认知等关涉不大，也就是说，这些互动关系根本上不是文化问题，而是人们世俗生活的习惯和惯性，是旷日持久的疏通血脉、凝聚人气的生存事业。与单方面地、孤立地投入资金、技术、设备不同，那只能为相关地区人为造就一定的有利环境，而不可能引发真正的互动融合，有时还会产生副作用。因此，以商贸互动为核心的各种互动关系才更为平等和谐，而且更为持久稳定，并且能够深入人们的日常生活乃至情感和内心。一旦这种互动关系受阻受损，吃苦受难的，首先是普通百姓，并且，其后果也是整个社会难以接受的，因而其本身也有很好的修复能力。

人们的民族意识、宗教文化、婚姻家庭，乃至技术工艺、生活习俗等，正是在商业经贸活动中得以建立联系并产生互动的。正是在商业经贸往来互动中，更容易寻找到价值的规范性和诚信的基础性，也更有可能建立起某种社会机制，以保障互动关系的健康发展。这也就是马克斯·韦伯在研究社会学时强调的"客观可能性"，或者说类似于老子最为强调的

"辅万物之自然"。正是在商业经贸往来互动中，各民族各美其美、美人之美，使"美美与共"成为可能。费孝通先生所提出的"多元一体"，多元并非民族主义的分化与冲突，一体也不是一种国家主义的严厉监控与管制，而是一种关系到人们的生存和发展的经济活动，是一种动态而有弹性的格局，也是民族转化、国家认同的一种良性途径。

从以上各章记述、分析来看，笔者认为在处理内地与西藏间各民族互动关系时，有这些经验值得记取。

第一，无论是怎样的互动关系，都要有宏大的、长远的、整体性的观念，充分了解对方的历史和文化，充分尊重对方的宗教、文化等，不能自我托大，更不能颐指气使，也不能刻意强化地方、民族意识和宗教意识，而应因势利导，使之自然而然地向平和相待、平和共处、平和相融的方向发展，也就是老子所谓的"辅万物之自然"；笔者一直在想，能否将赚钱谋生求发展，与扩展人的视野胸襟、充实人的思想、拯救人的灵魂、弘扬人的精神结合起来，使这一特殊的区域主要靠自己的能力、靠和平、靠互通有无来发展？笔者认为，这大概才是最为合理、合情、合乎人性的道路。

第二，以资源互补、平等互利原则为基础的商业贸易，被证明是一种最为平和、最为公平、最易于为广大民众包括社会上层接受的互动方式。这一互动关系不仅源远流长，而且深入人心，有着深层的人性基础和诚信基础，有着悠久的历史传统和广泛而稳固的社会基础，因而也有着不可动摇、不易断裂的坚实性，特别值得鼓励、提倡和培育，并应有相配套的政策法规乃至相应的金融、税收措施。

第三，要尽力寻求发掘两地间互补的资源，尽力做到价值等量、平等互利往来，而不能一边倒，只有进没有出，或只有出没有进，要力求做到均衡的经济一体化。

第四，与第一点相配合，要大幅降低相关税收甚至免征相关税收，重视地方民族商人的培育，大力培养地方社会自我发展机制，这样才能促进两地间本就十分艰难坎坷的商贸往来。

第五，要建立银行、金融的便利通道，吸纳两地双方的资金，积极办理并及时发放款项，保障金融血脉的畅通，并营建共通相融的资金池，做到金融一体化。

第六，要做到均衡互动，强弱之间、大小之间、先进落后之间，尽力保持一定的平衡度，一旦打破均衡，就容易造成互动的起伏跌宕，从而影响正常的互动关系。

　　第七，要注意互动关系中的自我调节机制的建立和完善，要培养互动各方的自我调节能力，创造并保持互动的弹性空间，以适应互动关系的变化，经常性保持共同发展、同步前进、趋向大同境地的态势。

　　虽说生意就是生意，与民族所属无关，与宗教信仰无关，与政治亦无直接关系，然而就在商贸生意互动中，各民族的人们在合作，文化在交融，情感在沟通，宗教在整合，意识在认同……所以，我们应该分析在哪些地方、哪些方面存在促进互动关系的生存与发展的机制，从而使两地间的关系成为一种恒久的、平稳的机制性状态。笔者为此付出了力所能及的努力。笔者想特意指出的是，如果打破了或丧失了这种机制性状态，失去了这种客观可能性，各民族间的互动关系、汉藏间的关系就会大受影响。这在今天，依旧是一个我们不得不面对的问题。

主要参考文献

一 著作和论文资料集

吴慧主编《中国商业通史》第 3 卷，中国财政经济出版社，2005。

唐力行：《商人与中国近世社会》，商务印书馆，2003。

朱英：《近代中国商人与社会》，湖北教育出版社，2002。

范文澜：《中国通史》第 4 册，人民出版社，1978。

〔意〕G. M. 托斯卡诺：《魂牵雪域》，伍昆明、区易柄译，中国藏学出版社，1998。

《格萨尔·加岭传奇》，阿图、徐国琼、解世毅翻译整理，中国民间文艺出版社，1984。

佟柱臣：《中国边疆民族物质文化史》，巴蜀书社，1991。

潘光旦编著《中国民族史料汇编——〈明史〉之部》下卷，天津古籍出版社，2007。

方国瑜主编《云南史料丛刊》，云南大学出版社，1998～2001。

杨毓才：《云南各民族经济发展史》，云南民族出版社，1989。

云南省立昆华民众教育馆编印《云南边地问题研究》，1933。

《纳西族简史》编写组：《纳西族简史》，云南人民出版社，1984。

李汉才主编《玉龙毓秀》，云南民族出版社，1995。

夫巴主编《丽江与茶马古道》，云南大学出版社，2004。

木丽春：《丽江茶马古道史话》，德宏民族出版社，2003。

唐晓峰：《人文地理随笔》，生活·读书·新知三联书店，2005。

格勒：《论藏族文化的起源形成与周围民族的关系》，中山大学出版社，1988。

李光文、杨松、格勒主编《西藏昌都——历史·传统·现代化》，重庆出版社，2000。

石硕：《西藏文明东向发展史》，四川人民出版社，1994。

游时敏：《四川近代贸易史料》，四川大学出版社，1990。

董孟雄：《云南近代地方经济史研究》，云南人民出版社，1991。

罗群：《近代云南商人与商人资本》，云南大学出版社，2004。

陆韧：《云南对外交通史》，云南民族出版社，1997。

吴兴南：《云南对外贸易史》，云南大学出版社，2002。

郭正秉、郭大烈、刘尚铎主编《惊险的跳跃》，云南大学出版社，1991。

《云南省白族社会历史调查报告》（白族调查资料之一），中国科学院民族研究所云南民族调查组、云南省民族研究所，1963。

《民族问题五种丛书》云南省编辑委员会编《白族社会历史调查》，云南人民出版社，1983。

云南编辑组：《白族社会历史调查》（3），云南人民出版社，1991。

大理州政协文史资料研究委员会编《大理州文史资料》第 6 辑，1989。

中国人民政治协商会议云南省大理市委员会文史资料委员会编《大理市文史资料选辑》第 8 辑。

中国人民政治协商会议云南省鹤庆县委员会文史资料委员会编《鹤庆文史资料》。

《民族问题五种丛书》云南省编辑委员会编《纳西族社会历史调查》，云南民族出版社，1983。

丽江县政协文史组编《丽江文史资料》第 3 辑。

丽江纳西族自治县县志编纂委员会办公室编《丽江志苑》第 1～6 期，1988～1989。

腾冲县商业局编《云南省腾冲县商业志》，1989。

迪庆藏族自治州民族宗教事务委员会编《迪庆藏族自治州民族志》，2001。

中国人民政治协商会议迪庆藏族自治州委员会文史资料委员会编《迪庆州文史资料选辑》第3辑，1990。

中甸县志编纂委员会办公室编《中甸县志资料汇编》第1~5辑，1989~1991。

中国人民政治协商会议云南省委员会文史资料研究委员会编《云南文史资料选辑》，云南人民出版社。

中国人民政治协商会议云南省委员会文史资料研究委员会、中国民主建国会云南省委员会、云南省工商业联合会合编《云南文史资料汇编》第42辑，云南人民出版社，1993。

中国民主建国会云南省委员会、云南省工商联合会编《云南工商史料选辑》第1辑，1988。

中国人民政治协商会议甘孜藏族自治州委员会编《甘孜州文史资料》第1~16辑。

西藏昌都地区文史资料编纂委员会编《西藏昌都地区文史资料》第1辑，四川民族出版社，2009。

西藏昌都地区文史资料编纂委员会编《西藏昌都地区文史资料》第2辑，西藏民族出版社，2011。

西藏自治区政协文史资料研究委员会编《西藏文史资料选辑》。

陈渠珍：《艽野尘梦》，西藏人民出版社，2011。

石青阳：《藏事纪要》，手抄本，1933。

李旭：《遥远的地平线》，云南人民出版社，1999。

李旭：《藏客——茶马古道马帮生涯》，云南大学出版社，2000。

李旭：《茶马古道》，新星出版社，2005。

李旭：《茶马古道上的传奇家族——百年滇商口述史》，中华书局，2009。

李旭：《独步三江》，云南大学出版社，2006。

李旭：《茶马古道：横断山脉、喜马拉雅文化带民族走廊研究》，中国社会科学出版社，2012。

周智生：《商人与近代中国西南边疆社会：以滇西北为中心》，中国社会科学出版社，2006。

杨镜编著《大理百年要事录》（上），云南民族出版社，2003。

陈延斌：《大理白族喜洲商帮研究》，中央民族大学出版社，2009。

薛祖军编著《大理地区喜洲商帮与鹤庆商帮的分析研究》，云南大学出版社，2010。

龚宁珠主编《爱国老人马铸材》，云南华侨历史学会，1998。

和强、祁继光：《"腊都"的足迹——马铸材先生的壮丽人生》，云南人民出版社，2011。

〔法〕石泰安：《西藏的文明》，耿昇译，中国藏学出版社，1999。

王尧、黄维忠：《藏族与长江文化》，湖北教育出版社，2005。

吕昭义：《英属印度与中国西南边疆》（1774～1911年），中国社会科学出版社，1996。

西藏社会科学院、中国社会科学院民族研究所、中央民族学院、中国第二历史档案馆：《西藏地方是中国不可分割的一部分》（史料选辑），西藏人民出版社，1986。

中国社会科学院民族研究所、中国藏学研究中心社会经济所、中国藏学出版社编著《西藏的商业与手工业调查研究》，中国藏学出版社，2000。

中国藏学研究中心、中国第二历史档案馆合编《民国时期西藏及藏区经济开发建设档案选编》，中国藏学出版社，2005。

卢秀璋主编《清末民初藏事资料选编（1877～1919）》，中国藏学出版社，2005。

西藏自治区社会科学院、四川省社会科学院合编《近代康藏重大事件史料选编》，西藏古籍出版社，2001。

西藏自治区交通厅、西藏社会科学院编《西藏古近代交通史》，人民交通出版社，2001。

土呷：《西藏昌都历史文化研究文集》，中国藏学出版社，2010。

中国人民政治协商会议西南地区文史资料协作会议编《抗战时期内迁西南的工商企业》，云南人民出版社，1988。

中国人民政治协商会议西南地区文史资料协作会议编《抗战时期西南的交通》，云南人民出版社，1992。

罗莉、拉灿：《西藏五十年》（经济卷），民族出版社，2001。

《藏族简史》编写组：《藏族简史》，西藏人民出版社，1985。

任乃强：《西康图经》，西藏古籍出版社，2000。

北京大学历史系等编著《西藏地方历史资料选辑》，生活·读书·新知三联书店，1963。

《国外藏学研究译文集》，西藏人民出版社。

许倬云：《万古江河》，上海文艺出版社，2006。

吴健礼编著《古代汉藏文化联系》，西藏人民出版社，2009。

吴明娣：《汉藏工艺美术交流史》，中国藏学出版社，2007。

《西藏研究》编辑部编《清代藏事辑要》，西藏人民出版社，1983。

〔美〕巴伯若·尼姆里·阿吉兹：《藏边人家——关于三代定日人的真实记述》，翟胜德译，西藏人民出版社，1987。

〔美〕加里·斯坦利·贝克尔：《家庭论》，王献生、王宇译，商务印书馆，2007。

杨仲华：《西康纪要》，商务印书馆，1937。

费孝通：《论人类学与文化自觉》，华夏出版社，2004。

祝启源著、赵秀英整理《中华民国时期西藏地方与中央政府关系研究》，中国藏学出版社，2010。

西藏社会科学院西藏学汉文文献编辑室编《使藏纪程、西藏纪要、拉萨见闻记》（合刊），全国图书馆文献微缩复制中心，1991。

中国第二历史档案馆、中国藏学研究中心合编《黄慕松、吴忠信、赵守钰、戴传贤奉使办理藏事报告书》，中国藏学出版社，1993。

郭卿友编著《民国藏事通鉴》，中国藏学出版社，2008。

喜绕尼玛：《近代藏事研究》，西藏人民出版社、上海书店出版社，2000。

西藏社会科学院民族历史研究所编《西藏史研究论文选》，西藏人民出版社，1984。

《云南藏学研究论文集》，云南民族出版社，1995。

刘曼卿：《国民政府女密使赴藏纪实》，民族出版社，1998。

邢肃芝（洛桑珍珠）口述，张健飞、杨念群笔述《雪域求法记：一个汉人喇嘛的口述史》，生活·读书·新知三联书店，2008。

〔英〕查尔斯·贝尔：《十三世达赖喇嘛传》，冯其友等译，西藏社会科学院西藏学汉文文献编辑室编印，1985。

〔美〕梅·戈尔斯坦：《喇嘛王国的覆灭》，杜永彬译，时事出版社，

1994。

　　〔俄〕顾彼得：《被遗忘的王国》，李茂春译，云南人民出版社，1992。

　　美朗宗贞：《近代西藏巨商"邦达昌"之邦达·多吉的政治生涯与商业历程》，西藏人民出版社，2008。

　　〔法〕费尔南·布罗代尔：《15至18世纪的物质文明、经济和资本主义》第1卷，顾良、施康强译，生活·读书·新知三联书店，1992。

　　〔德〕诺贝特·埃利亚斯：《文明的进程——文明的社会起源和心理起源的研究》，王佩莉译，生活·读书·新知三联书店，1998。

　　〔美〕菲利普·巴格比：《文化：历史的投影——比较文明研究》，夏克、李天纲、陈江岚译，上海人民出版社，1987。

　　〔法〕古伯察：《鞑靼西藏旅行记》，耿昇译，中国藏学出版社，1991。

　　〔英〕H. R. 戴维斯：《云南：联结印度和扬子江的链环》，李安泰、和少英等译，云南教育出版社，2001。

　　费正清、费维恺主编《剑桥中华民国史》，中国社会科学出版社，1994。

　　马汝珩、马大正主编《清代边疆开发研究》，中国社会科学出版社，1990。

　　许广智主编《西藏地方近代史》，西藏人民出版社，2003。

　　廉湘民：《劫难：1947年春热振事件》，中国藏学出版社，2004。

　　张晓明编《见证百年西藏——西藏历史见证人访谈录》，五洲传播出版社，2003。

　　徐嘉瑞：《大理古代文化史》，云南人民出版社，2005。

　　马丽华：《藏东红山脉》，中国社会科学出版社，2002。

　　斯那都居、扎西邓珠编著《圣地卡瓦格博秘籍》，云南民族出版社，2007。

　　王川：《西藏昌都近代社会研究》，四川人民出版社，2006。

　　〔美〕滕华睿：《建构现代中国的藏传佛教徒》，陈波译，香港大学出版社，2012。

　　冯明珠：《中英西藏交涉与川藏边情1774～1925》，中国藏学出版社，2007。

　　郭家骥、边明社主编《迪庆州民族文化保护传承与开发研究》，云南人民出版社，2012。

况浩林：《中国近代少数民族经济史稿》，民族出版社，1992。

次仁央宗：《西藏贵族世家：1900~1951》，中国藏学出版社，2005。

高言弘主编《民族发展经济学》，复旦大学出版社，1990。

二　文献

《贤者喜筵》。

《宋史·吐蕃传》。

《元史·世祖纪》。

《明史·食货志》。

《清史稿·食货志·茶法》。

王廷相：《王氏家藏文集》，《皇明经世文编》卷149。

（唐）樊绰撰，向达校注《蛮书校注》，中华书局，1962。

《明名臣奏议·方逢时论贡市之便疏》。

（清）刘健：《庭闻录》，上海书店，1985。

（民国）《松潘县志·食货·茶法》。

（咸丰）《天全州志·茶政》。

（光绪）《普洱府志》卷17。

（乾隆八年）《丽江府志略》，丽江县县志编委会1991年翻印。

（唐）封演撰，赵贞信校注《封氏闻见记校注》，中华书局，2005。

吴丰培主编《联豫驻藏奏稿》，西藏人民出版社，1979。

吴自修修、张翼夔纂（光绪）《新修中甸志书稿本》，《中甸县志》编纂委员会编《中甸县志资料汇编》（2），1990。

段绶滋纂修（民国）《中甸县志》，《中甸县志》编纂委员会编《中甸县志资料汇编》（3），1991。

（清）张其勤：《炉藏道里最新考》，中央民族学院图书馆（油印本），1981。

《卫藏通志·贸易》，商务印书馆，1937。

（清）陶思曾：《藏輶随记》。

（清）王崧著，（清）杜允中注《道光云南志钞》，云南省社会科学院文献研究所，1995。

《资治通鉴》卷244。

《明实录》景泰四年（1453）八月甲辰记。

三　相关论文、资料

霍巍：《从考古发现看西藏史前的交通与贸易》，《中国藏学》2013年第2期。

邓锐龄：《结打木、杨打木二城考》，《中国藏学》1988年第2期。

李灿松、周智生：《"藏彝走廊"地区白族商人商贸活动的持续性探讨》，《云南民族大学学报》（哲学社会科学版）2009年第4期。

周智生：《云南商人与近代滇藏商贸交流》，《西藏研究》2003年第1期。

周智生：《历史上的滇藏民间商贸交流及其发展机制》，《中国边疆史地研究》2007年第1期。

周智生：《茶马古道上的纳西族"藏客"起源探析》，《西藏研究》2009年第5期。

周智生：《抗日战争时期的云南商人与对外民间商贸》，《抗日战争研究》2009年第2期。

张雪慧、王恒杰：《从几份档案中看滇藏经济贸易——兼谈对云南藏区社会经济与历史研究的重要性》，《中国藏学》1989年第1期。

王恒杰：《解放前云南藏区的商业》，《中国藏学》1990年第3期。

潘发生、七林江初、卓玛：《中甸归化寺僧侣商业概述》，《西藏研究》1993年第2期。

杨桂红：《中甸松赞林寺寺院商业经济研究》，《学术探索》2002年第2期。

马家蘷：《回忆先父马铸材经营中印贸易》，中国人民政治协商会议云南省委员会文史资料研究委员会、中国民主建国会云南省委员会、云南省工商业联合会合编《云南文史资料选辑》第42辑，云南人民出版社，1993。

韩军：《大理白族"喜洲商帮"》，《云南民族学院学报》（哲学社会科学版）1992 年第 3 期。

吕珈慧：《大理喜洲商帮的形成与发展特点》，《边疆经济与文化》2008 年第 6 期。

黄万伦：《英俄对西藏经济侵略的历史考察》，《西藏研究》1982 年第 3 期。

陈汎舟、陈一石：《滇藏贸易历史初探》，《西藏研究》1988 年第 4 期。

陈一石、陈汎舟：《滇茶藏销考略》，《西藏研究》1989 年第 3 期。

牛鸿斌：《近代云南商号与中印陆海交通线的开辟》，《云南社会科学》2002 年第 1 期。

刘君：《康区近代商业初析》，《中国藏学》1990 年第 3 期。

来作中：《解放前康区商业简述》，中国人民政治协商会议甘孜藏族自治州委员会编《甘孜州文史资料》第 7 辑，1988。

苏发祥：《论清朝治理西藏地方的经济政策》，《西藏研究》1997 年第 4 期。

苏发祥：《论民国时期西藏地方的社会与经济》，《中央民族大学学报》（社会科学版）1999 年第 5 期。

草青：《邦达家族：寻访与见闻》，《雪域文化》1991 年秋季号。

土呷：《五位芒康老人记忆中的邦达家族》，《西藏档案》2011 年第 2 期。

索穷整理《邦达·饶噶与"西藏革命党"》，《西藏档案》2011 年第 2 期。

美朗宗贞：《从"流浪商人"到噶厦政府的"商上"——邦达·尼江考》，《西藏大学学报》（汉文版）2005 年第 3 期。

美朗宗贞：《"邦达昌"在康定设立商号后的第二次复兴》，《西藏研究》2007 年第 4 期。

〔美〕卡洛尔·梅可葛兰：《20 世纪 20 年代邦达昌家庭历史叙事与拉萨的政治斗争》，尼玛扎西（杨公卫）、刘源译，《民族学刊》2011 年第 1 期。

张忠：《西藏巨商邦达昌的兴衰与功过》，《贵州民族研究》2006 年第 2 期。

刘淼：《邦达昌的崛起及与西藏和内地的关系》，《西藏民族学院学报》（哲学社会科学版）2007 年第 2 期。

童恩正：《试谈古代四川与东南亚文明的关系》，《文物》1983 年第 9 期。

林超民：《蜀身毒道浅探》，《云南省公路史》编写组编印《云南省公路史参考资料》第 2 期，1982。

仲伟民：《茶叶、鸦片贸易对 19 世纪中国经济的影响》，《南京大学学报》（哲学、人文科学、社会科学版）2008 年第 2 期。

〔美〕梅·戈尔斯坦：《巴哈里与西藏的一妻多夫制度新探》，何国强译，《西藏研究》2003 年第 2 期。

王丽萍、秦树才：《论历史上滇藏茶马古道文化交融及其发展途径》，《学术探索》2010 年第 4 期。

余梅：《访益西旺秋》，《雪域文化》1991 年秋季号。

王国祥：《论傣族和藏族的同源异流故事》，《西藏研究》1994 年第 1 期。

朱普选：《试论地理环境对西藏商品经济的限制》，《西藏研究》1993 年第 3 期。

许鸿宝：《丽江县大研镇解放前的商业情况》，《民族问题五种丛书》云南省编辑委员会编《纳西族社会历史调查》，云南民族出版社，1983。

〔美〕杜赞奇：《亚洲归来：建构我们这个时代的区域概念》，《读书》2010 年第 5 期。

后 记

这本书的写作断断续续，一做就是五六年。其间为了获取材料，我先后4次进藏，到云南和四川藏区的次数更多，最长的一次在西藏待了两三个月。体检时，医生发现我有心室增大、间隔增厚和血液回流等情况，原因无他，只能是长期在高海拔地区奔波过度。我没有恐惧，也无怨无悔。谁让自己喜欢待在高原上呢。

学者谢泳在论及中国当代史研究时认为："在具体的历史研究中，客观的史料和研究者的思想总是交织在一起，离开史料的思想是无力的。"[1]而侧重史料的研究方法，就是"如何发现史料的意义和判断史料的价值，在寻找到史料的情况下，如何建立与研究对象间的关系"。[2] 他还认为："凡成熟的学科，必有相对稳定的史料基础，所谓稳定的史料是指一门学科的基本史料相对完整且有系统。"[3] 本书涉及的藏区各民族商号商贸互动领域，既无相对完整的基本史料，更谈不上系统，当时的记录或被毁，或在一个很长的时段内被湮没，幸存的材料则来自各种各样杂乱的、零星的、片断的记述，乃至我从20世纪80年代就开始的艰辛而漫长的追踪访谈，说是纷繁杂陈毫不为过。我得用大量功夫整饬梳理，并使之能够互证互补，甚至须将表面上无关的材料与研究对象建立起史料关系，还须面对许多因各种原因被刻意回避或隐瞒的材料。当然，这还只是检查史料和重复历史，加上本人理论基础的薄弱和方法的愚拙，再加上既没有任何可供

---

[1] 谢泳：《中国现代文学史研究法》，广西师范大学出版社，2010，第4页。

[2] 谢泳：《中国现代文学史研究法》，广西师范大学出版社，2010，第25~26页。

[3] 谢泳：《中国现代文学史研究法》，广西师范大学出版社，2010，第114页。

支配的援手，自己也习惯于孤军奋战、独自勉力而为，因而只能长年老牛破车，埋头苦干，工作进展极为缓慢迟滞。这确实是对自己耐心和耐性以及能力的考验。

由于来自各方的各种工作难以抗拒地到来，再加上我个人和家庭的种种不可避免的私事的困扰，我未能在计划的时间内完成本书。这实在是很不应该发生的事情，也是我在30多年的工作生涯中第一次失诺。我想不会再有下次了。

现在，这一系统工作终于告一段落。对那些不畏艰险困苦往来于藏区和内地之间的各民族商人、马帮，对那些难以一一列举的我所尊敬的前辈学者和惠赐予我甚多的同仁，对那些帮助过我的人，我衷心地诚挚地满怀感恩的心情。

图书在版编目（CIP）数据

茶马古道各民族商号及其互动关系／李旭著. ——
北京：社会科学文献出版社，2017.10
西藏历史与现状综合研究项目
ISBN 978 - 7 - 5201 - 1084 - 6

Ⅰ.①茶…　Ⅱ.①李…　Ⅲ.①古道 - 关系 - 商业史 -
研究 - 西藏　Ⅳ.①K928.78 ②F729

中国版本图书馆 CIP 数据核字（2017）第 165146 号

·西藏历史与现状综合研究项目·

茶马古道各民族商号及其互动关系

著　　者／李　旭

出 版 人／谢寿光
项目统筹／宋月华　周志静
责任编辑／马续辉

出　　版／社会科学文献出版社·人文分社（010）59367215
　　　　　地址：北京市北三环中路甲 29 号院华龙大厦　邮编：100029
　　　　　网址：www.ssap.com.cn
发　　行／市场营销中心（010）59367081　59367018
印　　装／三河市尚艺印装有限公司

规　　格／开　本：787mm×1092mm　1/16
　　　　　印　张：17.5　字　数：285 千字
版　　次／2017 年 10 月第 1 版　2017 年 10 月第 1 次印刷
书　　号／ISBN 978 - 7 - 5201 - 1084 - 6
定　　价／99.00 元

本书如有印装质量问题，请与读者服务中心（010 - 59367028）联系